中国经济文库
应用经济学精品系列

资本市场操纵行为量化、监测与监管研究

姚 远◎著

RESEARCH ON QUANTIFICATION, MONITORING AND SUPERVISION OF CAPITAL MARKET MANIPULATION

中国经济出版社
CHINA ECONOMIC PUBLISHING HOUSE
·北 京·

图书在版编目(CIP)数据

资本市场操纵行为量化、监测与监管研究 / 姚远著
. --北京：中国经济出版社，2022. 10
ISBN 978-7-5136-7089-0

Ⅰ. ①资… Ⅱ. ①姚… Ⅲ. ①资本市场-研究 Ⅳ. ①F830. 9

中国版本图书馆 CIP 数据核字(2022)第 166024 号

组稿编辑 崔姜薇
责任编辑 冀 意
责任印制 马小宾
封面设计 任燕飞

出版发行 中国经济出版社
印 刷 者 河北宝昌佳彩印刷有限公司
经 销 者 各地新华书店
开　　本 710mm×1000mm 1/16
印　　张 14. 5
字　　数 204 千字
版　　次 2022 年 10 月第 1 版
印　　次 2022 年 10 月第 1 次
定　　价 88. 00 元
广告经营许可证 京西工商广字第 8179 号

中国经济出版社 **网址** www. economyph. com **社址** 北京市东城区安定门外大街 58 号 **邮编** 100011
本版图书如存在印装质量问题，请与本社销售中心联系调换(联系电话：010-57512564)

目 录

1 绪论

1.1 研究意义

近年来，随着资本市场全球化，计算机技术的迅猛发展，资本市场交易规模不断扩大，交易频率迅速提高，国内外金融市场各类市场操纵事件也频频发生。2010 年 5 月道琼斯工业股指的“闪崩”(flash crash)以其强大的全球性外部效应，引起各国资本市场监管部门的高度重视。2015 年 4 月，“闪崩”事件的主要操纵者 Sarao 在伦敦被正式拘捕，同年 9 月，中国证监会通报 5 起市场操纵案例，总处罚金额高达 23.5 亿元。人为操纵金融市场的行为不仅破坏了市场的资源配置功能，也严重损害了金融市场的稳定性和完整性，因此，研究市场操纵行为对于稳定金融市场、降低金融市场风险有着至关重要的作用。

市场操纵行为的定义一般沿用 Allen 和 Gale 提出的三种表现形式：基于信息的操纵、基于行为的操纵和基于交易的操纵。基于信息的操纵主要通过散播虚假信息或内幕消息来改变和影响市场价格；基于行为的操纵主要通过控制交易产品的供需，或制造虚假供需表象来影响市场价格；基于交易的操纵则是单纯通过买卖指令或交易行为来影响和改变市场价格。与基于信息和行为的操纵相比，基于交易的操纵通常不包括任何明显的非法行为(如虚假信息传播和对供需的控制)，其发生、发展完全由看似正常的交易动作引起。国外资本市场发展较早，开放程度大，交易策略较复杂，在电子化交易被引入之前，市场操纵主要集中于基于行为和基于信息两种形态。随着电子交易的广泛普及和算法交易的日趋复杂，基于交易的操纵行为在市场中逐渐占据主导地位，美国独立研究机构 NANEX 的研究报告指出，基于交易的操纵行为在美国和欧洲市场上几乎每天都发生多起。因此，本书以基于交易的操纵行为为主要研究对象。

面对频繁发生，且越来越具有隐蔽性和复杂性的市场操纵行为，监管部门通常要花费数日甚至数月进行调查，事后调查虽然可以充分分析操纵行为的每个细节，但其效率低下，往往在市场已蒙受严重损失数月之后才采取相应的处罚和补偿措施。基于此，各国均开始探索实时、准确地识别和监测市场操纵行为的解决方案。纳斯达克(NASDAQ)于 2011 年收购了市场监控平台供应商 Smart Group 公司，应用 Smart Group 平台中的基于“模糊逻辑”(fuzzy logic)的自定义商业逻辑功能对市场交易进行实时监测，但对复杂、具有隐蔽特性的操纵行为和策略，模糊逻辑难以准确定义、表达和识别其特点。2014 年，中国证监会开发的“互联网信息稽查分析系统”上线，该系统主要通过披露信息以及对交易者账户信息和行情波动的相关性进行分析，来监测市场操纵行为。国内外市场监测模型，大都使用相关性分析、线性回归分析或者数据挖掘技术，基于信息披露对传统的市场监测指标(价格波动率、流动性、收益率、换手率、投资回报率和交易量等)建立监测模型，通过监测变量指标的异常来判断市场是否存在操纵行为。但在操纵行为日趋复杂和隐蔽的市场环境中，仅依靠传统监测指标建模，不足以准确、全面、及时发现复杂多变的市场操纵行为，基于此，引出本书关注的前两个问题：

第一，传统市场度量指标构成的直观方法无法用来监测日益复杂的多种操纵行为的组合。从实际案例可以看出，近年来，欧美和我国资本市场的操纵策略多为基于交易的市场操纵，从较为基础的操纵行为，如“抢帽子”(capping and pegging)、“盘中拉抬”(ramping)，到较复杂和隐蔽的行为，如“虚假交易”(spoofing trading)、“塞单”(quote stuffing)以及多个操纵者共同实施的“共谋交易”(collusive trading)、“洗售交易”(wash trade)等，形式日趋多样化。操纵者综合运用各种连续化组合，精心设计“一系列买卖指令”来影响和改变市场价格，更具侵略性，并能在极短的时间内给整个金融市场带来损毁性的打击，其隐蔽性和复杂性使得我们很难在大量交易指令中，直接判断出市场操纵行为，这是监测的一个难点；与此同时，随着交易时间的推移，操纵行为会发生复杂的演化，在不同的金融产品中、不同的交易时段、不同的经济周期呈现出不同的量化表征，且带来的市场波动也复杂多变。由此可见，在操纵行为日趋复杂和隐蔽的市场环境中，传统市场指标不足以准确、全面、及时判断复杂的市场操纵行为。因此，从交易行为的本质出发，拆分、归纳和抽象操纵策略中的各类交易行为细节，量化其特征，分析其对市场微观结构的冲击影响，设计与之紧密相关的监测度量指标是本书需要解决的问题之一。

第二，异常市场波动和交易行为紧密关联、相互影响、彼此制约，而传统的市场监测指标的异常仅是操纵行为的必要而非充分条件。市场操纵行为导致市场监测指标呈现异常状态，但市场监测指标异常却无法被断定是由市场操纵引起的，即异常波动的成因并非仅仅是异常交易行为，还与其他各类市场影响因素密切相关，如宏观政策变动、经济周期变化、交易者情绪波动等；且市场操纵行为对各类监测指标的影响方式也不尽相同，有直接的，也有间接的。因此，如何量化交易行为、异常波动和市场监测指标之间的拓扑结构以及条件依赖概率，发现三者之间因果逻辑和统计推理关系，如何将这些量化指标抽象为对市场操纵的认知，是本书需要解决的第二个问题。

另外，国内外监管法规缺乏对操纵行为本质的量化定义和认定标准，更缺乏具体、可操作的指导性标准。国外现行的监管条例主要使用对正常和操纵行为给出指导性定义和举例（European Commission，2014）的模式；《上海证券交易所证券异常交易实时监控细则》（2015 年修订）中也未对“虚假申报、大额申报、密集申报和自交易”“自动批量申报”等定义给出相应数量化度量指标，其中把“股票单次上涨或下跌超过 20%”“股票较开盘价上涨或下跌超过 10%”“换手率超过 30%”等都“一刀切”式地归为市场异常波动。因此，如何把与操纵行为相关的异常波动量化反馈为标准化、可操作的监管解释条例，补充当前监管规制，构建监管条例和市场交易模式之间的信息交互机制，设计大数据驱动的监管条例和规制的闭环管理与决策模型框架是本书拟解决的第三个问题。

基于以上三个问题，本书从操纵策略的行为本质出发，结合现有监管条例，分析操纵策略表现形式的市场微观结构和数据特性，拆分、归纳和抽象操纵策略中的各类交易行为细节，针对操纵策略的内在特征和具体表现形式，分析其对市场微观结构的量化冲击影响，从量化视角设计新型的监测度量指标，这是本书研究的切入点；基于新型监测度量指标，分析、计算市场交易行为数据的概率密度函数，区别市场操纵行为与正常交易的深层特征，分析二者的异同，对市场操纵行为的机理进行公式化抽象、数量化定义，发现交易行为、异常波动以及市场监测指标之间的拓扑结构，推导三者之间的条件依赖概率，构建基于大数据的操纵行为的挖掘算法与识别模式市场监测模型，实时判断交易行为的属性，这是本书研究的重点；结合我国现有监管法规中对于市场操纵的定义，针对各类操纵行为给出更细化、更完善的界定条款和量化解释，为实时监测提供具体的可操作性意见，构建监管条例和市场交易模式之间的信息交互机制，形成大数据驱动的监管条例和规制的闭环管理与决策模型框架，即在当前监管规制框架下，为市场提供合规、演化状况的实时信息，同时以文字形式对监管条例给出基于大数据挖掘结果的量化解释，从而达到大数据价值发现和监管决策的透明关联交互的目的，这也是本书研究希望实现的最终目标。

近五年来市场操纵事件在国内外频发，通过多种形式影响市场的正常运行和诚信机制，欧盟、美英以及我国的监管部门均认识到加强市场操纵监测的迫切性。2014 年 5 月，国务院印发的《国务院关于进一步促进资本市场健康发展的若干意见》指出："监管部门所面临的资本市场中，风险的复杂程度正以量级成倍增加，迫切需要加强证券交易违规监测，健全资本交易市场稳定机制。"2015 年 11 月 3 日，习近平总书记在《中共中央关于制定国民经济和社会发展第十三个五年规划的建议》中向全会作说明时明确指出："近期资本市场的剧烈波动说明现行监管框架存在着不适应我国金融业发展的体制性矛盾。"因此，本书拟构建一条"监管法规→案例数据→

大数据量化建模→可操作性的监管法规”的闭环通路，以达到大数据价值发现和监管决策的关联交互的目的，为实时、有效地监管市场操纵行为提供一种数量化、可操作的新方法。

本书在分析研究操纵事件的案例数据和现有监管条例的基础上，结合资本市场微观结构、金融计算、数据分析和挖掘等技术，研究复杂交易环境中市场操纵行为的特性；设计新型监测指标；推导交易行为、异常波动以及市场监测指标之间的拓扑结构和因果推理关系；构建基于大数据的市场操纵行为的挖掘算法与识别模式的监测模型；进行实时诊断；提出相应的量化监管政策；等等。在完善新型风险监测理论的基础上，为我国监管部门实时、有效、合理地监测市场操纵行为提供理论性依据和数量化方法，为投资机构和投资者规避风险提供理论基础、技术支持和策略选择，对促进我国资本市场的稳健发展具有重要意义。

1.2 国外研究现状

在过去的20年中，有关市场操纵的文献研究主要包括三部分：对市场操纵行为机理的研究；研究市场操纵行为与市场变量波动间的相关性，应用统计学模型对二者的关系进行数量分析；近几年来，有少量文献从操纵行为的数据特征入手，以传统的市场变量波动作为辅助参考，采用人工智能方法从量化角度对操纵行为建模。

第一部分：对市场操纵行为进行定性分析，研究市场操纵行为特点及对市场的影响，从博弈论角度描述市场操纵行为的演化过程，刻画市场操纵行为机理。Glosten 等在 1985 年设立了以做市商制度为基础的序贯交易模型，即做市商定价理论的信息模型，该模型的特点是用信息成本解释市场价差，而非使用存货成本进行解释。该模型的优势是可以对市场动态进行考量，能充分考虑做市商报价的调动，因而其是近 20 年解释买卖报价价差问题研究的主流模型。对市场操纵行为的理论性分析始于 Allen 和 Gale，他们对内幕交易和股价操纵进行了初步研究，给出市场操纵的三种基本形态，提出基于交易的操纵行为的博弈模型，指出操纵行为在市场中获利的可能性；此后，1992年Allen等基于信息不对称视角，剖析了是否存在基于交易的操纵行为，从投资者信息不对称角度对交易型市场操纵进行了较好的解释，并在此基础上建立了相应的理论模型，证明了市场操纵存在的可能性；John等分析了内幕交易者利用他们拥有的信息优势进行市场操纵，从而牟取丰厚利益的情况，其研究结论显示在内幕交易中，即提前掌握内幕的利好消息与打压股价行为相对应，以便降低成本，提高收益，操纵者通常高调出售股票，此时不知情的投资者们跟风卖出，股票面临较大的空头势力，股价大幅下跌，当股价跌至内幕交易者的目标价位时，他们将大量做多该股票，随后择机公布利好信息，不知情交易者择机做多该股票，股价上涨，操纵者从中获利；Allen在2006年进一步利用"理性预期模型"(rational expectation model)对机构投资者的市场操纵行为进行研究和实证分析，结果显示机构投资者更容易利用内幕消息在市场中获利，这种行为对市场波动率和市场价格冲击(market price impact)有一定影响；Aggarwal和Wu在Allen和Gale的基础上发现，低流动性的金融产品易被操纵，且操纵行为一定程度上会增加市场波动性、增加短期收益和短期流动性；Aitken等指出，市场操纵会显著增加交易的执行成本，且频繁的市场操纵行为会减小市场买卖价差。

第二部分：研究市场操纵行为与市场变量波动间的相关性，应用统计学模型对二者的关系进行数量建模。这部分的研究使用的统计学模型不尽相同，但研究方法类似：首先，提取衡量操纵行为的各项市场变量的指标样本(如日均收益、日交易量、日价格范围、波动率、流动性、Beta系数等)；其次，对市场指标在市场操纵行为出现时是否发生变化进行实证分析(大部分研究均显示部分或全部市场变量在市场操纵发生时呈现异常变化)；最后，根据分析结果选取变量进行回归或"分类"建模，方法包括简单直观的基于规则的模型(association rule)、数据挖掘技术中常见的逻辑回归(logistic regression)、决策树(decision tree)、异常挖掘(outlier mining)和传统人工神经网络(artificial neural network)等。Karl等以芬兰证券市场中的收盘价为研究对象，并假设：若当天某交易者做多或做空一个较大的仓位，则该交易者将有动机在股市结束前的特定时段抬高或压低收盘价，以此获益。他们通过构建线性模型进行实证检验，结果显示芬兰市场确实存在股价操纵行为。Qi 等使用基于方差的异常挖掘模型，选取日均收益作为变量建模；Luo 等在 Qi 的基础上，选取日均收益、日交易量、日价格范围三种变量进行建模；Öğüt 等选取日均收益、日均交易量变化、日均波动率三种市场变量，运用多维判别分析（multiple discriminant analysis）、逻辑回归、支持向量机（support vector machine）和传统人工神经网络对土耳其市场九年间所发生的 222 起市场操纵事件进行建模，并对比四种模型的诊断性能，结果显示支持向量机和人工神经网络的性能较好；Mongkolnavin 和 Tirapat 基于泰国债券市场提出一种基于规则的模型作为市场现有监测系统的补充；Diaz 等选取日均收益、流动性和日均波动率三种变量，使用 C5.0 决策树模型和分类回归树（Classification and Regression Trees）两种模型，对美国市场 2003—2010 年的市场操纵数据进行建模；Hautsch 和 Huang 利用向量自回归模型（VAR），指出市场冲击是交易行为操纵市场价格的理论依据，成熟的操纵者利用限价指令的市场冲击，设计连续化的操纵行为制造市场繁荣假象，误导其他投资者，并从中获利；Mei 和 Zhou 试图建立以行为金融学为基础的模型，以证明“拉高和倾销”（pump and dump）策略的可行性。行为金融学中交易者是具有反射效应的非理性交易者，即面对盈利和风险厌恶相对应，面对亏损与风险偏好相对应，交易者对损失的敏感程度更高，因此其更偏好追涨杀跌；Chiou 等采取理论与实证结合的研究方法，以价格操纵事件发生期间市场的波动率为研究对象，通过建立马尔科夫模型和异方差模型，对不同时期的证券市场波动率变化进行对比研究；Chan 和 Alfred 研究了订单型操纵策略，通过研究香港证券交易所的交易数据考察了取消订单和潜在订单的操纵活动，实证结果表明，撤单率和操纵行为之间有强烈相关性，对高频数据的分析相较低频数据更能提高对股票市场交易行为的认识；Maxim 等认为市场操纵的根本原因在于投资者用于决策的信息是不对称的，投资者通常会受到虚假信息、流言舆情的误导，通过潜在变量构建了基于SEM的股票市场操纵测度模型；Qili Wang等设计了一个基于RNN的合奏学习(RNN-EL)框架，该框架结合了从交易记录和上市公司特征中衍生的基于贸易的特征，以有效检测股票价格操纵活动，并根据中国证监会(CSRC)报告的起诉操纵案例，构建了一个包含交易数据和特征信息标签样本的专用数据集，进行实证实验，实验结果表明，在检测股票价格操纵方面，该方法在平均29.8%的AUC值方面优于最先进的方法；Punniyamoorthy和Thoppan在早期的线性鉴别函数(LDF)的基础上使用基于鉴别性分析(DA)的模型来识别可能操纵的股票，对印度资本市场5000多只上市证券进行实证测试，监控所有潜在的市场滥用情况，拟议的模型有助于调查人员确定可能操纵证券的入围名单，再对这些证券进行筛选，确定是否可能会接受进一步的详细调查；Kim和Sohn利用韩国股市的实时序列数据提出了一种利用无监督数据挖掘技术检测可疑股票价格操纵的方法：同行组分析，此技术通过将其与对等组进行比较并测量其行为与对等体的行为偏差来检测目标的异常行为，提出了一种改进一般对等组分析的方法，并将同行组成员的权重纳入总结其行为，同时考虑参数随时间更新。

以上这些文献研究对市场操纵行为的监测和建模侧重于市场变量和操纵事件间的线性相关关系，且模型基于一个潜在的假设条件：市场变量的异常波动是衡量市场操纵行为的指标，即市场操纵等价于市场变量的异常波动。这个假设条件源于对市场操纵的实证分析，但实证分析仅可以证明市场变量的异常变化是操纵行为的必要条件，却不能反之证明其充分性。

第三部分：从操纵行为的数据特征入手，以传统的市场变量波动作为辅助参考，采用人工智能方法从量化角度对操纵行为建模。实际上，操纵行为能够引起市场变量的异常变化，传统市场变量虽然在一定程度上能够刻画市场操纵策略的特点，但不足以对市场操纵策略构成因果性解释，即市场变量指标的变异不能直接推出“市场操纵行为”的存在。基于此，少部分学者开始从操纵行为的量化特征入手，设计实时市场操纵监测模型。Lee等率先对市场操纵行为给出了数量化定义，把盘中拉抬和虚假交易中用到的虚假指令(spoofing order)定义为满足三个条件的限价指令：第一，指令价格比当前最佳买价(bid price)高至少6个基点(或者比最佳卖价低6个基点)；第二，指令量(order volume)至少是前一交易日日均指令量的两倍；第三，在市场中停留时间超过30分钟。该定义被实际案例证明不够准确，但却是学术界最早出现的关于操纵行为的量化定义，它较全面地描述了大多数简单的操纵行为中虚假指令的数量特性。Yang等使用数据挖掘技术中的"强化学习"(reinforcement learning)模型，对美国高频交易市场的交易行为以及限价指令簿的动态变化进行建模，识别和区分各类交易策略以及隐藏其中的操纵行为，指出汇率、利率、国际油价、政策性变动、经济周期、指数走势、机构性事件(institution event)，甚至投资者情绪(investor sentiment)等均可引起市场变量的异常变化，并不一定是市场操纵所导致；Cao和Yao更进一步对市场正常交易和操纵行为的抽象特征进行量化，使用支持向量机、动态规划等技术，建立起实时检测模型。因此，仅根据市场变量对操纵行为建模，具有一定的逻辑错误，无法分析出操纵行为的本质特征。市场变量波动是操纵行为的间接影响因素，只能用于辅助诊断，而直接从间接变量的波动跨越到原始事件的诊断，在逻辑上是难以成立的。有学者对此提供了新的思路和方向，我们的研究团队在此基础上对资本市场的正常交易和各类操纵行为的抽象特征进行研究分析，应用支持向量机、动态规划等数据挖掘技术对操纵行为进行研究，并建立相关的实时监测模型。Golmohammadi等通过监督学习算法，对可疑交易市场操纵问题进行研究。他们以股市中市场操纵例子为研究对象，通过分类回归树、条件推理树等算法对操纵样本进行分类。其实证结果显示，朴素贝叶斯的准确率对F2测量达到53%，在分类操纵案件中展现出优于其他学习方法的实验效果，但美中不足是得到较高准确率的方法都是数据挖掘，这类基于纯粹的数据分析方法，无法对交易者行为与情绪对股价的影响进行充分考量。我们把数据挖掘技术结合行为金融，更好地丰富股价操纵的理论研究。Shi和Sun等提出了一种基于交易数据的广义共谋交易者检测方法，研究了交易网络中的集团，发现操纵股票中的集团数量和权重大于非操纵股票中的集团数量和权重，进一步提出了一种基于集团权重的共谋交易者检测方法，结果表明，该方法能有效区分操纵股票和串通交易者。我们前期针对市场操纵行为的数据特性，利用数据挖掘技术建模进行研究，取得较优异的实证分析结果，但仍局限于利用传统市场变量对操纵行为进行诊断分析。

1.3 国内研究现状

我国资本市场仍处于发展阶段，市场监管条例法规还不够健全，对于该问题的研究基本沿用国外学者的传统思路和方法。

一部分学者从法律法规或博弈论角度研究不同市场环境下各类市场变量的相关性，如刘宪权在其文章《操纵证券、期货市场犯罪的本质与认定》中指出市场操纵的目标和各种手段，以及各种反操纵方法和目的，并从法律法规角度说明了如何对市场操纵进行调查取证，整个分析主要倾向于市场操纵问题在法律上的定性分析；李志辉等强调股票市场对外开放，给深市、沪市引入了新的市场操纵者，研究市场开放对股票市场的操纵具有重要意义；苏冬蔚等利用内幕消息优势系统研究何种因素会影响内幕交易，并指出唯有健全规范才能防止内幕交易；李梦雨通过对价格操纵者、动量投资者和非知情投资者的博弈行为进行分析，用倍差法考察股市中的操纵交易，并用 Logit 模型设计市场操纵预警机制；沈冰等以博弈理论为基础，刻画期货市场联合操纵行为的演化过程，并依据各种操纵行为的演化可能性，提出相应的指导性建议；杨巧曼利用双头博弈模型对非寡头企业合谋操纵行为的过程和机制进行研究；扈文秀等建立包含操纵者和内幕合谋者的市场操纵博弈模型，并分析市场操纵的过程、机理和可能的收益；张强等基于特定市场场景和模型，把交易者分为三类：知情者、非知情且非耐心者和非知情但耐心者，每类按照特定交易规则构建交易强度函数，分析知情交易与非知情交易随市场流动性的变化规律；金赫和殷晓峰分析了

《中华人民共和国证券法》中反操纵监管条例所存在的瑕疵，两者的侧重点不尽相同，前者偏重对当前市场的操纵行为进行分类整理，后者偏重对中美资本市场监管条例的异同进行剖析；马丽认为政府在反操纵中扮演着重要角色，政府应加大监管的实施力度，促进上市公司及时披露真实信息；贾晓月指出中国股票市场存在较强的投机气氛，其不仅研究了股指期货市场操纵行为发生的可能性，还研究了操纵行为模式，最后提出了监管部门的管理建议；亓玉霞以“叶志刚案”“朱炜明案”为样本，结合该类“抢帽子”交易操纵案情，对“抢帽子”交易操纵的特征、行为认定有关问题进行了详尽总结，并与“老鼠仓”类交易操纵行为进行对比，研究“抢帽子”类交易操纵行为的本质，最终依据国内监管实情，从立法和执法等角度提出建议；刘宪权等以法律为研究视角，提出操纵证券、期货市场等行为的本质应是滥用优势对市场进行非法调控，而不是通常理解的欺诈，操纵行为对经济学意义上的市场秩序进行破坏，违背了“三公原则”；焦增军等认为无论幌骗交易是否形成“人为价格”，显然都破坏了市场的应有秩序，属于特殊的市场操纵行为，但不能简单地将之与欺诈混为一谈，立法时应从本质上对两者进行区分；沈友耀等指出在金融科技背景下，以高频交易为代表的交易技术催生了新型市场操纵违法行为，对此我国应制定相对应的反市场操纵条例，以增强法律适用性，可以通过高频交易商注册备案制、建立专门的高频交易监控和追踪系统，从而应对高频交易操纵难以被发现的难题；刘溪等假设市场被非知情交易者操纵，认为交易者对基本面的认知存在偏差，从而构建了市场操纵下的理性预期均衡模型，通过实证指出，噪声信息在市场的传播过程中加剧了股票的波动，从而价格中的信息含量被进一步降低，股票价格也由此与基本面产生偏离，交易者数量增多，可能会产生更剧烈的股价波动，价格将会持续偏离；张超等认为全球金融一体化进程和金融科技的发展给证券市场操纵者提供了新的市场操纵手段和套利空间，市场操纵的认定标准需要应势而变，更加深入关注市场操纵的违法实质，而有关市场操纵的整体分析框架和局部基础问题的理论研究进展缓慢，既有的理论突破也因为过于着重细微与个案，难以形成对监管具有指导作用的普适性认定标准，证券市场操纵的分析需要与证券欺诈区别开来，借助域外比较研究寻求与我国市场现实相匹配的制度设置；郭锋基于大数据、人工智能、区块链的视角分析数字科技对证券市场及其监管的影响，认为通过大数据、实时数据检测等技术对执法目标进行改正，将有助于提高执法效率；李珍等对新《证券法》中操纵市场条款修订的得失进行评析，指出新修订的《中华人民共和国证券法》虽然增加列举了虚假申报与蛊惑交易等操纵市场行为类型，取消了"抢帽子"操纵的特殊主体限制，具有科学合理性，但新《证券法》中还存在蛊惑交易操纵的行为模式列举不全、要求虚假申报操纵必须撤单不尽合理、交易型操纵与信息型操纵的界限规定不清等问题；周奇等以金融市场微观结构为视角，基于竞争性理性预期均衡的框架，建立非知情交易者异质信念下风险资产定价模型，推导出关于风险资产的贝叶斯线性均衡价格，并基于此研究内幕交易者的市场操纵行为，推论得到由于知情交易者存在信念偏差，故对交易需求和均衡价格都有较大影响；汤欣等以行政处罚案例为样本，对操纵行为进行认定，结论显示证监会在对操纵行为判罚的实践中，逐渐形成了颇具特点的标准，并指出对于操纵行为的主观意图要件构成及认定路径，操纵行为与内幕交易、虚假陈述等其他违法行为发生牵连竞合的认定处理规则，多种违法目的、多次操纵行为并存时的盈亏抵扣等违法所得问题，还需要专门进行讨论研究。

另一部分学者从实证角度分析市场变量的波动性，使用传统市场变量建模，监测市场操纵行为。刘振清、杜阳、吴崇林等均应用逻辑回归作为基本工具分析市场变量和市场操纵行为的关系，三篇文章选择不同的市场变量(如期现基差、国内外市场比价、持仓总量、超常收益率、换手率、投资回报率、日收益率、交易量、空盘量等)分析和衡量市场操纵行为。刘成立等通过股东持股比例和户均持股比例变动等指标，并使用分位数回归模型对各类股东的异常交易行为进行界定。陆蓉等在国内首先使用数据挖掘技术对股票操纵行为的判别问题进行建模，但研究依然沿用市场变量(贝塔系数、收益率、人均市值、换手率、波动率和成交金额)的波动和回归分析的思路，并比较逻辑回归、决策树和神经网络三种模型对市场操纵行为的判别性能，指出神经网络性能优于其他两种，但未对三种数据挖掘模型的参数做交叉验证，仅采用模型的默认设置，也并未说明如何分割时间序列的数据集为“训练集”“验证集”和“测试集”，而数据挖掘模型依赖充分交叉验证获得稳定的参数配置，因此，陆蓉的研究成果不足以辅助建立操纵行为的实时监测模型。李志辉应用向量自回归模型和一维线性回归模型对电子交易市场的远期价格和现货价格进行分析，利用一维线性回归模型的累计残差判断市场操纵行为。张传海使用 GARCH 类、随机游走两种模型研究了我国股市的波动性，结论显示我国股市存在剧烈震荡。贺立龙使用 ARCH 类模型研究了我国交易市场指数的波动性，结论显示我国股市存在明显的 ARCH 效应，并且波动性可以用 ARCH 类模型进行描述。曲永刚等得出相反的结论，认为我国股市本身是稳定的，影响我国股市的波动性是政策法规。田树喜等通过 EGARCH 模型分析了两大股票交易市场的收益波动性，结论显示两大股票交易市场确实存在剧烈波动。王志强等提出股市的涨跌限制效应，并通过实证得出若股价在涨跌时触及限制，则将产生股价波动性溢出效应和价格发现延迟效应，以及流动性干扰效应。王卓琼和孟卫东使用 ARCH、GARCH 模型，对上证市场的股价波动性进行分析，通过实证得出上证市场存在着较强的 ARCH 效应，GARCH 模型可以对这种效应进行较好的消除。沈晨和胡代平以证监会所公布的案件为样本，注重研究操纵期前后 40 天股票的表现，并以适当的特征变量为指标建立了股价预警机制。周春生等对 Mei 和 Zhou(2003)的模型进行了扩展，以禁止卖空的交易限制为视角，探究了市场操纵发生的前提，结果显示：交易型市场操纵行为通过有限套利限制、非充分理性投资两个条件，从股票市场获得利润；套利的难度和获得操纵利润的难度成反比；我国股市虽然限制卖空，但仍有操纵的可能。王安兴以股票收益率条件时间序列为样本，构建 GARCH 模型，对股票的被操纵性进行识别，结果显示，若符合收益率条件方差稳定的条件，则股票价格偏离其价值后将在有限时间内恢复到其价值；若条件不成立，金融资产价格偏离后几乎不能恢复。常健等通过动态博弈模型，分析了机构操纵和个人投资之间的相互博弈。张维等使用模型对市场操纵进行量化研究，重点分析了期货市场收益率的波动性，通过 GARCH 模型识别市场是否被操纵，随后对研究对象的日交易量、日持仓量和流动比率等指标的异常进行研究，结果显示，研究对象的特征与跨市场操纵过程一致，故而断定其为市场操纵。周杰等的研究样本范围更广，其通过 Logistic 模型对 20 年的市场操纵案例进行研究，得出累计超额收益率、条件波动率、非流动性比率、股权集中度和股权制衡度等指标可以建立更好的超警预期模型的结论；累计超额收益率和条件波动率越大，非流动性比率、股权集中度、股权制衡度越小，越容易发生内幕信息操纵。胡金霞对证券操纵相关案例使用归类研究法，通过建立 BP 神经网络股价操纵监管模型，为监管机构强化监管提供了建议。葛钰杰等用哈药股份(600644)的低频数据分析了不同时段的收益率和成交量，随后按时间序列对事件期的期望收益率、成交量进行估计，将估计结果与实际数据对比，验证了假设的正误，最终使用 Granger 因果检验法对公告日前后收益率与交易量的变化进行了原因的辨析，得出不同投资者在获取公司的重大信息时存在信息时差、大股东在获取信息时更全面且及时的结论。张建锋等以 2000 年之后的 A 股操纵案数据为基础，从操纵所需的资金优势和非操纵者跟随交易角度考虑，使用 Logistic 模型得出符合以下几种特征的股票更易被操纵的结论：流通市值小、户均持股市值低、单位市值资本公积金与单位市值净资产高。夏文学以中国证监会查处的 140 起股价操纵案例为样本，研究得出衡量股价操纵行为的 4 个交易指标，即换手率、超常收益率、股东人数变化率和股东人均市值。李梦雨采用博弈模型和倍差法研究了股价操纵行为，研究结果发现：被实施操纵的股票在日收益率、有效价差、交易规模等方面与未被实施操纵的股票之间存在显著差异。孙煦初使用2016年11月和12月的5秒高频数据，研究了订单簿斜率与资产价格之间的关系，发现订单簿斜率可以较好地解释高频环境中的市场异象，并能够识别市场操纵行为。

1.4 简要评述

综上所述，国内外对资本市场操纵的研究应用了不同的方法和模型，分析市场操纵的理论特性、发生原因、发生机制和盈利能力，但模型均局限于传统市场度量指标，不仅难以区分指标与操纵行为的实际逻辑拓扑关系，也难以证明这些拓扑关系和市场操纵行为之间的因果性逻辑联系；对实际交易环境中的连续复杂操纵行为的研究较少，缺乏相应的实时监测和诊断模型；量化后的市场操纵行为无法反馈为标准化、可操作的监管解释条例。因此，如何判断市场操纵行为是否存在普遍的共性特征；如何根据各类案例的数据表象抽象出其中的深层特性；如何从操纵行为的抽象化视角和市场波动特征设计新型监测度量指标；如何得到交易行为、异常波动以及市场监测指标之间的拓扑结构以及逻辑因果关系；如何构建基于大数据的市场监测模型；如何实时判断交易行为的属性；如何通过交易行为的量化指标得到更全面、细化、可操作的界定条款和监管细则，构建监管条例和市场交易模式之间的信息交互机制，均是市场投资者和监管者共同关注的重要问题，也是本书关注的科学问题。

因此，本书分析复杂交易环境中的各类操纵行为的深层特征，找到操纵行为与正常交易行为的差别，抽象基本行为特征；对市场产生的影响进行量化，设计新型监测指标，构建交易行为、异常波动以及市场监测指标之间的拓扑结构以及逻辑因果关系；设计实时监测模型，细化、量化各类监管条例和措施，为监管制度的建设和完善提供可操作的意见和方法。

1.5 研究方法

1.5.1 文献研究法

搜集国内外有关市场操纵研究的文献，通过对相关文献进行整理，对之前研究的方法和成果进行厘定，掌握该领域最前沿的研究动向，从而确立本书的研究方法和研究框架。

1.5.2 个案研究法

通过对国内外最新的资本市场操纵案例进行整理分类，结合具体的实际案例，运用案例中的数据信息，将市场操纵案例中的操纵行为和正常交易行为进行对比，一方面得出两者的量化区别，从而设计出可监测的指标；另一方面识别出可量化的解释现行法规细则的指标，为后续建立新型监测指标奠定基础。

1.5.3 描述性研究法

根据操纵行为和正常交易行为的区别，从中识别出可监测的研究指标，并对其进行量化处理，从而将操纵化手段用数字化语言进行表述，揭示出包含市场操纵行为的数字信息，依此设计监测度量指标。

1.5.4 实验法

通过大数据挖掘和可视化方法，对比监测度量指标和相应的数学表达式，从而剔除不合理的指标和数据。在模型设定后，需要依据实验结果，对模型参数进行合理调整，以保证模型的精确度。

1.5.5 实证研究法

分别将国内、国外的市场操纵案例数据代入模型进行分析，获取实证结果，评估模型的适用性和解释力，进一步对量化指标与市场操纵行为之间的相关度进行评估，从而为后续建立可操作化的数量监测标准奠定基础。

1.5.6 经验总结法

通过对最终的研究成果进行总结，获得关于市场操纵行为的可操作化数量监测标准。通过针对实际数据的检测，保证监测标准的适用性，从而推理演变为完善的界定条款。

1.6 研究框架

本书分为九个部分(见图 1-1)，在核心研究方面，关于建立大数据驱动的市场监管规制的交互式闭环管理与决策模型又分为三大模块(见图 1-2)。

模块一：特征模块，交易行为的基本特征与统计学特征研究。

模块二：监测模块，基于大数据的挖掘算法与模式分析的监测模块。

模块三：量化交互模块，监管规制和条例的量化解释和信息交互反馈。

在项目研究过程中，基于问题视角将研究内容细化，以市场操纵行为为研究对象，采用管理科学的思想和方法统筹全局，运用统计学、金融风险管理知识，在详细分析操纵案例和监管政策后，描述和量化操纵行为的本质特征，设计量化监测指标，确定交易行为、异常波动以及监测指标之间的因果逻辑关系，使用大数据驱动的资本市场操纵行为量化、监测与监管的交互式模型，并结合监测结果，与条例、规制之间形成一个闭环管理与决策监管模型框架。

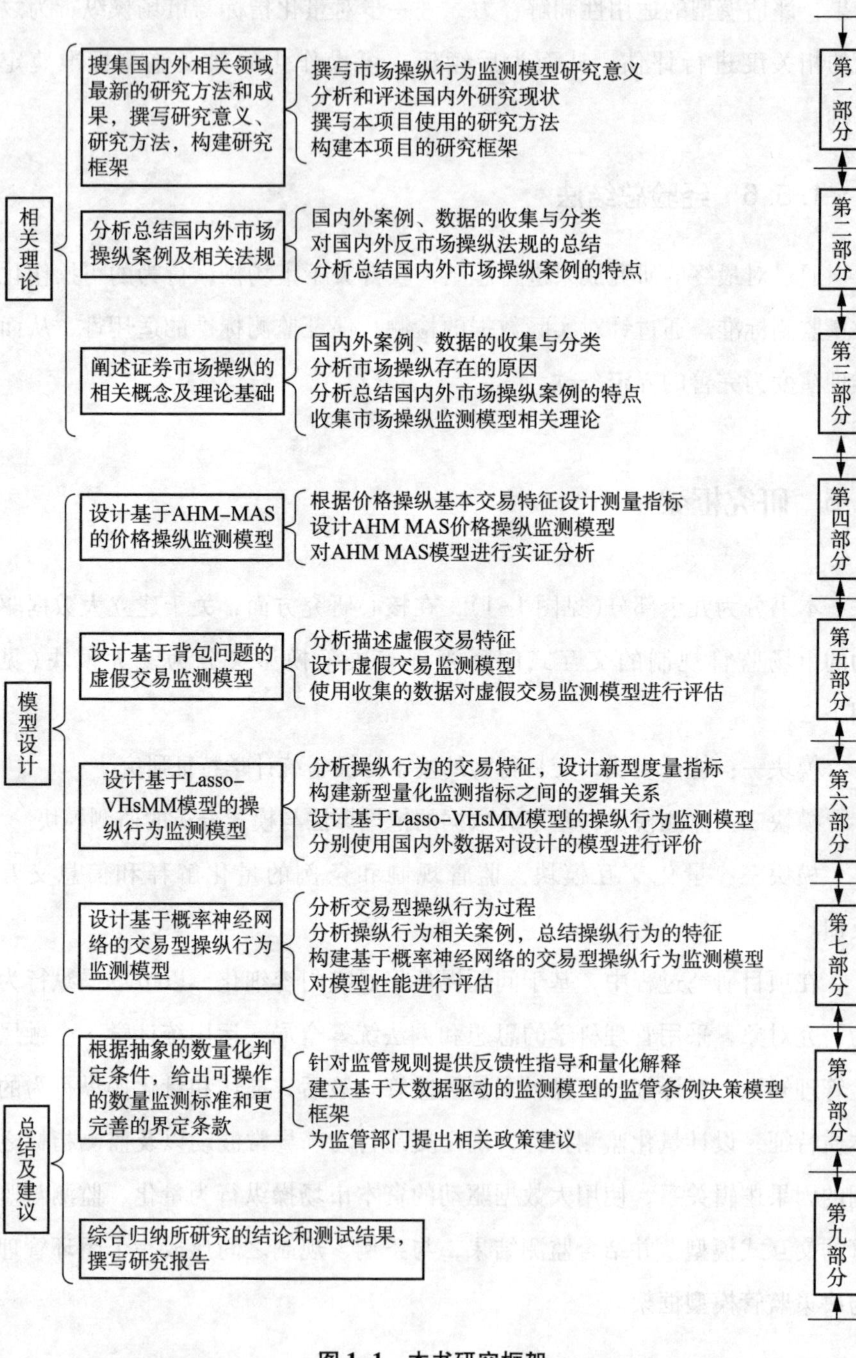
相关理论
搜集国内外相关领域最新的研究方法和成果，撰写研究意义、研究方法，构建研究框架
撰写市场操纵行为监测模型研究意义
分析和评述国内外研究现状
撰写本项目使用的研究方法
构建本项目的研究框架
分析总结国内外市场操纵案例及相关法规
国内外案例、数据的收集与分类
对国内外反市场操纵法规的总结
分析总结国内外市场操纵案例的特点
阐述证券市场操纵的相关概念及理论基础
国内外案例、数据的收集与分类
分析市场操纵存在的原因
分析总结国内外市场操纵案例的特点
收集市场操纵监测模型相关理论
模型设计
设计基于AHM-MAS的价格操纵监测模型
根据价格操纵基本交易特征设计测量指标
设计AHM MAS价格操纵监测模型
对AHM MAS模型进行实证分析
设计基于背包问题的虚假交易监测模型
分析描述虚假交易特征
设计虚假交易监测模型
使用收集的数据对虚假交易监测模型进行评估
设计基于Lasso-VHsMM模型的操纵行为监测模型
分析操纵行为的交易特征，设计新型度量指标
构建新型量化监测指标之间的逻辑关系
设计基于Lasso-VHsMM模型的操纵行为监测模型
分别使用国内外数据对设计的模型进行评价
设计基于概率神经网络的交易型操纵行为监测模型
分析交易型操纵行为过程
分析操纵行为相关案例，总结操纵行为的特征
构建基于概率神经网络的交易型操纵行为监测模型
对模型性能进行评估
总结及建议
根据抽象的数量化判定条件，给出可操作的数量监测标准和更完善的界定条款
针对监管规则提供反馈性指导和量化解释
建立基于大数据驱动的监测模型的监管条例决策模型框架
为监管部门提出相关政策建议
综合归纳所研究的结论和测试结果，撰写研究报告
第一部分
第二部分
第三部分
第四部分
第五部分
第六部分
第七部分
第八部分
第九部分

图 1-1　本书研究框架

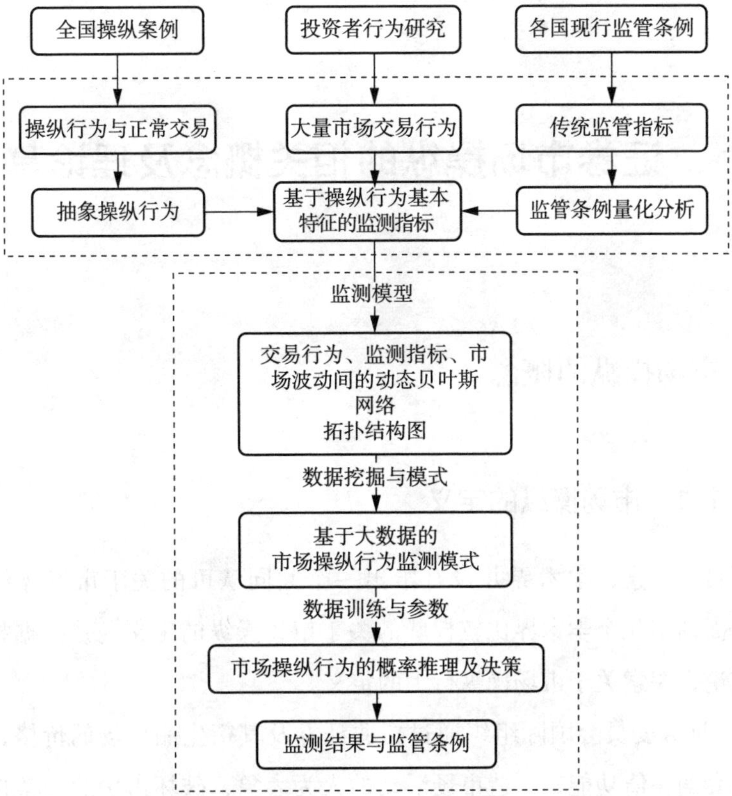
全国操纵案例
投资者行为研究
各国现行监管条例
操纵行为与正常交易
大量市场交易行为
传统监管指标
抽象操纵行为
基于操纵行为基本特征的监测指标
监管条例量化分析
监测模型
交易行为、监测指标、市场波动间的动态贝叶斯网络拓扑结构图
数据挖掘与模式
基于大数据的市场操纵行为监测模式
数据训练与参数
市场操纵行为的概率推理及决策
监测结果与监管条例

图 1-2　本书研究思路

2 证券市场操纵的相关概念及理论基础

2.1 市场操纵的概念

2.1.1 市场操纵的定义

到目前为止，学术界并没有给出一个共同认可的关于市场操纵的定义。下面列举几个学术界比较权威的关于市场操纵的定义，并根据相关文献的结论，探索关于市场操纵行为的定义。

(1)证券委员会国际组织通过扭曲证券及其衍生品市场的价格，损害市场的套期保值功能，制造市场活动的人为表象，破坏市场的完整性及公众对市场的信心来定义市场操纵行为。

(2)《新帕尔格雷夫货币金融大辞典》对市场操纵行为给出的定义是：运用导致非正常市场价格的手段来改变金融市场价格的行为，这些手段包括对冲性交易或虚拟的市场价格报告。对冲性交易，是指每一笔卖出交易都被一笔相匹配的买进交易抵消，因此买卖只是表面上的，而实质上并没有发生交易。

(3)美国金融业监管局(2007)定义的市场操纵行为是：导致或者可能导致错误的或者误导性供求信息或者价格信息的订单行为、将价格保持在非正常或者人为水平的订单行为等。

(4)中国《禁止证券欺诈行为暂行办法》第七条把市场操纵定义为：任何单位或者个人以获利或减少损失为目的，利用其资金、信息等优势操纵市场，影响证券市场价格，制造证券市场假象，致使或导致投资者在不了解事实真相的情况下做出证券买卖的决定，扰乱证券市场秩序的行为。

综合分析以上有关市场操纵的定义，并结合相关的文献资料，本书将证券市场中的市场操纵行为定义为：操纵者利用其在资金、信息和交易等方面的优势，造成证券交易虚假繁荣的假象，混淆和诱导投资者在对证券真实情况不了解的情况下参与市场交易，扰乱了证券市场价格，从而获取不正当的利益的行为。

2.1.2 市场操纵的主要形式

通过对国内外市场操纵案例进行分析，总结出以下几种主要的市场操纵形式。

(1)“粉饰行情”。“粉饰行情”涉及一系列交易，这些交易都是在向公众展示行情，给人一个虚假的能引起人们进行交易活动或对股票产生兴趣的印象。

(2)“对敲交易”。它是指买卖双方为同一人的不正当交易，其所有权没有发生真正的变化。此类交易的目的通常为夸大交易活动的表象，或导致一个误导性价格。有时，为了降低被发现的概率，操纵者会使用多个不同的账户或多个经纪人进行对敲交易。

(3)“匹配指令”。它与对敲交易类似，涉及不同但相互勾结的各方同时以相同价格和数量发出成对的买卖订单。使用匹配指令的操纵者通常寻求与使用对敲交易时相同的效果，但只是将买卖实体分开，以避免进行禁止的对敲交易。

(4)“池”。它是一组操纵者之间来回交易股票以影响价格并产生交易量的技术。

(5)“动量点火”。它是指连续快速地进行一系列的买卖，通常是以逐渐提高/降低的价格进行，目的是诱导其他人进行交易，特别是短线交易者。然后操纵者通过向跟随的交易者出售或从他们那里购买股票来反转他们的头寸。虽然动量点火可以手动实现，但也可以在算法上实现，并可以设计为根据价格变动的交易算法。操纵者有时还可以利用止损指令，自动地诱导其他人向给定方向交易。例如，如果价格低于某个阈值，持有多头头寸的交易员可能为了止损卖出头寸，而如果价格高于某个阈值，卖空者可能为了止损回购头寸。这些止损指令中的任何一个都可能被操纵者瞄准，从而使用动量点火。寻找止损阈值的过程有时被称为“止损搜寻”。

(6)“收盘价操纵”。它是指在收盘时或收盘前不久买入或卖出证券，以改变收盘价。由于“收盘价操纵”被广泛使用，价格扭曲的危害尤其严重。投资者在大量合同和衍生品中使用收盘价作为参考价格或基准，它们的广泛使用也是造成操纵收盘价动机的原因。因为操纵者只需要在收盘时短时间内维持价格扭曲，不需要诱导他人交易，所以“操纵收盘价”比抬高价格后抛售或者空头袭击更为容易。“操纵收盘价”也可以与其他技术结合使用对市场进行操纵。

(7)“开盘价操纵”。它与“收盘价操纵”相似，但影响的是开盘价而非收盘价。

(8)“分层”。它是一种诱骗形式，包括在可见的限额订单(出价方)的一侧按一个或多个价格设置下一个或多个订单，以对给定证券的真实需求或供应产生虚假或误导性信息。作为诱骗的一种形式，操纵者的意图并不是执行订单，因此大多数订单都会取消。术语“分层”源于这样一个事实，即操纵者的订单通常是在多个价格步骤中层层下达的，或者是在给定的价格步骤中层层下达的。分层也可以做一个单一的大订单。“分层”往往被用在接近最佳报价的时候，随着市场走向接近分层订单，进行动态修正(或取消)，以避免执行。“分层”可以用来帮助市场参与者获得更优惠的执行价格，例如，一个想卖出的多头头寸的交易者可以利用“分层”买入指令，通过误导其他交易者来暂时抬高市场价格然后以虚高的价格卖出头寸。分层也可以在一个周期内重复使用并与其他订单一起从扭曲的价格中获利。“分层”步骤如下：

①将一个小的卖盘设定在最佳要价或接近最佳要价的位置。

②将订单簿的出价端分层，直到市场向上移动，小的卖盘开始执行。

③取消分层的买盘，并以相反的方向重复上述步骤。

(9)“拉抬/offer”。包括在现行最佳报价范围内下单买入或卖出，以设定新的最佳出价。这些订单通常不准备执行，因此很像一个积极的分层策略。拉抬可能被用来给其他市场参与者一个关于证券需求或供给的错误信号，因此可以在交易中与其他技术结合使用以拉高价格后抛出。

(10)“塞单”。塞单涉及干扰金融市场的基础设施，通过提交大量订单，削弱金融市场的治理能力。塞单可以增加任何人试图向市场提交合法订单的延迟时间，或阻止其他参与者及时了解市场中订单的实际状态。对一只或一组股票实施塞单有可能减慢整个市场(如纽约证券交易所)的速度。因此，塞单可以使操纵者控制市场的延迟时间，从而产生对他们有利的结果。在一些区域，塞单已被确认为一种市场操纵行为。

2.1.3 股票市场操纵行为的特点

由于每个国家的立法方式和表述方式不同，部分国家和地区在法规、法律中明令禁止了股票操纵行为，有的国家和地区没有明确将证券操纵行为在法律中禁止，但也在禁止市场违法行为的相关条款中实质包含了对股票操纵行为的限制。通过对各国禁止股票操纵行为的法律条款进行总结，可以看出股票价格操纵具有以下几个特点。

(1)股票价格操纵是证券操纵行为的主要内容。

从外延和内涵来看，证券操纵的外延和内涵都比股票价格操纵广泛。证券不仅包括股票，还包括期权、基金、债券、期货等金融产品，股票只是证券的一种，在证券交易所交易的品种也不局限于股票，指数、国债、基金等产品也都可以在交易所交易。因此股票价格操纵仅仅是证券操纵的部分内容。然而，从各国现状来看，股票的数量、金额在金融产品中仍然占据绝对主导的地位，证券交易所交易的主要金融产品也是股票，此外，各国证券操纵的主要对象也是股价。因此股价操纵是证券操纵的主要内容。

(2)股价操纵的目的是获取利润或转移风险。

股价操纵作为一种违法行为，操纵的目的是利用市场法律或法规本身的不完善或各种证券市场的制度缺陷，采取一系列非法手段牟取操纵利益或转移风险，使自己的利润最大化。一般情况下，操纵行为都是操纵者为了获取更大市场投资回报，减少自身资本损失，转嫁自身资产风险，使自身利益最大化。

(3)股价操纵方式多种多样。

价格操纵表现形式多种多样，操纵的方法包括“粉饰行情”“对敲交易”“匹配指令”“池”“动量点火”“收盘价操纵”“开盘价操纵”“分层”“拉抬/offer”“塞单”等。在一次操纵过程中操纵者可能会用到好几种操纵方法。操纵方式既有不转移所有权的自买自卖行为，又有散布虚假信息谣言行为；不但可以利用资本优势进行操纵，而且可以利用信息不对称或职权优势进行操纵；不但可以一人单独进行操纵，而且可以伙同他人串通联合操纵；不但可以采取先低买后高卖的方式获取利润，而且可以采取先高卖后低买方式获取利润。

(4)股价操纵的人为性。

根据金融学有效市场理论，证券价格是证券所有信息的最终体现，也是供求关系、公司盈利和经营状况的集中体现，而价格操纵行为使证券价格偏离正常轨道，使证券价格和证券价值发生偏离，影响了证券的价格发现功能。一般情况下，证券市场上产品的价格主要取决于证券所依赖的实体经济的价值，然而，证券市场的操纵者人为地影响了证券的供求关系，使上市公司的实际价值与证券价格不符，造成市场状况不能真实反映证券价格的变动。股票价格操纵的人为性是其中一个重要特征，也是市场监管部门判断市场中的交易行为是否为操纵行为的一个重要参考因素。

(5)股价操纵的违法性。

股价操纵行为会影响股票市场各项功能正常发挥，影响国家金融市场稳定，也会削弱市场上投资者的投资信心。从各国股市的实际情况来看，因为股价操纵行为会给股市造成严重危害，影响股市的稳定发展，所以各国或地区都将股价操纵作为一种违反证券市场法律、法规的行为加以禁止，认为操纵股价行为是违法的。

(6)操纵证券市场主体的特定性。

通过对中国证监会收集的98起操纵行为行政处罚案例进行分析发现，实施证券市场操纵行为的主体主要是自然人和法人。实施主体为法人的操纵证券市场案例有35起，仅占总体的25.7%，显著低于实施主体为自然人的操纵证券市场案件的数量。值得关注的是，主体为自然人实施的操纵不仅仅指个人运用其本人或能实际支配的账户实施操纵的行为，而且包括自然人利用其身份优势(如董监高、大股东等身份)对法人机构中的证券买卖决策造成事实上的影响。虽然股市中的投资者很多，但大多数人是财力有限的普通股民，能够做到影响证券价格走势的只有那些拥有巨额财富的少数自然人投资者。被称为“宁波涨停板敢死队”的操纵团体就是被广大股民认为的最经典的股市操纵案例。该团伙的具体操纵手段为三步：①利用团队中个人手中的巨额流动资金，在股票市场大盘为牛市的时候，将操纵的目标股票买空；②然后用一个大订单将被操纵的目标股票强制逼到涨停；③在第二天股市开盘不久不论亏盈短时间内抛出。因此，拥有巨额流动资金的操纵者才能实施股票价格操纵行为。

(7)操纵证券市场行为呈现“短线化”。

自加强证券市场监管以来，原本肆无忌惮、凶猛的“坐庄”操纵手段在高压政策下，虽然有所收敛，但市场上的操纵行为却变得更加隐蔽化、多样化，近年来尤其呈现出“短线化”特征。如我国经典的虚假申报案“周建明案”，大同煤业的61笔申购在20多分钟内就被挂出，累计套现4000多万股，这与以往的“坐庄”式操纵案例大相径庭。再如“亿安科技案”，庄家通过一年甚至几年的资本运作，在取得实际控制权和股东信任后，逐渐成为上市公司的大股东甚至第一大股东，然后进行包装以达到推广的目的，并在二级市场炒高股价，最后赚取非法价差。

2.2 市场操纵行为存在的原因

操纵证券市场的行为会影响证券价格，造成证券市场虚假繁荣的景象，损害市场功能，使投资者的权益受到侵害，打击投资者对证券市场的信心，甚至会影响整个国家金融体系的稳定。因此，世界各国和地区都把禁止市场操纵行为的法则作为提高市场有效性和资本市场监管的重要组成部分、增强投资者信心的重要制度设计。由于缺乏完善的市场监管和必要的信用机制，一些转型期新兴国家的证券市场从建立之初就充斥着市场操纵行为。甚至可以说，证券市场的历史就是一部操纵市场和反市场操纵的历史。分析市场操纵行为监管的现状，反思市场操纵行为监管失败的原因，思考未来完善市场监管的途径，无疑具有非常重要的意义。发展中国家的证券市场是一个正在完善的、落后的、规模逐渐扩大的市场，因而存在着一系列的不规范现象。发展中国家与发达国家在产权制度、制度基础、市场主体、贸易体制等方面存在较大差距，股票市场的这些特点也决定了股票市场的发展会出现不规范的问题。股票市场中存在的不规范或者漏洞会严重影响市场的正常交易，而股市操纵者正是利用这种不规范、不完善的市场结构实施违法行为。

(1)股票市场因其独特的市场特征和结构而具有高度的投机性，这是产生市场操纵行为的诱因。非理性的心理预期导致投机行为的产生，再加上证券市场极强的示范效应是一般产品市场无法比拟的，两者之间的恶性循环所引发的连锁反应使股市中股票的价格长期与其真实价值背离，从而导致了过度投机。站在经济学角度，证券市场既需要投资，也需要投机。投资是根据证券的内在价值来决定资金的流动，投机是根据证券的预期价差来决定资金的流动。投机提高了证券市场的活跃度，加速了资金的流动性，起到了方便人们管理资金、转移风险的作用，所以投机者已成为市场中一股重要的新生力量。因此，国外股票市场有“做市商”制度，即当市场交易不活跃时，做市商可以提高市场流动性，让中小投资者参与交易。从这个角度来看，操纵者“做市”并非坏事。然而，资本本身的特点是追求利润最大化和愿意承担风险，当大型机构投资者为了追逐暴利而盲目投机时，就会利用其资金信息优势不惜一切代价进行非法操作，侵害了中小投资者的合法权益，严重扰乱了市场秩序。

(2)股票市场因其投资功能的缺失而沦为投机市场。一些发展中国家的股票市场是在国家强制性制度改变的前提下采用行政方式建设的，这种背景下的股票市场沦为资本控制的球场，无疑使股票市场失去了原有的功效。在这种制度安排下，上市公司缺乏积极经营的动力，但很大程度上利用制度缺陷进行短期寻租，导致上市公司绩效低下。在上市公司管理不善和股票市场投资价值较低情况下，投资者的选择可能较少，投机成为股票市场的主要方式。

(3)产权约束弱化，操纵成本降低。对于一部分发达国家来说，其经济产权制度非常明确，如果操纵者想要获取高额收益，就必须承担严重亏损和受到严厉惩罚的高风险，其风险和收益基本上成正比。而在发展中国家，股票市场的操纵者大多是机构投资者，其与强势资本的关系并不明确。由于这种不规范的产权制度，部分机构投资者在获取高回报的同时，承担的风险反而大大降低，导致很大一部分风险由国家或金融部门承担，形成收益和风险间的严重不对称。在这种市场背景下，强势资本的代理人一般更愿意承担短期的高风险，即操纵股票市场。

(4)个人和散户投资者比重过大，结构不合理。对于证券市场较为成熟的国家而言，市场中的投资者 70%以上为机构投资者，个人投资者只占到 30%。这是因为机构投资者拥有巨额资金优势，也拥有信息优势和技术优势，对信息的获取、清洗、过滤、整理等具有更高的专业性，所得结果更为真实。对于资金较少的中小投资者和普通股民而言，自身专业程度低，多选择机构基金，从而弥补个人信息劣势。如果机构投资者的参与率较高，投资市场的理性程度和专业化程度也较高，则市场的有效性将会提升。在不少发展中国家，股票市场上的个人投资者占比较大，而机构投资者占比不大。不过，机构投资者的资金优势却决定市场走势。在实际股票交易过程中，个人投资者存在行为偏差，成为操纵者利用的对象。操纵股市盛行的原因是个人投资者的理性程度较低，比例较大。另外，机构投资者发展时间较短，如果大力发展机构投资者，那么机构投资者数量的增加会导致操纵问题更加严重。同时，个人投资者非理性行为的改变和市场信息的完善，以及机构投资者数量的增加却需要时间，在这些前提条件变成事实之前，来自市场上机构投资者的操纵行为不可消除。

(5)投资者行为存在缺陷。在行为金融学中，投资者存在锚定效应等9种不理性行为，其中直觉驱动偏差、处置效应最为显著。对于直觉驱动效应，其产生的偏差分为代表性和保守性两种。第一种偏差指投资者在进行决策时，往往依赖从股市中获得的惯性思维，这种思维往往和股市中的经验有关，投资者倾向依据股价波动的历史和近期股价走势来匹配自己的预期，更倾向于依靠近期数据对股价进行预测。第二种偏差指投资者过于保守，不能及时依据即时变化修正预期，导致投资者不能对新信息进行即时反应，误以为股票波动是暂时的，随后股价波动超出了预期，投资者才能调整。

(6)监管机构监管不到位。近年来，各国证券监管部门在对股票操纵案件的处理过程中，也在不断完善监管制度和加大监管力度，建立了一系列规章制度，从而对完善和发展证券市场起到了辅助作用。然而证券机构监管的步伐还不能完全跟上证券市场的发展。监管的高成本与高难度主要缘于市场操纵行为的隐蔽性和复杂性。主要表现在：①认定一些要件为市场操纵行为要件特别是主观要件非常困难；②操纵种类繁多，不同市场对于操纵行为的认定不一致；③随着科学技术的进步、互联网的运用以及金融衍生产品的层出不穷，市场操纵行为的手段和方式也不断翻新，隐蔽性更强，证券市场监管者面临的挑战日益严重；④随着中国国际化程度越来越高，跨境及跨市场的市场操纵行为也日益增多。

(7)证券交易行为特殊，操纵行为易于实施。虚拟性是证券交易行为最大的特点，因此证券交易行为不会像有形商品一样，通过核算、质检等技术手段直接测算交易价格。证券交易面临的一系列数据和指标，加之证券交易日益无纸化、网络化，导致许多有违证券交易管理秩序的行为都不容易留下丝毫马脚。由于资金和信息的优势，操纵者在市场中更加主动和敏感，很容易用表面上合法的操作行为掩盖违法的操纵行为。他们的行为也是对广大不特定人群合法权益的侵害，但普通投资者却难以察觉。因此，这种行为不仅简单易行，而且取证困难，不易被起诉。

(8)政府隐性担保和行为失当。这种现象在我国股市更为普遍，最初，为了解决国有企业的融资难问题而建立了股票市场，政府便兼具了两种角色：一种是我国政府由于持有上市公司的大部分股份而成为大股东；另一种是股票市场的监管者。政府作为股票市场的监管者应该为市场上的投资者，特别是中小投资者提供服务。为了促进国有企业融资的顺利进行，即使有些国有企业不具备融资的条件，也会在国有企业改革的需要下顺利上市。当这些上市公司陷入困境、无法继续筹集资金时，政府再次介入，这就使市场形成了“共识”，即每当股市陷入危机时，政府都会出手干预，维持股市指数的基本水平。因此，在政府多次“救市”之后，市场投资者会认为政府不会让股市继续下跌，这种市场“共识”实际上为市场投资者提供了某种隐性担保。在这种隐性担保下，操纵市场所承担的风险大大降低，部分风险投资者便肆无忌惮地操纵市场。正是因为政府的不当干预，如上市公司在经营困难时进行“资产重组”，或者在股市面临危机时采取“托市”“救市”等行为，导致上市公司投资功能的缺失和操纵成本的降低。

(9)股权分割行为会导致操纵行为发生。首先，许多不成熟的股票市场发展规模较小，进而导致股票市场的广度和深度相对较小。在这种前提下，操纵者很容易操纵股票价格。另外，机构投资者对市场的影响较大，更容易操纵市场。其次，股权分割会提升发生股票操纵行为的概率。在中国股票市场，家庭股票和公司股票占很大一部分，而流通股仅约占 1/3 的市场份额，从而导致投资者的选择减少，加剧了股票价格的波动，并增加操纵股票的可能性。最后，在购并过程中存在一种行为操纵模式：操纵者在并购计划公布前购买公司股票，然后发布收购计划，当竞价方案公布时，目标公司的股价持续上涨，操纵者以高价卖出该公司的股票以获取高额利润。在并购过程中，收购方和操纵者有可能来自同一个主体，也可能来自不同主体，他们预先计划好共同操纵股票市场，即合谋。

(10)券商与上市公司之间变异的关系。二级流通市场与一级发行市场是一个相互制约、相互依存的有机整体，证券市场要健康、稳定、快速发展，就必须有一个规范的二级市场，培育出一个高效有序的一级市场。不少国家的二级市场和一级市场发展并不协调，管理层为规范二级市场采取了多项重大举措，取得了一定成效，可以说二级市场的发展已远远超前于一级市场。由于二级市场问题容易社会化和公开化，透明度高，管理层的注意力都集中在二级市场上，很多问题都能及时发现和解决。但是，一级市场隐含或暴露的一部分问题已经严重损害了证券市场的健康稳定发展，其中比较突出的是证券公司与上市公司之间的变异关系。在一级市场中，证券公司应该真正发挥监管企业和服务企业作用。理论上讲，企业与券商之间是接受服务与提供服务的关系，它们既是劳动交易双方又是合作者，在法律层面这是一种原则上的平等关系。证券公司只有与企业形成完整的双向选择关系，才能充分发挥监管与服务两大作用。由于股票发行实行的限额管理导致少数企业获准上市，因此，在股票上市过程中，企业实际上选择了证券公司，而证券公司几乎没有选择企业的权利。这样使得券商不但要被迫满足企业提出的在此项业务之外的某些要求，而且还必须在承销企业股票的业务过程中想方设法给公司提供各种高端优质服务。比如，一家限额指标企业找到某个券商发行股票，当券商准备提交所有文件给证监会的时候，企业突然向券商提出贷款要求，由于券商不能满足其要求结果被其放弃。后来，该公司找到另一家证券公司，由于其市场业务紧张，不得不满足该公司的贷款要求。然而，就在准备申报文件时，公司突然要求证券公司大幅提高发行价。经反复考虑，证券公司认为不能满足其要求，在向该公司反复解释后，该公司最终取消了证券公司的股票承销业务。还有一种情况就是，某些公司在其股票上市后，仍然要求证券公司对市场价格给予支持，这可以说是造成二级市场诸多操纵行为的重要来源。

2.3 市场操纵行为的危害

从本质上对市场操纵行为进行判定，不难得出其欺诈性质。操纵者通过自我意愿对证券市场价格进行干扰，以致其偏离正常水平，诱使投资者追涨杀跌从而获得非法利润。显然市场操纵行为存在极大的危害，直接损害了不知情的投资者的利益，严重扰乱了证券市场的秩序，打击了投资者的信心，甚至危及证券市场的健康发展。无论从理论研究，还是对照证券市场的现实运行效果，都能发现市场操纵行为极具危害性。总结来看，主要表现为：

(1)危害市场秩序，有引发金融经济危机的可能。

市场操纵行为轻则扰乱证券市场秩序，妨碍金融市场稳定，重则妨碍整个国家经济体系的健康运行，甚至诱发金融危机。一国的金融体系不仅掌控着经济的命门，更对市场的微观构成，如券商、银行等金融机构造成直接影响，可以说证券市场决定着国家金融体系的发展方向。操纵行为不仅会造成金融市场紊乱，导致市场运行机制失效，更会使证券市场原有的资源配置、产业优化、提高效率等功能尽失，进而形成极大的金融风险，并逐渐向其他市场蔓延。金融市场改变了其他市场的供求关系，投资者只重视投资收益，不再重视金融产品的内在价值，使金融风险呈几何级数增长。此外，操纵市场爆发出的超额收益，将会导致资金进入实体经济的流量和流速均大幅下降，资本空转会导致虚实经济分离，进而引发系统性金融风险，甚至有可能引发国家经济危机，给社会经济生活带来灾难。

(2)造成资金的异常流动。

证券产品的金融特性使证券市场与实体经济不同，更多呈现为虚拟状态。证券市场的产品价格反映了上市公司的运营情况及公司的经营状态。操纵行为使证券市场的价格调节功能失效，股价不再由市场决定，而更多体现了人为的意愿，在这种市场状态下，资金的流向也不再由市场决定。原本资金应流向急需发展的公司，促进公司业绩提升，但现在反而流向了获得暴利的操纵者。资金错配会致使市场机制失效，资金导向的供求关系不是真实的供求关系，真正需要资金的部门得不到资金供给，市场价格也不再是真实价格，股价不能反映真实的公司运行情况，市场的淘汰机制也不再有效。此外，市场价格扭曲进一步加剧资金的异常流动，资金无法按照市场机制进行自我配置，监管机构如果不能及时发现并制止，价格扭曲和资金异常流动双向循环，会极大地降低市场运行效率。

(3)损害银行信用、加剧证券抵押物的不稳定。

从前文的分析不难看出，证券操纵行为对股票市场的影响很大，对债券市场的影响也不可忽视，它以看不见的手推动证券市场行情大起大落，尤其国内股票市场的追涨现象十分明显，当股价暴涨时，大量的资金从银行流出，此时的股票行情不是由真实企业价值推动的，而是由操纵者推波助澜、恶意而为形成的，进而使银行的兑付现压力加大，银行的风险随之加大，银行的信用也将遭受质疑。此外，若是银行质押关系中含有证券等质押物，则这种质押关系将变得极不稳定。若任由操纵者肆意而为，则证券价格将呈现随操纵方向而暴涨暴跌的态势，证券质押关系的风险将呈指数级增长，也会使整个证券市场的风险加大。因为价格操纵本身需要大量资金，如果资金链断裂，或是炒作失败，则资金入市的合法性、债务人的信用等问题也将随之而来，此时银行系统也将被牵入其中，被动地承担金融风险。另外，如果股价暴跌，证券机构的资产价值将大大缩水，债台高筑，银行也会被迫承担金融风险。从这个角度考虑，操纵行为所引起的股价泡沫不仅危及整个经济环境，使券商和中小投资者受害，而且很有可能危害维持国民经济正常运行的银行系统。

(4)机构从事市场操纵，不利于国民经济良性发展。

目前，企业和公司在证券市场的操纵行为中扮演了重要角色，更有甚者为了圈钱和止损，不计后果地非法操纵自己公司的股票价格。进行股票价格操纵会导致企业的生产积极性降低、生产资金减少，如果操纵失败，公司的发展也将危在旦夕。企业和公司忽视主营业务，把目光集中于市场操纵，必然会影响实体经济的发展。无论是公司被操纵还是主动操纵，涉及操纵的公司股价都不能反映公司的价值，这种行为不仅会挫伤公司积极主动发展业务，提高市场竞争力的信心，也为广大上市公司提升股价做出错误示范。而且，证券市场的基石就是上市公司的质量，上市公司的质量无法保证，必将阻碍证券市场的良性发展。作为国民经济的重要组成部分，证券市场发挥着至关重要的资金配置作用，机构从事市场操纵，将严重影响国民经济的良性发展。

(5)破坏证券市场形象，严重影响股票市场功能的发挥。

股票市场操纵会导致市场利益的非正常转移，使得其他部分投资者无辜受损，这将极大地打击其他投资者的信心，严重破坏市场的公平性和社会的诚信。若其他投资者因此而退出市场的话，更会影响整个股票市场的规模和流动性。其一，由于缺乏卖空机制，股价操纵使股价虚高，股市泡沫加大。我国金融市场发育不完全，金融衍生品种类不够丰富，也不存在卖空机制。卖空机制的作用是股市即便在熊市的情况下也会有大量的资金介入，而在股市繁荣的情况下也不会使股价疯狂地上涨，保障了股市的健康稳定运行。实际操作中，做空机制一般是通过券商的融券将看空后市的投资者卖空。由于我国 A 股市场尚无做空机制，个股庄家通过操纵股价获利一般都要经过低位吸筹拉升和高位震荡派发两个步骤，因而造成股价整体水平不断非理性攀高，在扭曲股价的同时也不断吹大了股市的泡沫，加剧了市场风险。其二，价格偏离价值，妨碍资源配置功能的实现。大量存在的操纵股价行为使股票价格长期偏离价值，长此以往对全社会资金的配置非常不利。一般来说，价格信号反映企业的效益，因此资金会流向股价高的企业，也就是说，通过价格机制自动地把资金配向最有效益的企业。如果人为炒作股票，把价格炒得很高，使股价和企业效益相脱节，就会造成这样的局面：效益很差的企业吸引了大量资金，而效益好的企业却得不到资金，即绩差股价优、绩优股价次，整个资本市场上就会形成资金的错配。市场股价结构的不合理使股市优化社会资源配置的功能大打折扣。

(6)影响社会资源的配置效率。

在市场经济环境下，证券市场中的供求关系曲线反映了社会经济生活对资金需求的数量、规模和方向。市场操纵行为的发生致使虚假信息掩盖了真实信息，使本应在价格基础上反映价值的市场规律严重失效。真实市场供求关系被掩盖，证券价格不能反映企业的真实经营状况，致使资金流向发生错误，市场竞争机制不再公平，证券市场的资本配置效率降低，社会资源浪费。结合经济学中的供求关系与非均衡博弈，股价操纵其实形成了垄断市场，这种垄断不是传统意义上的资源垄断，而是信息垄断。垄断势必造成市场失衡、资源浪费、运行效率低下。

从经济学角度看，股价操纵本质上属于典型的非竞争均衡模型所述状况：由于市场信息优势者对信息具有垄断权，因而造成股价扭曲，最终将导致整个社会资源的浪费和经济效率的低下。

图 2-1 表示垄断关系下的产品供求均衡，产品叠加形成市场供求均衡。图 2-1 中 *HD* 曲线既是单一产品的供给曲线，也是市场的供给曲线。*AD* 曲线既是单一产品的需求曲线，也是市场的需求曲线。此外，供给曲线与边际成本曲线重合，需求曲线与边际消费意愿重合。在供给曲线下方形成产品生产成本加和，在需求曲线下方形成消费意愿加和。从几何关系上来看，$OQ \times DC$ 的面积为生产 $Q\times$单位产品的成本；$OQ \times DA$ 的面积为购买 $Q\times$单位产品愿意支付的金额。在图 2-1 中，供求关系平衡时，平衡点为 D，代表此时供给方和需求方的意愿价格一致，市场也将在此处达到均衡，市场的价格为 $P\times$，市场的数量为 $Q\times$，此时的市场销量将达到最大，供求双方也都得到了最大的利益，此时市场处于最优的状态。

但在图 2-1 中，市场处于垄断状态，此时总支付不再和总成本相等，两者形成了偏差，并且总支付与总成本的差额就是市场的总剩余，也就是消费者剩余和生产者剩余之和。在经济学中，消费者剩余往往代表消费者的意愿支付和实际支付差额，生产者剩余往往代表行业的全部利润。

假设市场中一共生产了 $Q\times$单位产品，当这些产品定价为 $Q'F$，市场在达到平衡时，价格与产量为 Q'时相同，此时消费者的边际支付意愿为 $Q'F$。将其与 $Q'H$(边际成本)对比，不难发现 $Q'F$ 远大于 $Q'H$。同时，产量增加配合价格变动，势必会造成总剩余的增加，具体来看 ΔQ 的产量变动会造

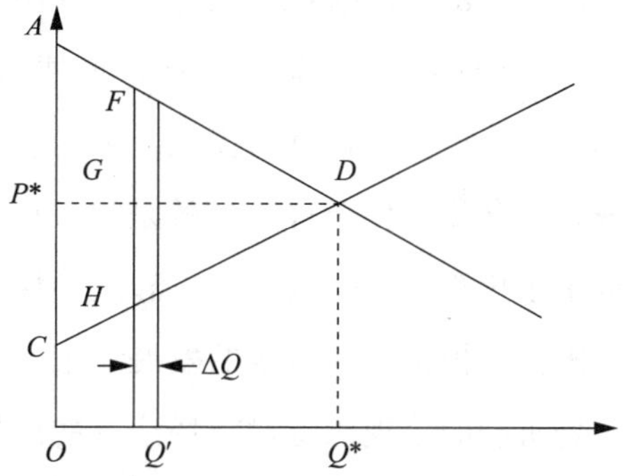

图 2-1 垄断关系下的供求均衡

成 $\Delta Q \times Q$ 的总剩余变动。此时，如果考虑将总剩余调整至最大，则应将产量从 Q'增加到 $Q\times$。那么相应的也将会引起 *FHD* 的总剩余变动。相反，当产量增长得比消费者边际消费倾向还大时，产量与总剩余将呈逆向变动关系。综上所述，如果要使总剩余最大化，市场的生产水平必将使边际消费倾向等于边际成本，此时生产者、消费者剩余均将实现最优。

那么可以看出，当产品处于垄断时，产品价格也将恒定为 $Q'F$。在前面的分析中，只有产量为 $Q\times$时，总剩余才会实现最优，所以此时的总剩余损失包括 *GHD*、*FGD* 两部分，分别是生产者剩余、消费者剩余，也就是垄断造成了市场资源的浪费。所以结合市场操纵现实来看，投资者购买被操纵的股票，就犹如在市场中被动接受价格，而股价永远不能达到使消费者剩余和生产者剩余最大的水平。此时的市场资源必将处于浪费状态，投资者、上市公司都是浪费的承担者。

(7) 中小投资者利益被损害。

证券市场的操纵者往往会集中资金优势，对股票进行多时段操纵，或者虚假挂单构造繁荣交易假象。对于中小投资者而言，其资金量小，信息也不如操纵者畅通，在证券市场中完全处于劣势。现实中能够操纵股票的人或是有充足资金，不吝惜成本实施操纵；或是有信息渠道，比常人手眼通天；或是有社会关系，能够获得非法操纵机会。从中小投资者的特征便可看出，中小投资者既无资金优势，也无信息优势，进入被操纵的股票市场，无疑鱼入砧板，任人宰割。操纵者在吸筹、诱空出货、虚假拉升、拉高出货等阶段哄抬股价，中小投资者盲目入场，贡献出微薄的资金份额，随着操纵者丰收离场，中小投资者将承担损失。可见，所谓的投资者丰收是以收割大部分投资者资金为必要条件，也就是说，只要有暴利，必有爆户。这种情况将导致中小投资者丧失投资热情和主动性，市场规模和流动性也将随之萎缩，会极大地损害证券市场的发展。市场操纵是对投资者的剥削和压榨，是对市场机制的蔑视，是对市场法规的蔑视，也是对诚信的蔑视。证券市场最重要的功能就是集中社会闲散资金用于经济建设，而实现这一功能的基础就是形成一群有实力、有信心的投资者群体。在我国股市中，数量最大的群体是中小投资者，其利益能否得到保障，决定了市场信心和稳定性。在证券市场中，操纵者使用各种操纵手段，对中小投资者进行利诱，收割其财产获得利润。这种畸形的财富再分配违反我国证券法律，这种行为对广大中小投资者合法权益强取豪夺，使得无数中小投资者深受其害，更重要的是目前我国证券市场几乎每一只股票都有庄家进行市场操纵，广大中小投资者对庄家的操纵防不胜防。长此以往的恶性循环将严重挫伤广大中小投资者的投资信心，证券市场的融资功能也会受到损害。

(8)对上市公司产生信任危机。

许多情况下，操纵者在对股价进行操纵时往往释放出自己意向的信息，以促使股价朝自己的期望方向变动。为了使市场参与者相信这种虚假信息，上市公司极为配合，作假账的方式十分常见，有的公司甚至修改运营情况说明。投资者错将虚假信息当作真实信息，在庄家操纵下高买低卖，沿股价逆向操作，最终导致利益受损。在经历多次的投资被操纵之后，投资者必将反省到虚假信息带来的投资策略，进而怀疑上市公司信息披露的可信程度，对公司的经营合法合规性产生怀疑，滋生不信任情绪。

从宏观层面来看，价格操纵行为会危害市场秩序，有引发金融经济危机的可能；侵害市场竞争机制；形成虚假的供求关系，扭曲正常价格，造成资金的异常流动；损害银行信用、加剧证券抵押物的不稳定性；破坏证券市场形象，严重影响股票市场功能的发挥；影响金融市场的价格发现机制，破坏市场的投资环境，严重制约金融市场的健康发展，甚至威胁金融市场的稳定。从微观层面来看，价格操纵行为会使股票价格偏离正常轨道，导致股市的微观震荡，使广大中小投资者利益被损害，失去对上市公司的信任。若要从国家安全和国际安全角度来看，市场操纵在使一国金融风险加大的同时，必然将使其他国家的金融风险同步加大。在一国内部，市场操纵不仅威胁国内市场价格的正常运行，也将威胁银行市场发展。在一国外部，市场操纵会影响一国的外汇稳定，从而对与之相关的国家金融市场造成威胁。作为市场监督者的政府不得不增加额外的监督成本对市场操纵行为进行干预，以防局部金融危机的发生。总之，市场操纵行为危害性极大。

2.4 市场操纵监测模型的相关理论

2.4.1 神经网络模型

1. 神经网络模型的介绍

人工神经网络(Artificial Neural Network，ANN)是人工智能的一种，是基于模仿生物大脑的结构和功能而构建的一种信息处理系统，因其具有自学习、自组织、良好的容错性和非线性逼近能力，越来越受到关注。人工神经网络的结构和功能有很多优点，在解决高度复杂的问题时能够显现其优越性。采用BP(Back Propagation)算法的多层神经网络模型一般称为BP网络。BP算法属于δ算法，其基本算法是利用最小二乘法，采用梯度搜索技术，使得网络的实际输出值和期望输出值之间的误差平方和最小。

采用BP网络建模具有以下特点：

(1)非线性映射能力。神经网络能以任意精度趋近任何非线性连续函数，表现出复杂的非线性动态系统特征，适合处理一些信息复杂、推理规则不明确的问题。

(2)并行分布处理能力。神经网络中的信息是分布储存和并行处理的，这使它具有很快的处理速度和很强的容错性。

(3)自学习和自适应能力。神经网络是一种可变结构系统，在训练时，能从输入、输出的数据中提取出规律性的知识，给出比较满意的预测结果。

(4)多变量系统。神经网络的输入和输出变量的数目是任意的，因此，可以解决高度复杂的输入输出问题。

基于BP算法的BP神经网络是单向传播的多层前向网络，它由输入层、输出层和中间层组成，中间层也就是隐含层，可以是一层，也可以是多层。

2. BP神经网络模型的建立

采用BP神经网络建模的首要条件是收集足够多典型性和精度高的样本，而且必须将收集到的样本随机分成训练样本和测试样本。创建BP神经网络模型时，需设计输入节点、输出节点、隐含层和激活函数。具体如下：

(1)输入节点的设计。BP神经网络的输入变量为待分析系统的内生变量，根据上市公司的财务特征和市场交易特征作为输入变量，指标个数即为节点数目。

(2)输出节点的设计。BP神经网络的输出变量为系统的外生变量，本模型的输出变量为操纵标识，输出层的节点数取1。如果输入检验样本学习后的人工神经网络输出神经元的输出结果大于或等于0.5，则该股票为被操纵股票；若其小于0.5，则为非被操纵股票。

(3)隐含层的设计。一般增加隐含层可以有效降低网络误差，提高精度。本章采用3层BP神经网络结构，其中包含一个输入层、一个输出层和一个隐含层。另外，隐含层节点数的选择是一个复杂问题，往往需要根据设计者的经验和多次试验来确定。本章参考如下经验公式：

$$n_1 = \log_2^n \tag{2-1}$$

其中，n_1 为输入单元数，n 为隐含层节点数。

(4)激活函数。理论证明，具有1个隐含层的BP神经网络采用

sigmoid 函数可实现对任意函数的任意逼近，故采用 sigmoid 作为激活函数。

2.4.2 决策树模型

决策树模型的分类是利用先验信息处理数据间非同质关系来实现的。它从树的根节点处开始，不断选取新的属性来分割样本，对每个属性的每个值产生新的分支，直到一个节点上所有样本都被分到相应的类上。决策树模型不需要实现假定样本的分布，它的求解采用非参数技术；决策树算法的关键是选择节点的分割属性，常用的有卡方(χ^2)，基尼系数(Gini Index)和熵(Entropy)作为计算信息增量的方法。不同的分类变量的决策树模型可运用不同的算法，首先选择信息值最大的变量作为顶层最有区分能力的分类变量，把数据分成两个子集；然后，每个子集又选择最有区分能力的因素进行划分，一直到所有子集仅包含同一类型的数据为止，即该级的信息值无法继续划分为不同的类别。这种模型的好处，不仅规避了线性回归中的一系列严格的分布假设，而且也能快速找出自变量之间的相对重要性。采用基于熵的信息增量作为样本分割准则，该类型决策树模型又叫 ID3。熵是由信息学家申农引进的，最初冯·诺依曼建议将不确定度量称为熵，用来描述信息的不确定性。将 p_i 定义为分类变量 U 取值为 i 时的发生概率，事件类型共有 s 类，则熵定义为 $H(p_1, p_2, \cdots, p_s) = -\sum_{t=1}^{a}(p_i\log_2(p_i)) = H(U)$，$s$ 可取值为 2；又假设自变量 V_1，V_2，…，V_s，则自变量 i 对应的因子水平 k 记为 V_{ik}；定义信息增量 $I(U, V) = H(U| V_i)$，其中：

$$
\begin{aligned}
H(U| V_i) &= \sum_{k=1}^{n} P(V_{ik})H(U| V_i) \\
&= \sum_{k=1}^{n} P(V_{ik})(-\sum_{i=1}^{s} P(U_i| V_{ik})\log_2^{(P(U_i/V_{ik})}) \qquad (2-2)
\end{aligned}
$$

因此，对于自变量 V_1，V_2，…，V_s，计算其对应的 $I(U, V_i)$，$I(U, V_i)$ 取值越大，表示自变量 V_i 对于决策树分类具有越多的信息，则优先将 V_i 作为识别变量对树进行分割。

2.4.3 小波分析模型

1. 小波分析的介绍

小波分析作为一种可以同时进行频域与时域分析的数学工具，应用范围十分广泛，目前已被成功运用于各种工程学和物理领域，如图像处理、信号分析、语音识别和地震勘探等。相比传统的傅里叶分析算法，小波分析同时在频域和时域内具有优良的局部化性质。小波分析在通货膨胀、支出和收入的分解、商品价格分析、股票回报和汇率分析、CAPM 模型中 beta 的估计以及期货市场的对冲比率等方面均有深入的应用。采用小波分析研究股价操纵的目的在于：证券市场上存在很多噪声交易者，他们不能准确分析内部信息或缺乏分析信息的能力，利用噪声信息来指导决策加大了股票价格在短期内的波动程度，而操纵者的行为相对噪声交易者而言是长期的，小波方差分析可以将时间序列的方差分解到不同的尺度上，排除短期噪声交易干扰之后的长期波动特征从而能更加准确地体现操纵者的行为特征。

2. 小波分析模型

根据 Percival 等的研究，满足如下条件的函数 $\psi(t)$ 为母小波函数：

$$C_{\psi} = \int_0^{\infty} \frac{|\widehat{\psi}(\omega)|}{\omega} d\omega < \infty , \int_0^{\infty} \psi(t) dt = 0 \tag{2-3}$$

将 $\psi(t)$ 做伸缩和平移变换后得到小波函数：

$$\psi_{j,k}(t) = 2^{-\frac{j}{2}} \psi(2^{-j}t - k) \tag{2-4}$$

其中，j、k 分别为尺度系数和平移系数。因为小波函数 $\psi_{j,k}(t)_{j,k \in z}$ 是平方可积函数集合 $L^2(R)$ 的完全正交基，所以对于任意一个时间序列 $X(t) \in L^2(R)$ 为：

$$X(t) = \sum_j \sum_k d_{j,k} \psi_{j,k}(t) \tag{2-5}$$

其中，小波系数 $d_{j,k} = \int X(t) \psi_{j,k}(t) dt$。

小波方法按照处理序列连续性的不同，可以划分为离散小波转换（Discrete Wavelet Transform，DWT）和连续小波转换（Continuous Wavelet Transform，CWT）两种，分别用于处理离散和连续的时间序列。最大重叠离散小波转换（MODWT）是 DWT 的变形。在这 3 种小波转换方法中，CWT 主要用于处理连续时间序列，处理的数据量非常庞大，且具有一定的冗余；DWT 不但对原序列长度有要求（j 级 DWT 的样本容量要求是 2^j 的整数倍），而且对滤波起点较为敏感。MODWT 不受原序列长度的限制，且其小波细节和小波平滑具有零相位滤波器的特征，从而易将多分辨分析（Multiresolution Analysis，MRA）结果与原序列进行比较。此外，常用的小波滤波器类别有 Coiflet 滤波器（C（L））、Daubechies 滤波器（DB（L））、最小不对称滤波器（Least Asymmetric，LA（L）），L 为滤波器的长度。

小波方差是将原时间序列的方差分解到不同的时间尺度上，即：

$$\sum_{m=1}^{\infty} v^2 x,\ t(\tau_m) = \mathrm{var}(X_t) \tag{2-6}$$

这种分解方法的特点在于，可在不同尺度上研究序列的波动特征，在研究长期波动特征时，可以排除短期噪声交易的干扰。

分解被操纵股票和对照股票的日收益率数据时可采用最大重叠离散小波转换（MODWT）方法。假定预先选择的小波滤波器为 LA6，即长度为 6 的与 Daubechies 最小不对称尺度滤波器对应的小波滤波器，其最大特点是具有线性最小相位偏移，较容易获得零相位的小波变换。小波分解的层数需要根据被操纵的时期长短进一步确定。经过小波分解后的小波方差，由于过滤了短期噪声交易的影响，可以更好地研究序列的波动情况。静态小波方差分析是指计算指定区间的小波方差，动态小波方差分析是指在静态小波方差分析的基础上，通过区间滚动计算得到小波方差序列。

2.4.4　贝叶斯网络与马尔可夫融合模型

1. 有向图模型

在有向图模型（即贝叶斯网络）中，从 A 到 B 的弧可以非正式地解释为指示 A 导致了 B。因此，该图是有向无环图(DAG)。如 MRF 一致，在马尔可夫覆盖度提前设定的条件下，BN 里的节点与其他所有节点独立。但是，对于 BN，节点的 Markov 覆盖层是父节点和子节点(见图 2-2、图 2-3)。

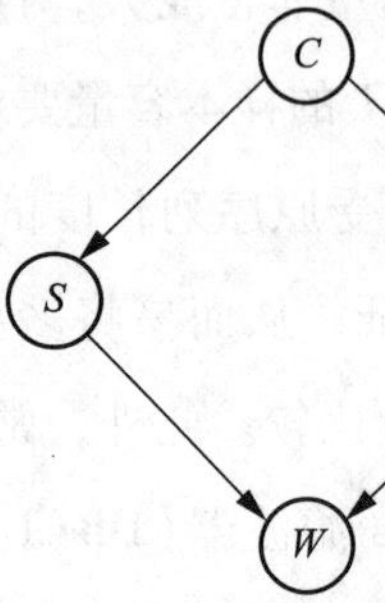

图 2-2　简单贝叶斯网络

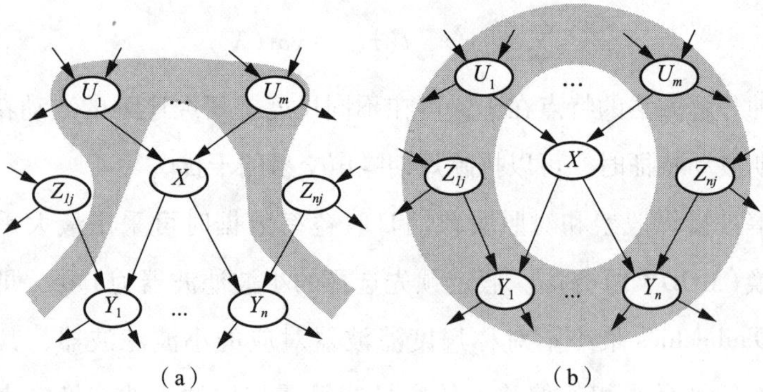

图 2-3　贝叶斯网的局部 Markov 属性

考虑父节点的原因可以通过图 2-2 中的示例来解释，但是没有 C 节点，因此剩下的只有“v 结构”$S \to W \leftarrow R$。假设所有节点都是二进制，那么所有的节点值只能取 0 或者 1。考虑 R 节点，并假设它为真($R=1$)；如果观察到草是湿的($W=1$)，那么与不知道正在下雨的情况相比，现在洒水喷头开启的可能性较小[即 $P(S=1 \mid W=1, R=1) < P(S=1 \mid W=1)$]，因为雨水已经说明草是湿的[Pea88]。因此 $R \perp S \mid W$，即 R 与父节点相关。在 MRF 中，因为 W 将 S 和 R 分开，所以有 $R \perp S \mid W$；然而在 BN 中，必须考虑弧的方向性，这就产生了 d 分离的概念(d 表示有向)。因此，在将 BN

转换为 MRF 时，须将共享同一个子节点的不同父节点(例如 S 和 R)连接在一起，这就是所谓的从有向图到无向图的转化。

当表 2-1 中有 0 或 1 个不同父节点(Dpa)，0 或 1 个共享父节点(Cpa)且子节点不同时，X 代表不同父节点，U 代表相同父节点，Y 代表不同子节点。“cond”代表有条件的。$\sigma(u, W, j)$ 为 softmax 函数。如果有一个以上的不同父节点，则可以将它们全部组合成一个离散的“超级”父级，其值成倍增加。

表 2-1

Dpa	Cpa	Name	CPD
—	—	Multinomial	$P(Y=j)=\pi(j)$
i	—	Cond. multinomial	$P(Y=j \mid X=i)=A(i, j)$
—	u	Softmax	$P(Y=j \mid U=u)=\sigma(u, W, j)$
i	u	Cond. softmax	$P(Y=j \mid U=u, X=i)=\sigma(u, W_i, j)$

当表 2-2 中有 0 或 1 个不同父节点(Dpa)，0 或 1 个连续父节点(Cpa)并且子节点连续时，一些常见的 CPD，X 代表不同父节点，U 代表连续父级，Y 代表连续子级。“cond”代表有条件的。如果有多个连续父级，则它们都可以合并为一个大向量值父级。

表 2-2

Dpa	Cpa	Name	CPD
—	—	Gaussian	$P(Y=y)=N(y; \mu, \sum)$
i	—	Cond. Gaussian	$P(Y=y \mid X=i)=N(y; \mu_i, \sum_i)$
—	u	Linear Gaussian	$P(Y=y \mid U=u)=N(y; Wu+\mu, \sum)$
i	u	Cond. Linear Gaussian	$P(Y=y \mid U=u, X=i)=N(y; W_{iu}+\mu_i, \sum_i)$

BN 独立性的另一种定义，称为有向局部马尔可夫有向属性，节点有条件地独立于给定父节点的非后代。如果按照拓扑顺序将节点(父级先于子级)排序为 1，…，N，则可以定义以下联合分布：

$$P(X_1, \cdots, X_N) = P(X_1)P(X_2 \mid X_1)P(X_3 \mid X_1, X_2)\cdots P(X_N \mid X_1, \cdots, X_{N-1})$$
$$= \prod_{i=1}^{N} P(X_i \mid X_{1:i-1})$$
$$= \prod_{i=1}^{N} P(X_i \mid Pa(X_i)) \quad (2-7)$$

其中，$X_{1:i-1}=(X_1, \cdots, X_{i-1})$和$Pa(X_i)$是节点$X_i$的父节点(这被称为有向因式分解属性)，第一行来自概率链规则，第二行与第一行相同，而第三行则是节点X_i独立于所有父节点$X_{1:i-1}$。例如，图2-4暗示的关节是：

$$P(C, S, R, W) = P(C)P(S \mid C)P(R \mid C)P(W \mid S, R) \quad (2-8)$$

函数$P(X_i \mid Pa(X_i))$称为节点i的条件概率分布(CPD)，可以是任意分布。

使用“贝叶斯球”算法从BN推导贝叶斯球全局独立性关系，等效于d分离。遵循图2-4中的规则，其中阴影节点对应于C中的节点$XA \perp XB \mid XC$，如果一个假想的球从A中的任何节点开始，就无法到达B中的任何节点。弯曲的虚线箭头表示球被一个节点折回(阻挡)；直箭头表示球可以通过。例如，在图2-4中，$S \perp R \mid C$，虽然通过C的路径被阻塞(因为C被阴影化)，但可以通过W(因为W没有被阴影化)。

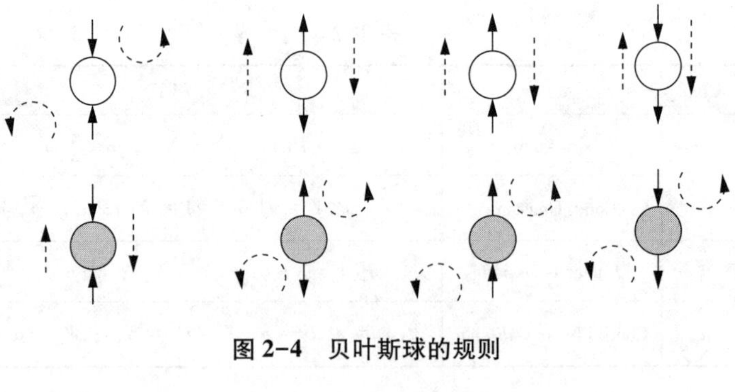

图2-4 贝叶斯球的规则

2. CPD的简约表示

如果节点Y具有许多不同的父节点$X_1, \cdots, X_N$，指定CPD所需的参

数数量为 $O(K^N)$，假设每个 X_i 可以具有 K 个值。在本节中将使用更多的简约表示，即使用较少参数的表示。这样表示将更容易理解或者推理更快。

3. 小多项式的混合

如果 Y 是离散的，可以将 $P(Y|X_{1:N})$ 表示为小多项式的混合。如下所示定义一个离散复用器 CPD，其中 S 表示切换父节点：

$$P(Y=y \mid X_{1:N}=x_{1:N},\ S=i)=P(Y=y \mid X_i=x_i)=A_i(y,\ x_i) \tag{2-9}$$

由于 S 是隐藏的，因此可以将其边缘化以获得最终的 CPD：

$$P(y \mid X_{1:N}) = \sum_i P(S=i) A_i(y,\ x_i) \tag{2-10}$$

假设 X_i 和 Y 可以具有 K 个值，则此 CPD 需要 NK^2 个参数来表示，而完整多项式则需要 K^{N+1} 个参数。

4. 特定于上下文的独立性

如果 Y 是离散的，可以通过在每个叶子中存储 Y 值上的直方图，使用分类树定义 $P(Y|X_{1:N})$。如果 Y 是连续的，可以通过在每个叶子中存储条件均值和方差，使用回归树定义 $P(Y|X_{1:N})$。在这两种情况下，如果树未满，将需要少于 $O(K^N)$ 个参数。

任何树都可以“展平”到表中，则在此展平表中的参数学习等同于树中的参数学习。如果树结构未知，则可以使用标准决策树方法来学习。树型 CPD 也可以帮助结构学习。在不完整的树中，并不是所有的父代在确定输出（子代）分布时总是相关的；此属性称为特定于上下文的独立性（CSI）。

5. 因果独立

当 CPD 具有特殊的属性时，即每个父母以及对子的贡献可以根据诸如“或”“和”“最大值”之类的关联和可交换运算符来计算，因果独立性就会出现。如果子项 Y 及其所有父项都是二进制（$\{0,\ 1\}$ 中的值），则 noisy-OR 适用。除了输入（父级）和输出（子级）之间的某些“连接”可能“失败”以外，“noisy-OR”函数类似于常规的“或”的作用。假定失败是独立的，并且将值为1的父级映射值为0(以“抑制”处于打开状态的父级)。q_i 是第 i 个以这种方式输入失败的概率。图2-5中对此进行了说明，其中定义 $P(U_i=0 \mid X_i=1)=q_i$，$P(U_i=0 \mid X_i=0)=1$ 且 $P(y \mid u_1, \cdots, u_N)=\delta(y, u_1u_2\cdots u_N)$。总体CPD具有以下分布：

$$P(Y=0 \mid X_{1:N})=\prod_{i:x_i=1}q_i=\prod_{i=1}^{N}q_i^{x_i} \tag{2-11}$$

通常添加一个“泄漏”项，这是一个始终打开的虚拟父项。这代表“所有其他原因”。设 q_0 为泄漏被抑制的概率。由于 $P(Y=1 \mid X_{1:N})=1-P(Y=0 \mid X_{1:N})$，故：

$$P(y \mid X_{1:N})=(1-q_0\prod_{i=1}^{N}q_i^{x_i})^{y}=(q_0\prod_{i=1}^{N}q_i^{x_i})^{1-y} \tag{2-12}$$

很容易将noisy-OR推广到noisy-MAX。此类模型具有许多参数，这些参数在父代数量上是线性的。

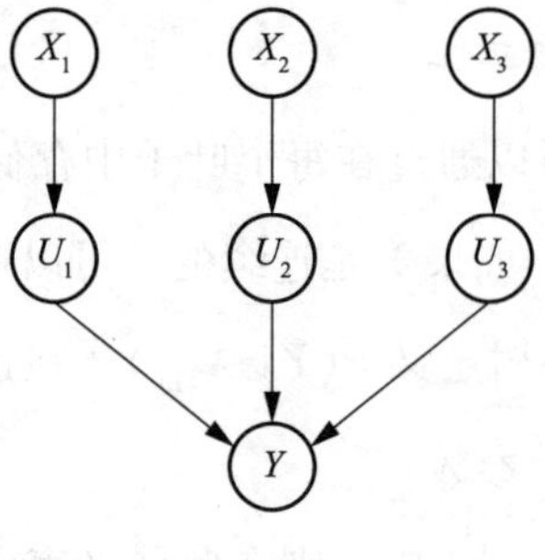

图2-5 noisy-OR CPD

6. 对数凹性CPDs

对数凹性CPDs被定义为如下形式：

$$P(y \mid X_{1:N})=G_y\sum_j\theta_jx_j \tag{2-13}$$

其中，log Gy 是凹函数。这种CPD可以通过近似变分来推断。此类包括sigmoid CPD和noisy-OR，它们都为二进制节点。将sigmoid CPD定义为：

$$P(Y=1 \mid x_{1:N})=\sigma\left(\sum_j\theta_jx_j\right) \tag{2-14}$$

其中 $\sigma(x)=\frac{1}{1+e^{-x}}$ 是 S 形(逻辑)函数，换一种说法：

$$P(Y=1 \mid x_{1:N})=\left(\frac{1}{1+e^{-u}}\right)^{y}\left(\frac{1}{1+e^{u}}\right)^{1-y} \tag{2-15}$$

其中，$u=\theta' x$，因为 $1-\sigma(u)=\frac{1}{1+e^{u}}=\sigma(-u)$。要以这种形式表示“或”CPD：

$$\prod_{j} q_i^{x_i}=\exp\log q_j=e^{-\sum j\theta_j x_j} \tag{2-16}$$

定义 $\theta_j=-\log q_j$，则 noisy-OR CPD 可以写成：

$$P(Y=1 \mid x_{1:N})=(1-e^{-u})^{y}(e^{-u})^{1-y} \tag{2-17}$$

7. softmax 函数

softmax 函数是 sigmoid 函数的一般化，表示“输出”具有 K 个可能值，而不是两个。以下定义：

$$P(Y=j \mid U=u)=\sigma(u,\ W,\ j) \tag{2-18}$$

其中，$\sigma(u,\ W,\ j)=\frac{\exp(u'W_{:j})}{\sum_k \exp(u'W_{:k})}$

$W_{:k}$是 W 的第 k 列。当输出为二进制时，softmax 函数将简化为 logistic 函数：

$$\sigma(u,\ W,\ 1)=\frac{\exp(u'W_{:1})}{\exp(u'W_{:1})+\exp(u'W_{:0})}=\frac{1}{1+\exp(u'(W_{:0}-W_{:1}))}=\sigma(u'\overline{w}) \tag{2-19}$$

其中，$\overline{w}=W_{:1}-W_{:0}$。

softmax 函数将连续向量 u 作为输入。要在不同父节点的情况下使用它，必须将不同父节点的值表示为向量。因此，将 $\widehat{X}_i$ 定义为一个长度为 K 的位向量，在与 X_i 的值相对应的位置上值为 1，在所有其他位置中值为 0；$\widehat{X}$ 是所有 $\widehat{X}_i$ 向量的组合。给定这种表示，即使某些父节点 X_i 是离散的，也可以将 $P(Y \mid x_{1:N})$ 表示为 softmax。

8. 条件线性高斯

以下将条件线性高斯(CLG)CPD 定义为：

$$P(Y=y \mid U=u, X=i)=N(y; W_i u+\mu_i, \sum i) \tag{2-20}$$

如果有许多不同的父节点，则可以将它们转换为连续向量：$P(Y=y \mid X_{1:N})=N(y;\ W\widehat{X},\ \sum i)$。假设 $N=3$，X_1 和 X_3 是二元的，X_2 是三元的，并且 $Y \in IR^2$，可以将 W 视为 N 个较小权重矩阵的串联。如果 $X_1=1$，$X_2=3$，$X_3=2$，则 $\widehat{X}_1=(1\quad 0)$，$\widehat{X}_2=(0\quad 0\quad 1)$，且 $\widehat{X}_3=(0\quad 1)$，因此给出了均值：

$$W\widehat{X}=\begin{pmatrix} W_{11}^1 & W_{12}^1 & W_{11}^2 & W_{12}^2 & W_{13}^2 & W_{11}^3 & W_{12}^3 \\ W_{21}^1 & W_{22}^1 & W_{21}^2 & W_{22}^2 & W_{23}^2 & W_{21}^3 & W_{22}^3 \end{pmatrix}\begin{pmatrix} 1 \\ 0 \\ 0 \\ 0 \\ 1 \\ 0 \end{pmatrix}$$

$$=\begin{pmatrix} W_{11}^1 \\ W_{21}^1 \end{pmatrix}+\begin{pmatrix} W_{11}^2 \\ W_{23}^2 \end{pmatrix}+\begin{pmatrix} W_{12}^3 \\ W_{22}^3 \end{pmatrix}$$

另一种写法是：

$$W\widehat{X}=\sum\nolimits_i W^i(:, X_i) \tag{2-21}$$

其中，$W^i(:, X_i)$是 W^i 的第 $W^i(:, X_i)$列。该表示在式中被建议用于阶乘 HMMs，并且在神经网络领域非常常见。

3 国内外市场操纵案例及相关法规

3.1 市场操纵案例分析——以欧美为例

3.1.1 欧美市场操纵案例

从2012年起，国外市场操纵案例频发。

2012年1月26日，First Resource Group LLC(David H. Stern)通过雇用电话营销员，欺诈性地招揽经纪人购买TrinityCare Senior Living Inc.和Cytta Corporation的股票，在幕后炒作两家交易稀少的低价股公司的股票，而他们自己则出售同一只股票牟取非法利润。违反《1933年证券法》第17(a)条中禁止使用设备、设置或者人为方法进行欺骗的规定，违反《1934年证券交易法》第10(b)条中禁止使用操纵和骗人的手段和方法的规定，违反《1934年证券交易法》第15(a)条禁止利用邮寄或洲际贸易的任何手段或工具试图引起任何证券购买或出售的规定。

2012年4月11日，AutoChina International Limited通过提高其每日交易量，欺诈性地交易AutoChina & apos的股票。包括一个账户在同一时间以相同价格向另一个账户出售股票的撮合指令，以及导致股票实际所有权不变的洗牌交易。违反《1933年证券法》第17(a)条中禁止使用设备、设置或者人为方法进行欺骗的规定；违反《1934年证券交易法》第9(a)条禁止制造积极从事在国内证券交易的假象或者错误印象的规定，违反《1934年证券交易法》第10(b)条禁止使用操纵和骗人的手段和方法的规定。

2012年5月9日，曼哈顿居民大卫·布莱奇以家庭成员、朋友甚至私人宗教机构的名义建立了50多个经纪账户。他利用这些账户买卖两家生物制药公司的大量股票，在它们的证券中制造出活动的假象，以便维持它们的市场价格，并将其用于自己的收益。违反《1933年证券法》第5(a)条禁止在注册报告书无效的境况下在洲际交易中利用任何交通或者通信手段出售证券的规定、第5(c)条禁止在注册报告书未交的情况下在洲际交易中利用任何交通或者通信工具出售报价或者买入报价的规定；违反《1933年证券法》第17(a)条中(1)禁止在洲际交易中使用任何装备、设置或人为方法进行欺骗的规定和(3)禁止从事或将从事对购买人进行欺诈或者欺骗的交易活动的规定；违反《1934年证券交易法》第10(b)条禁止使用操纵和骗人的手段和方法的规定。

2012年6月4日，数家低价股公司及其高管：AGEL、CCTC、CWRN、DTSL、OPTZ、SSTY、USFM、WNDM参与各种股票计划，在这些计划中，利用贿赂和回扣炒作microcap股票和非法出售股票。违反《1933年证券法》第17(a)条禁止从事或将从事对购买人进行欺诈或者欺骗的交易活动的规定，违反《1934年证券交易法》第10(b)条禁止使用操纵和骗人的手段和方法的规定。

2013年3月15日，Carrillo Huettel LLP、Carrillo、Huettel、Gibraltar Global Securities、John Kirk、Benjamin Kirk、Boyle、Hinton、de Beer、Franklin、Pacific Blue和Tradeshow利用虚假和误导性的促销手段，哄抬太平洋蓝能公司(Pacific Blue Energy Corporation)和贸易展览营销有限公司(Tradeshow Marketing Company Ltd.)两家微卡公司的股票交易，并在秘密抛售自己的股票时获利数百万美元。违反《1933年证券法》第17(a)条禁止从事或将从事对购买人进行欺诈或者欺骗的交易活动的规定。

2013年9月17日，23家公司卖空，违反*Regulation M*第105条规定。

2014年4月4日，Visionary Trading LLC(Joseph Dondero)、Visionary Trading、Lightspeed Trading LLCDondero在股票的全国最佳出价或报价中造成波动，提升订单深度，并利用非善意订单向其他市场参与者发送错误信号，这些参与者将分层错误理解为对股票的真正需求。Dondero、Visionary

Trading和其他三名所有者经营一家未按照联邦证券法注册的经纪公司。Lightspeed Trading LLC被控协助和教唆违反注册规定，Dondero违反《1934年证券交易法》第9(a)条禁止制造积极从事在国内证券交易的假象或者错误印象的规定，违反《1934年证券交易法》第10(b)条禁止使用操纵和骗人的手段及方法的规定。

2014年7月11日，Andrew J. Affa、Michael A. Affa、Mitchell H. Brown、Christopher R. Putnam、Christopher G. NixAmogear利用一家没有任何实际业务的空壳公司，计划通过出售自己的股票来提高其价格和利润，这类证券欺诈和电信诈骗行为违反《1933年证券法》第5(a)条禁止在注册报告书无效的情况下在洲际交易中利用任何交通或者通信手段出售证券的规定、第5(c)条禁止在注册报告书未交的情况下在洲际交易中利用任何交通或者通信工具出售报价或者买入报价的规定；违反《1933年证券法》第17(a)条中(1)在注册报告书无效的情况下禁止在洲际交易中使用任何装备、设置或人为方法进行欺骗的规定和(3)禁止从事或将从事对购买人进行欺诈或者欺骗的交易活动的规定；违反《1934年证券交易法》第10(b)条禁止使用操纵和骗人的手段和方法的规定；违反《1934年证券交易法》第15(a)条禁止利用邮寄或洲际贸易的任何手段或工具试图引起任何证券购买或出售的规定。

2014年8月5日，Mikhail Galas、Alexander Hawatmeh、Christopher Mrowca、TovyPustovit在公开市场上购买了交易量很少的低价股公司的廉价股，并进行了预先安排、操纵性的撮合指令和洗单交易，以制造这些股票活跃市场的假象。随后，他们在积极的促销活动的配合下出售了自己的股票，这些活动敦促投资者购买这些股票。违反《1934年证券交易法》第9(a)条禁止制造积极从事在国内证券交易的假象或者错误印象的规定，违反《1934年证券交易法》第10(b)条禁止使用操纵和骗人的手段及方法的规定，违反《1934年证券交易法》第15(a)条禁止利用邮寄或洲际贸易的任何手段或工具试图引起任何证券购买或出售的规定。

2014年10月16日，雅典娜资本研究公司(Athena Capital Research)使

用一种代号为Gravy的算法，采用“标记收盘价”的做法，即在收盘时买卖股票，以影响收盘价。违反《1934年证券交易法》第10(b)条禁止使用操纵和骗人的手段及方法的规定。

2014年11月6日，Brazil、Flaherty、Weed创建了倒签的期票，并编写了虚假的法律意见书，使托马斯巴西和科尔曼弗莱厄蒂获得了数百万份据称不受限制的公司股票。违反《1934年证券交易法》第9(a)条禁止制造积极从事在国内证券交易的假象或者错误印象的规定，违反《1934年证券交易法》第10(b)条禁止使用操纵和骗人的手段和方法的规定，违反《1934年证券交易法》第15(a)条禁止利用邮寄或洲际贸易的任何手段或工具试图引起任何证券购买或出售的规定。

2014年12月15日，条约能源公司创始人(Ronald Blackburn)和四名公司高管(Andrew V. Reid、Bruce A. Gwyn、Lee C. Schlesinger和Michael A. Mulshine)声称在伯利兹开采石油，以操纵该公司股票的价格，实施证券欺诈行为以及违反联邦证券法规定的注册和报告制度。违反《1933年证券法》第5(a)条禁止在注册报告书无效的情况下在洲际交易中利用任何交通或者通信手段出售证券的规定、第5(c)条禁止在注册报告书未交的情况下在洲际交易中利用任何交通或者通信工具出售报价或者买入报价的规定；违反《1933年证券法》第17(a)条中(1)禁止在洲际交易中使用任何装备、设置或人为方法进行欺骗的规定和(3)禁止从事或将从事对购买人进行欺诈或者欺骗的交易活动的规定；违反《1934年证券交易法》第9(a)条禁止制造积极从事在国内证券交易的假象或者错误印象的规定；违反《1934年证券交易法》第10(b)条禁止使用操纵和骗人的手段和方法的规定；违反《1934年证券交易法》第15(a)条禁止利用邮寄或洲际贸易的任何手段或工具试图引起任何证券购买或出售的规定。

2014年12月16日，Paul Pollack同时或几乎同时买卖一种证券，使其交易看起来活跃，而股票的实际所有权并未发生变化，造成了这只原本交易稀少的股票持续活跃交易的虚假和误导性表象。违反《1934年证券交易法》第9(a)条禁止制造积极从事在国内证券交易的假象或者错误印象的规定，违反《1934年证券交易法》第10(b)条禁止使用操纵和骗人的手段和方法的规定，违反《1934年证券交易法》第15(a)条禁止利用邮寄或洲际贸易的任何手段或工具试图引起任何证券购买或出售的规定。

2015年5月26日，证券律师Adam S. Gottbetter策划了一系列宣传活动，宣扬微型公司的前景，并诱使投资者以虚高的价格购买他们的股票，这样他和他的同僚们就可以出售他们控制的股票并获得巨额利润。违反《1933年证券法》第5(a)条禁止在注册报告书无效的情况下利用任何交通或者通信手段或工具出售证券的规定，违反《1934年证券交易法》第10(b)条禁止对重大实施的任何不真实报告的规定。

2015年5月28日，Mike Taxon、Itamar Cohen散发虚假出版物“时事通讯”，通过声称正面但实际虚假的股票价格和成交量趋势以及其他有关股票发起人身份、薪酬和控制权的虚假信息误导了投资者。违反《1933年证券法》第5(a)条禁止在注册报告书无效的情况下利用任何交通或者通信手段或工具出售证券的规定，违反《1933年证券法》第5(c)条禁止在注册报告书未交的情况下在洲际交易中利用任何交通或者通信工具出售报价或者买入报价的规定，违反《1933年证券法》第17(a)条在注册报告书无效的情况下禁止在洲际交易中使用任何装备、设置或人为方法进行欺骗的规定，违反《1933年证券法》第10(b)条禁止使用操纵和骗人的手段和方法的规定。

2015年6月4日，Nedko Nedev以虚高的价格出售了该账户近一半的雅芳差价合约(CFD)，违反《1933年证券法》第17(a)条在注册报告书无效的情况下禁止在洲际交易中使用任何装备、设置或人为方法进行欺骗的规定，违反《1934年证券交易法》第10(b)条禁止对重大实施的任何不真实报告的规定，违反《1934年证券交易法》第14(e)条禁止在报告书中制作不真实陈述的规定，违反《1934年证券交易法》第20条禁止通过非公开信息导致对证券的购买的规定。

2015年7月14日，15名个人和19家实体非法充当美国客户的经纪交易商，这些客户参与了“抽油抛售”计划，人为抬高股价，然后出售自己的股票。被定欺诈、操纵交易、兜售和违反注册规定的罪名。违反《1933年证券法》第17(a)条在注册报告书无效的情况下禁止在洲际交易中使用任何装备、设置或人为方法进行欺骗的规定，违反《1934年证券交易法》第10(b)条禁止使用操纵和骗人的手段和方法的规定。

2015年9月10日，本杰明·韦伊及其公司、家族成员和商业伙伴通常在客户和上市空壳公司之间进行反向并购，将自己的股份分给庞大的外国账户网络，并将证券出售到人为夸大的市场中，非法获利数千万美元。违反或协助和教唆违反《联邦证券法》的反欺诈条款和披露报告规定，违反《1933年证券法》第17(a)条中(1)禁止在洲际交易中使用任何装备、设置或人为方法进行欺骗的规定和(3)禁止从事或将从事对购买人进行欺诈或者欺骗的交易活动的规定，违反《1934年证券交易法》第10(b)条禁止使用操纵和骗人的手段和方法的规定。

2015年9月14日，Withrow、Babini、Samuel Brown利用奋进动力(Endeavor Power)作为工具，塑造并实施他们的泵送和倾倒计划。违反《1934年证券交易法》第9(a)条禁止制造积极从事在国内证券交易的假象或者错误印象的规定，违反《1934年证券交易法》第10(b)条禁止使用操纵和骗人的手段和方法的规定，违反《1934年证券交易法》第15(a)条禁止利用邮寄或洲际贸易的任何手段或工具试图引起任何证券购买或出售的规定。

2015年9月21日，Morelli、Buonocore隐瞒了他们对YaFarm&apos几乎所有股票的所有权，秘密控制了YaFarm&apos的业务。发布了关于不存在的业务发展的重大虚假和误导性信息。由于促销活动，YaFarm&apos的股价和交易量都有所增加，Morelli和Buonocore卖出了他们控制的YaFarm股票。违反《1933年证券法》第17(a)条中(1)禁止在洲际交易中使用任何装备、设置或人为方法进行欺骗的规定和(3)禁止从事或将从事对购买人进行欺诈或者欺骗的交易活动的规定，违反《1934年证券交易法》第10(b)条禁止使用操纵和骗人的手段和方法的规定。

2015年9月24日，迈克尔·A. 格利克斯坦(michaela. Glickstein)及其驻纽约的投资咨询公司(investment consulty)G资产管理有限责任公司于

2014年2月21日发布新闻稿，宣布G资产已提出以每股22美元的价格收购巴诺公司的多数股权。公告发布后的几秒钟内，巴诺公司的股价从每股17.05美元上涨至每股18.99美元，而G Asset的新闻稿具有误导性，因为它没有披露重要事实。违反《1933年证券法》第17(a)条中(1)禁止在洲际交易中使用任何装备、设置或人为方法进行欺骗的规定和(3)禁止从事或将从事对购买人进行欺诈或者欺骗的交易活动的规定，违反《1934年证券交易法》第10(b)条禁止对重大实施的任何不真实报告的规定。

2015年10月8日，Briargate Trading LLP和联合创始人Eric Oscher在股市下了虚假的指令——欺骗——制造对股票兴趣的虚假表象，并操纵股票价格。违反《1933年证券法》第17(a)条中(1)禁止在洲际交易中使用任何装备、设置或人为方法进行欺骗的规定和(3)禁止从事或将从事对购买人进行欺诈或者欺骗的交易活动的规定，违反《1934年证券交易法》第10(b)条禁止对重大实施的任何不真实报告的规定。

2015年11月4日，Morri、Heineman、Ofsink参与了一项旨在抬高CodeSmart控股公司股票价格的计划。违反《1933年证券法》第17(a)条中(1)禁止在洲际交易中使用任何装备、设置或人为方法进行欺骗的规定和(3)禁止从事或将从事对购买人进行欺诈或者欺骗的交易活动的规定，违反《1934年证券交易法》第10(b)条禁止对重大实施的任何不真实报告的规定。

2015年11月5日，詹姆斯·艾伦·克雷格(James Alan Craig)在推特(Twitter)上发布了多条关于两家公司的虚假声明，这些账户是他伪造的，看上去像是知名证券研究公司的真实Twitter账户，导致两家公司股价大幅下跌，并导致其中一家公司停牌。违反《1933年证券法》第17(a)条中(1)禁止在洲际交易中使用任何装备、设置或人为方法进行欺骗的规定和(3)禁止从事或将从事对购买人进行欺诈或者欺骗的交易活动的规定，违反《1934年证券交易法》第10(b)条禁止对重大实施的任何不真实报告的规定。

2015年12月15日，Delpresto控制了四家微型公司的几乎所有可用股票，并促进了协调交易，为这些股票创造了流动性和市场需求的表象，在不知情的投资者通过促销活动以虚高的价格买入该股后，Delpresto将自己的股票抛售到市场上。违反《1933 年证券法》第 17(a)条中(1)禁止在洲际交易中使用任何装备、设置或人为方法进行欺骗的规定和(3)禁止从事或将从事对购买人进行欺诈或者欺骗的交易活动的规定，违反《1934 年证券交易法》第 10(b)条禁止对重大实施的任何不真实报告的规定。

2015 年 12 月 21 日，唐纳德·图默(Donald Toomer Jr.)帮助制造了股票的虚假市场需求，并促成了抽油和抛售计划。违反《1933 年证券法》第 17(a)条中(1)禁止在洲际交易中使用任何装备、设置或人为方法进行欺骗的规定和(3)禁止从事或将从事对购买人进行欺诈或者欺骗的交易活动的规定，违反《1933 年证券法》第 10(b)条禁止对重大实施的任何不真实报告的规定。

2016 年 10 月 31 日，瑞安·吉尔伯特森(Ryan Gilbertson)隐瞒对公司的控制权，操纵股票价格。违反《1933 年证券法》第 17(a)条中(1)禁止在洲际交易中使用任何装备、设置或人为方法进行欺骗的规定和(3)禁止从事或将从事对购买人进行欺诈或者欺骗的交易活动的规定，违反《1934 年证券交易法》第 10(b)条禁止对重大实施的任何不真实报告的规定。

2016 年 12 月 12 日，Joseph Taub、Elazar Shmalo 用一个账户购买一只股票的头寸，然后用第二个账户发出一系列小额买入指令，抬高第一个账户的价格，以人为的高价向市场出售其较大的头寸，从而获得可观的利润。违反《1933 年证券法》第 17(a)条禁止从事或将从事对购买人进行欺诈或者欺骗的交易活动的规定。

2017 年 3 月 10 日，Nathan Fayyer、Sergey Pustelnik 操纵美国市场数十万次。违反《1933 年证券法》第 17(a)条禁止从事或将从事对购买人进行欺诈或者欺骗的交易活动的规定。

2017 年 5 月 19 日，Robert W. Murray 通过提交虚假的监管文件，策划操纵 Fitbit 股票的价格。违反《1933 年证券法》第 17(a)条中(1)禁止在洲际交易中使用任何装备、设置或人为方法进行欺骗的规定和(3)禁止从事或将从事对购买人进行欺诈或者欺骗的交易活动的规定，违反《1934 年证券交易法》第 10(b)条禁止对重大实施的任何不真实报告的规定，违反

《1934 年证券交易法》第 14(e)条禁止在报告书中制作不真实陈述的规定。

2017 年 8 月 2 日，Joe Yiu Cheung 在一家小型油气公司中隐藏了大量股份，同时秘密资助了一场人为推高该公司股价的欺诈性促销活动并抛售欺诈前的股价。违反《1933 年证券法》第 17(a)条中(1)禁止在洲际交易中使用任何装备、设置或人为方法进行欺骗的规定和(3)禁止从事或将从事对购买人进行欺诈或者欺骗的交易活动的规定，违反《1934 年证券交易法》第 10(b)条禁止对重大实施的任何不真实报告的规定。

2018 年 3 月 2 日，博福特证券有限公司(Beaufort Securities Ltd.)的经理(Peter Kyriacou)、HD View 首席执行官(Dennis Mancino 和 William T. Hirschy)Kyriacou 和代理人讨论了将大量 microcap 股票存入博福特账户，通过促销活动推高股票价格，通过配对交易操纵股票价格和成交量，然后出售这些股票赚取巨额利润。Dennis Mancino 和 William T. Hirschy 同意利用该代理人操纵 HD View& apos 的普通股，通过经纪人网络产生欺诈性的股票零售需求，换取交易收益的回扣。Hirschy、Mancino 及其公司实体违反《1933 年证券法》第 17(a)条中(1)禁止在洲际交易中使用任何装备、设置或人为方法进行欺骗的规定和(3)禁止从事或将从事对购买人进行欺诈或者欺骗的交易活动的规定，违反《1934 年证券交易法》第 9(a)条禁止制造积极从事在国内证券交易所等记注册的证券交易的假象的规定，违反《1934 年证券交易法》第 10(b)条禁止对重大实施的任何不真实报告的规定。

2018 年 5 月 15 日，Francisco Abellan Villena、Guillermo Ciupiak、James B. Panther Jr. 和 Attorney Faiyaz Dean 操纵市场，非法出售 microcap 发行人 Biozoom Inc. 的股票。违反《1933 年证券法》第 17(a)条中(1)禁止在洲际交易中使用任何装备、设置或人为方法进行欺骗的规定和(3)禁止从事或将从事对购买人进行欺诈或者欺骗的交易活动的规定。

2018 年 7 月 11 日，Mark E. Burns 购买了 Fitbit 看涨期权，在 SEC 的 EDGAR 系统上提交了一份虚假的收购要约，声称要以相当高的溢价收购 Fitbit 的股票，涉嫌通过虚假的监管文件操纵 Fitbit 证券的价格。违反《1933 年证券法》第 17(a)条中(1)禁止在洲际交易中使用任何装备、设置或人为方法进行欺骗的规定和(3)禁止从事或将从事对购买人进行欺诈或者欺骗的交易活动的规定，违反《1934年证券交易法》第10(b)条禁止对重大实施的任何不真实报告的规定。

2018年7月27日，霍华德·M. 阿佩尔(Howard M. Appel)操纵虚拟小猪公司(Virtual Piggy Inc.)、红山资源公司(Red Mountain Resources Inc.)和里约热内卢布拉沃石油公司(RIOB)的股票交易市场，并利用海外合伙人和被提名的经纪账户隐瞒自己的活动。违反《1933年证券法》第17(a)条中(1)禁止在洲际交易中使用任何装备、设置或人为方法进行欺骗的规定和(3)禁止从事或将从事对购买人进行欺诈或者欺骗的交易活动的规定，违反《1934年证券交易法》第10(b)条禁止对重大实施的任何不真实报告的规定。

2018年9月7日，10名个人和10个相关实体操纵了三家公司股票的股价，实施了经典的泵送和倾倒计划。违反《1933年证券法》第5(a)条禁止在注册报告书无效的情况下在洲际交易中利用任何交通或者通信手段出售证券的规定、第5(c)条禁止在注册报告书未交的情况下在洲际交易中利用任何交通或者通信工具出售报价或者买入报价的规定；违反《1933年证券法》第17(a)条中(1)禁止在洲际交易中使用任何装备、设置或人为方法进行欺骗的规定和(3)禁止从事或将从事对购买人进行欺诈或者欺骗的交易活动的规定；违反《1934年证券交易法》第10(b)条禁止对重大实施的任何不真实报告的规定。

2018年11月28日，Eric Landis向微卡公司的第三方媒体买家谎称，他将通过拥有的数万名订户的电子邮件列表分发这些股票的宣传材料，策划了一项操纵至少97只微型股交易的计划。违反《1933年证券法》第17(a)条中(1)禁止在洲际交易中使用任何装备、设置或人为方法进行欺骗的规定和(3)禁止从事或将从事对购买人进行欺诈或者欺骗的交易活动的规定，违反《1934年证券交易法》第10(b)条禁止对重大实施的任何不真实报告的规定，违反《1934年证券交易法》第14(e)条禁止在报告书中制作不真实陈述的规定。

2019年6月20日，五名外国交易员：陈志云、刘克强、范重宝、陆斌基和黄永健对在美迪科国际公司(Medico International，Inc.)的股票进行非法撮合交易，输入匹配的指令，以基本相同的时间、规模和价格买卖MMDT。违反《1933年证券法》第17(a)条中(1)禁止在洲际交易中使用任何装备、设置或人为方法进行欺骗的规定和(3)禁止从事或将从事对购买人进行欺诈或者欺骗的交易活动的规定，违反《1934年证券交易法》第9(a)条禁止制造积极从事在国内证券交易的假象或者错误印象的规定，违反《1934年证券交易法》第10(b)条禁止使用操纵和骗人的手段和方法的规定。

2019年8月13日，雷金纳德·雷吉·米德尔顿(Reginald Reggie Middleton)涉嫌参与欺诈计划，向投资者出售数字证券并操纵这些证券的市场。在互联网上推销和出售名为"VERI"代币的证券，基于多个重大失实和遗漏，诱使散户投资者投资。违反《1933年证券交易法》第5(a)条禁止在注册报告书无效的情况下利用任何交通或者通信手段或工具出售证券的规定，违反《1934年证券交易法》第10(b)条禁止对重大实施的任何不真实报告的规定。

2019年10月2日，Lek Securities Corp. 首席执行官阿瓦隆(Sam Lek)非法从分层获利，包括下订单和取消订单，诱使他人以人为价格买卖股票；跨市场操纵，即买卖股票，人为影响期权价格。违反《1933年证券法》第17(a)条中(1)禁止在洲际交易中使用任何装备、设置或人为方法进行欺骗的规定和(3)禁止从事或将从事对购买人进行欺诈或者欺骗的交易活动的规定，违反《1934年证券交易法》第10(b)条禁止对重大实施的任何不真实报告的规定，违反《1934年证券交易法》第14(e)条禁止在报告书中制作不真实陈述的规定。

2019年10月16日，18名交易员在这些股票上制造交易兴趣和交易活动的虚假表象，操纵数千种交易稀少的证券的价格，从而使他们能够通过人为推高或压低股价获取非法利润。违反《1933年证券法》第17(a)条中(1)禁止在洲际交易中使用任何装备、设置或人为方法进行欺骗的规定和(3)禁止从事或将从事对购买人进行欺诈或者欺骗的交易活动的规定，违反《1934年证券交易法》第10(b)条禁止对重大实施的任何不真实报告的规定。

2019年11月12日，Avalon、Fayyer、Pustelnik参与了一个分层计划，

这是一种交易行为，包括下达和取消订单，诱使他人以人为价格买卖股票。另外，他们进行跨市场操纵，即买卖股票人为地影响期权价格。违反1933年《证券法》第17(a)条中(1)禁止在洲际交易中使用任何装备、设置或人为方法进行欺骗的规定和(3)禁止从事或将从事对购买人进行欺诈或者欺骗的交易活动的规定，《1934年证券交易法》第10(b)条禁止对重大实施的任何不真实报告的规定，《1933年证券法》第20条禁止通过非公开信息导致对证券的购买的规定。

2020年6月9日，Jason C. Nielsen在一个在线投资论坛上发表数百条误导性声明，对一家生物技术公司的股票实施欺诈性的抽油和抛售计划，包括一个虚假的断言，即公司已经开发了一个经“批准的”COVID-19血液测试。违反《1933年证券法》第5(a)条禁止在注册报告书无效的情况下利用任何交通或者通信手段或工具出售证券的规定，违反《1933年证券法》第5(c)条禁止在注册报告书未交的情况下在洲际交易中利用任何交通或者通信工具出售报价或者买入报价的规定，违反《1933年证券法》第17(a)条在注册报告书无效的情况下禁止在洲际交易中使用任何装备、设置或人为方法进行欺骗的规定，违反《1934年证券交易法》第10(b)条禁止对重大实施的任何不真实报告的规定。

2020年9月23日，Ongkaruck Sripetch、Amanda Flores、Brehnen Knight、Ashmit Patel策划了许多欺诈性的“倒卖”计划，通过他们控制的各种实体购买场外发行人的股票，资助推荐投资者购买这些股票的促销活动，然后在股票价格和交易量因同样的非法促销活动而膨胀时出售。违反《1933年证券法》第5(a)条禁止在注册报告书无效的情况下利用任何交通或者通信手段或工具出售证券的规定，违反《1934年证券交易法》第10(b)条禁止对重大实施的任何不真实报告的规定。

2020年9月29日，J. P. Morgan Securities LLC. 在贵金属和美国国债期货及现金市场进行操纵性交易。违反《1933年证券法》第17(a)条中(1)禁止在洲际交易中使用任何装备、设置或人为方法进行欺骗的规定和(3)禁止从事或将从事对购买人进行欺诈或者欺骗的交易活动的规定。

3.1.2 欧美反市场操纵法规总结

欧美反市场操纵法规汇总见表3-1。

表3-1 欧美反市场操纵法规汇总表

	时间	法规	条款	备注
美国	1933年	《证券法》	第5节(a)、(b)、(c) 第10节(b) 第17节(a)	见注1 见注2 见注3
	1934年	《证券交易法》	第9条(a) 第10条 第14条(e) 第15条(a)	见注4 见注5 见注6 见注7
	1936年	《期货交易法》		规定了期货市场的价格操纵
	1940年	《投资公司法》		投资公司与其联属公司之间的不正当交易必行禁止；除得到证券交易委员会的批准外，禁止投资公司与本公司董事、分公司或其人员进行交易活动
	2000年	《商品期货交易现代化法》		规定了期货市场反操纵的价格操纵
	2011年	《商品交易法》	第六条(c)款第一项	禁止明知信息具有虚假、误导性或者不准确性，或者鲁莽地无视信息具有虚假性、误导性、不准确性，传播该信息，影响洲际期货、互换等交易的市场价格，从事相关期货交易行为
	2011年	《反操纵实施细则：反操纵最终规则》(*Anti-Manipulation Final Rules* 2011)		为了执行修改后的《商品交易法》第6(c)(1)条款和第6(c)(3)条款，CFTC根据《多德—弗兰克法案》的授权和要求，制定了《反操纵实施细则》。主要内容是广泛地禁止与掉期、洲际贸易中的商品买卖合约或者根据任何登记实体的规则签订的未来交割合约有关的任何欺诈和操纵行为

续表

	时间	法规	条款	备注
英国	1939年	《禁止欺诈法》		禁止误导性陈述的市场操纵行为
	2000年（三次修订：2005年、2008年、2009年）	《2000年金融服务与市场法》（*Financial Services and Markets Act 2000*）		对被监管的权利、义务及责任进行了规定，对金融市场的运作进行了规范
	2005年	《市场滥用规则》		
欧盟	2003年	2003/6/EC号指令	一级立法	框架性原则
	2003年	2003/124/EC号指令	二级立法	通过细则对法律原则进行细化
	2003年	2003/125/EC号指令		
	2004年	2004/72/EC号指令		
	2003年	《内幕交易与市场操纵指令》		采用"一般性描述"与类型化相结合的方式，对操纵行为进行介绍
	2007年	《金融工具市场指令》		确立了投资者的适当性制度
	2014年	《市场滥用条例》	第十二条第一款	见注8
	2016年	《市场滥用规则》（*Market Abuse Regulation*，MAR）	第十二条第一款、第二款	见注8、注9

注1.《1933年证券法》第5节

除非注册报告书对某种证券有效，任何人直接或间接从事下述活动都是非法的：在洲际贸易中利用任何交通、通信手段或工具，或邮寄手段或工具，通过利用任何媒介或说明书或其他东西出售这种证券；或为证券出售后的交付利用任何交通手段或工具、通过邮寄或在洲际贸易中传递或导致传递任何证券。

注 2.《1933 年证券法》第 10 节(b)

除在(a)小节中允许或规定的说明书外，委员会应根据被认为在公众利益或保护投资者方面是必要或合适的那些条例或规则，允许使用那种因第 5 节第(b)(1)小节的，而在(a)小节中规定的说明书中部分地省略或以概括形式省略了一些内容的说明书，除非委员会根据被认为在公众利益或保护投资者方面是必要或适当的条例或规则做出另外规定，在本小节中允许的说明书应当作为注册报告书的一部分而提交，但它不应被看作是因第 11 节而成为该注册报告书的一部分。如果委员会有理由相信该说明书未予提交(如果规定应作为注册报告书一部分提交)或包括了对重大事实的任何不真实报告或漏报了规定应报或是漏报了制作报告书所必要的以便在使用或将使用该说明书时不致被误解的重大事实，委员会则可在任何时候发布命令防止或终止使用根据本(b)小节规定允许使用的说明书。关于根据本小节发布命令一事，委员会应派人或发出确认电报对发布命令或听证机会给予通知。委员会可在有正当理由或该说明书在根据该命令被提交或修订时随时取消或修改该命令。

注 3.《1933 年证券法》第 17 节(a)

任何人在发行或出售任何证券时，通过利用任何在洲际贸易中的交通或通信手段或工具，或通过利用邮政手段，直接或间接从事下述活动都是违法的：

(1)使用任何装备、设置或人为方法进行欺骗。

(2)通过对重大事实的不真实报告或漏报在制作报告时能使报告不致被误解所必要的重大事实，以获得金钱或财产。

(3)参与那些从事或将从事对购买人进行欺诈或欺骗的交易、活动或业务程序。

注 4.《1934 年证券交易法》第七十八条之九证券价格的操纵

关于购买或出售证券的交易：直接或间接利用邮寄或洲际贸易的任何手段和工具或国内证券交易所的任何工具的任何个人，或国内证券交易所的任何会员，从事下列行为的，应为违法。

(1)为了制造积极从事在国内证券交易所登记注册的证券交易的假象或错误印象，或者制造关于任何此种证券的市场的假象或错误印象。

①影响此种证券的交易：而后者不涉及其受益所有权的改变；②提出一份或若干份购买此种证券的订单，并且知悉数量相同的一份或若干份出售此种证券的订单，实际上在同一时间、按同一价格，已经或将会被同一些当事人或不同的一些当事人提出，或向他们提出。

(2)单独或与另一个或若干人，影响一系列在国内证券交易所中登记注册的任何证券的交易，造成实际从事或貌似积极从事此种证券交易的现象，提高或降低此种证券的价格诱使他人购买或出售此种证券。

(3)如果买卖商或经纪人，出售或试图出售、购买或试图购买证券的其他个人，以通常营业过程中信息的流通和传播，诱使购买或出售在国内证券交易所登记注册的任何证券，以便此种证券的价格，由于任何一个或更多的个人为提高或压低此种证券的价格而进行的市场经营，将要或可能要上升或下降。

(4)如果买卖商或经纪人，出售或试图出售、购买或试图购买证券的其他个人，为了诱使他人购买或出售任何在国内证券交易所登记注册的证券，就证券发表声明，发表声明时间和环境是违背重要事实的、虚假的和给人错误印象的。并且他知道或有适当的理由相信，该声明是虚假的和给人错误印象的。

(5)由于直接或间接得到买卖商或经纪人，出售或试图出售、购买或试图购买证券的其他个人的酬金以信息的流通和传播，诱使他人购买或出售在国内证券交易所登记注册的任何证券，以便此种证券的价格，由于任何一个或更多的个人为提高或压低此种证券的价格而进行的市场经营，将要或可能要上升或下降。

(6)单独或与一个或更多的其他个人，为了限定、固定或稳定在国内证券交易所登记注册的任何证券的价格，影响购买和出售此种证券的一系列交易，违反委员会为了公共利益或保护投资者而必须适当地制定的规则和规章。

注5.《1934年证券交易法》第七十八条之十操纵的和骗人的手段

凡直接或间接利用洲际贸易的任何手段或工具，利用邮寄或国内证券交易所的任何设备的个人，在下述情况下，均属违法：

(1)影响短期交易，或者利用任何关于购买或出售在全国性证券交易所登记注册的证券的防损命令，违反委员会为了公共利益或保护投资者而必须适当地制定的规则和规章。

(2)对于购买或出售在国内证券交易所登记注册的证券和没有登记注册的证券，使用操纵的和骗人的手段和方法，违反委员会为了公共利益或保护投资者而必须适当地制定的规则和规章。

注6.《1934年证券交易法》第七十八条之十四(e)

关于投标报价的重要事实的不真实陈述或省略事实：任何个人对根据制作报告书的环境，不骗人地制作报告书所必需的重要事实做不真实的陈述或省略说明这方面的任何重要事实，或者从事关于投标报价或招标的任何欺骗的、欺诈的或操纵的行为和实践，或请求证券持有人反对或赞同任何此种投标报价或招标，均属违法。为了本款的目的，委员会应以规则和规章给欺骗的、欺诈的或操纵的行为或实践下定义，并且规定适当的手段来防止这些行为或实践。

注7.《1934年证券交易法》第七十八条之十五(a)

对经纪人和买卖商的登记和管理——利用交易所工具进行交易的一切个人的登记：豁免。

(1)免交任何经纪人或买卖商，他或者是一个不同于自然人的个人，或者是一个不同于自然人的个人的经纪人或买卖商(其营业只限于州内并且不利用国内证券交易所的任何工具的经纪人和买卖商除外)没有关联的自然人，利用邮寄或洲际贸易的任何手段或工具来进行任何证券(豁免的证券、商业票据、银行承兑汇票和商业汇票除外)的交易，或引起或试图引起任何证券的购买或出售，应属违法，除非该经纪人或买卖商按照本节第二款登记注册。

(2)委员会认为同维护公共利益和保护投资者一致时，可以用规则或命令有条件地或无条件地免除任何经纪人或买卖商或规则或命令中规定的某类经纪人或买卖商不受本款第(一)项的约束。

注 8. 2014 年《市场滥用条例》第十二条第一款

在本条款中，市场操纵包括以下活动：

(1)进行交易、下订单交易或任何其他行为：①就金融工具、相关现货商品合同或基于排放配额的拍卖产品的供应、需求或价格发出或可能发出虚假或误导性信号；②以非正常或人为的排放限额为基础，担保或可能担保一种或几种金融工具、相关现货商品合同或拍卖产品的价格。除非签订交易、下达交易指令或从事任何其他行为的人证明此类交易、指令或行为是出于正当理由进行的，并且符合第十三条确立的公认市场惯例。

(2)签订交易、下达交易指令或任何其他影响或可能影响一项或多项金融工具、相关现货商品合同或基于排放配额的拍卖产品价格的活动或行为，采用虚假手段或任何其他形式的欺骗或计谋。

(3)通过媒体(包括互联网)或任何其他方式传播信息，对金融工具、相关现货商品合同或基于排放配额或担保的拍卖产品的供应、需求或价格发出或可能发出虚假或误导性信号，或者可能导致一项或者数项金融工具、相关现货商品合同或者基于排放限额的拍卖产品的价格的不正常，包括散布谣言，而散布谣言的人知道或者应当知道该信息是虚假的或误导性的。

(4)传递虚假或误导性信息或提供虚假或误导性输入，而做出传递或提供输入的人知道或理应知道该信息是虚假或误导的，或任何其他操纵基准计算的行为。

注 9.《市场滥用规则》第十二条第二款

除其他外，下列行为应被视为操纵市场：

(1)一人或多人合作的行为，以确保在金融工具、相关现货商品合同或基于排放配额的拍卖产品的供应或需求方面占据主导地位，这些行为具有或可能具有直接或间接地影响买卖价格或者创造或者可能创造其他不公平的交易条件的效果。

(2)在市场开盘或收盘时买入或卖出金融工具，具有或可能具有误导投资者根据所示价格(包括开盘或收盘价格)行事的效果。

(3)通过任何可用的交易手段，包括通过算法和高频交易策略等电子手段，向交易场所下订单，包括取消或修改订单，并且具有第1款(a)项或(b)项所述的效果之一，通过：①扰乱或者拖延交易场所交易系统的运行或者有可能扰乱或者拖延交易场所交易系统的运行的；②使他人更难在交易地点的交易系统上识别或相当可能识别真实的指令，包括输入导致指令簿过载或不稳定的指令；③制造或相当可能制造有关金融工具的供应、需求或价格的虚假或误导性信号，尤其是通过发出命令以引发或加剧趋势。

(4)利用偶尔或定期接触传统媒体或电子媒体的机会，对金融工具、相关现货商品合同或基于排放限额的拍卖产品(或间接对其发行人)发表意见，同时先前对该金融工具持有立场，以排放配额为基础的相关现货商品合同或拍卖产品，并随后从对该工具、相关现货商品合同或以排放配额为基础的拍卖产品的价格发表的意见的影响中获利，未同时以适当有效的方式向公众披露该利益冲突。

(5)在根据第1031/2010号法规(EU)举行的拍卖之前，在二级市场上买卖排放配额或相关衍生品，影响拍卖产品的拍卖结算价格固定在异常或人为水平，或误导在拍卖中竞价的投标人。

3.1.3 欧美市场操纵案例特点评析

(1)关于操纵行为的法规定义明晰、规定完善。

基于有效市场理论，市场价格的准确和真实是反映市场状态的前提，也是市场有效运作的前提。在英国法制证券市场中，不当行为主要指内幕交易。但英国法认为市场操纵行为会破坏市场价格，使投资人丧失投资信心，也应该被禁止。因此在英国法中，“市场滥用”是比内幕交易更广的概念。欧盟采取了四级立法模式，分别是框架性原则、具体实施措施、合作与执法。关于市场操纵的第一级立法为欧盟 2003 年实施的 Directive 2003/6/EC 号市场滥用指令；第二级立法是对法律原则的细化；第三级立法是要求各会员国将前两级的立法转化成国内法，而欧洲证券监管委员会也会制定解释、发布指导方针和共同标准；第四级立法是指欧洲委员会对各成员国是否遵守欧盟指令之检查。美国法认为操纵扭曲了市场信息，导致市场价格失真，本质是误导和欺诈。对操纵行为本质的准确定义使立法时对操纵行为的认定有了判定标准，给出了金融市场的特定操纵的合理性和不合理性的界限。在美国法中，对基于信息的操纵、基于行为的操纵和基于交易的操纵均有详细的规定。譬如，美国《1933 年证券法》第 5(a)、《1934 年证券交易法》第 9(a) 条等针对基于交易的操纵进行了详细的规定，《1933 年证券法》第 10(b)、《1934 年证券交易法》第 10 条等针对基于信息的操纵进行了详细的规定，美国《1933 年证券法》第 17(a) 条分别对基于信息、行为、交易的操纵进行了详细的规定。

(2) 基于交易的操纵行为较为普遍。

在本书所列举的案例中，涉及交易操纵的案例共有 36 个，比例高达 77%；涉及信息操纵的案例共有 9 个，比例达 19%；涉及行为操纵的案例共有 2 个，比例达 5%。说明在实际案例中，利用交易方式进行市场操纵的行为较为普遍。同时也说明本书所选的基于交易的操纵行为研究这一角度比较合理，且本书的研究有较强的现实价值。

(3) 法律适用性好，对操纵行为有较强的管控力。

在美国的 47 个反市场操纵案例中，司法机构依据《1933 年证券法》第 17(a) 条进行判定的案例达 36 个，依据《1934 年证券交易法》第 10 条进行判定的案例达 30 个。尽管这两条法规设立的时间较久，但随着时间变化仍可作为如今的判罚依据，足以证明美国反市场操纵法的适用性较好，对操纵行为有较强的管控力。因此可以依据相关内容将连续操纵行为抽象为一系列量化特征，进而作为操纵行为认定的数量化指标。

3.2 市场操纵案例分析——以中国为例

3.2.1 中国市场操纵案例

由于中国市场操纵判罚标准较为统一，故对《证券法》第七十七条第一款第（四）项关于禁止"以其他手段操纵证券市场"的规定简称为规定A；对《证券法》第七十七条第一款第（一）项中关于禁止通过集中资金优势连续买卖、操纵证券交易价格的规定简称规定B；对《证券法》第二百零三条所述违法行为简称行为A。

2015年9月21日，中国证监会发布处罚决定书〔2015〕33号。李军、张永东在2012年11月9—12日，对多个账户进行"辉煌科技"股票的大宗操纵，并进行利润分成。违反规定A，构成行为A的犯罪行为。

2015年9月25日，中国证监会发布处罚决定书〔2015〕34号。唐汉博在2012年5月28日至2013年1月16日期间，操纵12个证券账户，以利用资金优势连续买卖、虚假申报的方式影响"银基发展"股票价格。违反规定B，构成行为A的犯罪行为。

2015年10月8日，中国证监会发布处罚决定书〔2015〕43号。陈宏庆于2014年12月30日至2015年5月13日，利用持股优势和信息优势，连续大量买卖、影响"国贸酝领"股票价格。违反规定B，构成行为A的犯罪行为。

2015年10月30日，中国证监会发布处罚决定书〔2015〕56号。吕美庆在2013年1月29日至3月7日，通过调整持股比例，影响"西安饮食""龙星化工""大通燃气"的股票价格。违反规定B，并违反了《证券法》第七十七条第（三）项中关于禁止在自己实际控制的账户之间进行证券交易，影响证券交易价格或者证券交易量的规定，构成行为A的犯罪行为。

2015年11月2日，中国证监会发布处罚决定书〔2015〕58号。刘长鸿、冯文渊在2013年2月1日至2013年2月5日，使用"君享泓源"资管账户和5个个人账户，拉抬股价并且利用虚假交易等方式导致“南通锻压”“北京旅游”的股价涨跌异常。违反规定B，违反了《证券法》第七十七条第一款第(一)项中关于禁止与他人串通，以事先约定的时间、价格和方式相互进行证券交易，影响证券交易价格或者证券交易量的规定；违反规定A，构成行为A的犯罪行为。

2015年11月12日，中国证监会发布处罚决定书〔2015〕71号。张春定通过“孙某晶”等6个账户，在2015年7月16日至20日对“中国卫星”股票进行操纵。违反规定B，并违反了《证券法》第七十七条第一款第(三)项中关于在自己实际控制的账户之间进行证券交易，影响证券交易价格或者证券交易量的规定，构成行为A的犯罪行为。

2015年11月12日，中国证监会发布处罚决定书〔2015〕72号。马信琪在2015年7月31日，控制使用“马信琪”账户，以虚假委托的方式拉抬“暴风科技”股价，随后反向抛售。违反规定A，构成行为A的犯罪行为。

2015年11月12日，中国证监会发布处罚决定书〔2015〕73号。孙国栋在2014年12月至2015年5月，通过其实际控制的“徐某”和“胡某”等证券账户，以虚假申报、连续申报等方式影响“仙坛股份”“新宁物流”和“银之杰”等13只股票价格。违反规定A，构成行为A的犯罪行为。

2015年12月11日，中国证监会发布处罚决定书〔2015〕89号。涂忠华、王伟力、薛文聪、周强、郭伟文5人操控“蒋某军”等18个证券账户，以虚假申报撤单、尾市拉抬等方式，大量交易“九鼎新材”“新海股份”两只股票。违反规定B；违反了《证券法》第七十七条第(三)项中关于禁止在自己实际控制的账户之间进行证券交易，影响证券交易价格或者证券交易量的规定；违反规定A，构成行为A的犯罪行为。

2016年1月4日，中国证监会发布处罚决定书〔2016〕3号。胡捷在2011年1月1日至2012年12月31日，控制曹某霞、陈某良、龚某、刘某、鲁某惠、潘某、钱某飞、陶某、童某、王某峰、张某虚、张某君、张某宽、赵某红、周某霞、朱某、伏某、侯某珍、雷某云、雷某、刘某蓉、刘某天、南京汉永云海投资管理有限公司、王某(A)、俞某鹏、俞某26个证券账户进行证券交易，通过利用资金优势连续买卖、自我账户交易等方式，致使“银基发展”的股价异常波动。违反了规定B，并违反了《证券法》第七十七条第一款第(三)项中关于禁止在自己实际控制的账户之间进行证券交易，影响证券交易价格或者证券交易量的规定，构成行为A的犯罪行为。

2016年1月19日，中国证监会发布处罚决定书〔2016〕10号。陈明贤在2013年3月20日至4月8日，利用其控制的“杜某某”等5个账户对“旗滨集团”等3只股票进行操纵。违反了规定B；违反了《证券法》第七十七条第(三)项中关于禁止在自己实际控制的账户之间进行证券交易，影响证券交易价格或者证券交易量的规定；违反了规定A，构成行为A的犯罪行为。

2016年3月17日，中国证监会发布处罚决定书〔2016〕26号。王如增、钟仁志、任斌海在2013年8月15日至2014年1月6日，利用账户组连续买卖、自我交易，对“宝泰隆”的股价进行操纵。违反规定B，并违反了《证券法》第七十七条第(三)项中关于禁止在自己实际控制的账户之间进行证券交易，影响证券交易价格或者证券交易量的规定，构成行为A的犯罪行为。

2016年4月18日，中国证监会发布处罚决定书〔2016〕39号。李宁在2013年7月1日、8月1日、8月20日、8月21日、10月24日、9月18日，使用“张某”等账户，对元力股份进行操纵，超比例持股未履行信息披露义务，构成短线交易行为和操纵证券市场行为。违反了《证券法》第八十六条第一款通过证券交易所的证券交易，投资者持有或者通过协议、其他安排与他人共同持有一个上市公司已发行的股份达到百分之五时，应当在该事实发生之日起三日内，向国务院证券监督管理机构、证券交易所做出书面报告，通知该上市公司，并予公告；在上述期限内，不得再行买卖该上市公司的股票的规定，违反了《证券法》第四十七条第一款的规定，违反了规定A，构成《证券法》第一百九十五条所述短线交易违法行为和行为A的违法行为。

2016年4月25日，中国证监会发布处罚决定书〔2016〕41号。李建林、吴峻乐在2015年7月10日至8月28日，通过连续买卖、自我交易等方式，操纵“得利斯”等股票的价格。违反了规定B，并违反了《证券法》第七十七条第一款第(三)项中关于禁止在自己实际控制的账户之间进行证券交易，影响证券交易价格或者证券交易量的规定，构成行为A的犯罪行为。

2016年4月25日，中国证监会发布处罚决定书〔2016〕51号。唐隆在2014年8月6日至2015年5月4日，控制使用“夏某艳”“冯某佼”等20个账户，在操纵期间内影响“渤海活塞”价格。违反了规定B；违反了《证券法》第七十七条第一款第(三)项中关于禁止在自己实际控制的账户之间进行证券交易，影响证券交易价格或者证券交易量的规定；违反了规定A，构成行为A的犯罪行为。

2016年5月18日，中国证监会发布处罚决定书〔2016〕68号。胡坤明在2014年4月至9月初，使用“黎某添”等11个证券账户，连续买卖“九洲电气”等股票，影响交易价格和交易量，操纵股价。违反了规定B，构成行为A的犯罪行为。

2016年5月26日，中国证监会发布处罚决定书〔2016〕71号。江泉在2015年6月15日至7月31日，控制使用“江泉”等11个证券账户，操作其控制的账户组交易“国元证券”和“吉林敖东”。违反了规定B及规定A，构成行为A的犯罪行为。

2016年5月30日，中国证监会发布处罚决定书〔2016〕73号。刘俊峰在2013年7月和8月至2015年2月和3月，控制使用“严某”等4个账户，操纵“理工监测”价格。违反了规定B；违反了《证券法》第七十七条第一款第(三)项中关于禁止在自己实际控制的账户之间进行证券交易，影响证券交易价格或者证券交易量的规定；违反了规定A，构成行为A的犯罪行为。

2016年8月16日，中国证监会发布处罚决定书〔2016〕100号。杨才学、柴育文、钟杰在2014年8月19日至9月25日，披露违法违规事实，进行短线交易，操纵“新洋丰”价格。违反了《证券法》第四十七条第一款关于上市公司董事、监事、高级管理人员、持有上市公司股份百分之五以上的股东，将其持有的该公司的股票在买入后六个月内卖出，或者在卖出后六个月内又买入，由此所得收益归该公司所有，公司董事会应当收回其所得收益的规定，构成行为A的违法行为。

2016年9月13日，中国证监会发布处罚决定书〔2016〕110号。肖海东在2015年1月29日至7月14日，控制使用“肖某昌”“杨某平”“杨某程”“陈某秀”“杨某”证券账户及“肖某昌”“杨某”信用账户等7个账户，交易“通光线缆”等12只股票。违反了规定B，构成行为A的犯罪行为。

2016年11月11日，中国证监会发布处罚决定书〔2016〕120号。广州市创势翔投资有限公司、黄平、张毅影响通过开盘虚假申报、尾市拉抬等方式，“辉丰股份”(2015.07.17—)、“汉缆股份”(2015.07.21—)、“国农科技”(2015.08.12—)、“天广消防”(2015.08.14—)、“广博股份”(2015.08.25—2015.08.26)、“富临精工”(2015.8.25)等股票的交易价格和交易量。创势翔的上述行为违反了规定A、规定B，构成行为A的犯罪行为。

2017年1月9日，中国证监会发布处罚决定书〔2017〕6号。盛巍在2015年9月9—14日，使用本人账户，在明显已经难以成交的情况下，仍以涨停价购入英威腾股票，欲使之涨停，随后虚假交易维持股价，并次日反向抛出。违反了规定A，构成行为A的违法行为。

2017年3月10日，中国证监会发布处罚决定书〔2017〕20号。唐汉博、唐园子、袁海林等5名责任人员利用资金优势、持股优势，操纵“同花顺”(2015.02.12—2015.03.23)、“杰赛科技”(2014.12.01—2015.03.30)、“广发证券”(2014.12.04—2014.12.05)、“新希望”(2015.03.23—2015.03.25)、“博云新材”(2015.03.24—2015.03.26)等股票，并进行利润分成。违反了规定B；违反了《证券法》第七十七条第一款第(三)项中关于禁止在自己实际控制的账户之间进行证券交易，影响证券交易价格或者证券交易量的规定；违反了规定A，构成行为A的违法行为。

2017年3月10日，中国证监会发布处罚决定书〔2017〕21号。2016年2月4日至6月23日，唐汉博控制涉案账户并实施操纵行为，王涛为其操盘手。二人利用控制账户，通过日内反向交易、自买自卖、虚假申报等一系列手法，操纵了“小商品城”的价格。唐汉博、王涛的上述行为违反了规定B；违反了《证券法》第七十七条第一款第(三)项中关于禁止在自己实际控制的账户之间进行证券交易，影响证券交易价格或者证券交易量的规定；违反了规定A，构成行为A的违法行为。

2017年3月30日，中国证监会发布处罚决定书〔2017〕29号。鲜言在2014年1月17日至2015年6月21日，利用持股优势，自我交易、虚假申报，操纵“多伦股份”价格。违反了规定B；违反了《证券法》第七十七条第一款第(三)项中关于禁止在自己实际控制的账户之间进行证券交易，影响证券交易价格或者证券交易量的规定；违反了规定A，构成行为A的违法行为。

2017年4月5日，中国证监会发布处罚决定书〔2017〕30号。王耀沃在2014年11月26日至28日控制多个证券账户，利用资金优势，分别连续交易“双林股份”“海立美达”“温州宏丰”“西仪股份”“裕兴股份”5只股票，推高股价直至涨停，且以涨停价大笔申报买入维持涨停，次一交易日通过连续申报、大笔申报、高价申报和撤销申报等手段操纵开盘价，随后反向卖出，获取大量利润。违反了规定A、规定B，构成行为A的违法行为。

2017年4月25日，中国证监会发布处罚决定书〔2017〕37号。李健在2015年9月10日至15日，通过虚假申报，操纵“市北高新”的价格。违反了规定B，并违反了《证券法》第七十七条第一款第(三)项中关于禁止在自己实际控制的账户之间进行证券交易，影响证券交易价格或者证券交易量的规定，构成行为A的违法行为。

2017年4月27日，中国证监会发布处罚决定书〔2017〕39号。朱康军在2013年9月9日至12月26日，集中资金优势，连续买卖、自我交易“铁岭新城”，操纵“铁岭新城”的价格。2013年1月4日至2014年5月26日，朱康军连续买卖“中兴商业”，并在其控制的账户之间交易“中兴商业”，影响“中兴商业”交易价格和交易量。违反了规定B，并违反了《证券法》第七十七条第一款第(三)项中关于禁止在自己实际控制的账户之间进行证券交易，影响证券交易价格或者证券交易量的规定，构成行为A的违法行为。

2017年5月31日，中国证监会发布处罚决定书〔2017〕57号。2016年7月5日至2017年7月18日，马永威、曹勇通过账户组，操纵“福达股份”股票，并虚假申报。违反了规定B；违反了《证券法》第七十七条第一款第(三)项中关于禁止在自己实际控制的账户之间进行证券交易，影响证券交易价格或者证券交易量的规定；违反了规定A，构成行为A的违法行为。

2017年8月10日，中国证监会发布处罚决定书〔2017〕80号。蝶彩资产管理(上海)有限公司、谢风华、阙文斌在2013年5月9日至7月4日，利用信息优势，虚假发布利好信息，夸大恒康医疗研发能力，凭借“市值管理”的虚假名义，操纵股票价格。违反了规定A，构成行为A的违法行为。

2017年12月1日，中国证监会发布处罚决定书〔2017〕98号。廖国沛对十几只股票，利用资金优势以涨停价进行虚假申报，在涨停价位大量买入，操纵股票价格。违反了规定A，构成行为A的违法行为。

2018年2月5日，中国证监会发布处罚决定书〔2018〕9号。昆明机床2013年至2015年通过虚构合同、虚构发货单、虚构运输协议、设置账外产成品库房、提前确认销售收入等，以跨期确认收入和虚计收入的方式虚增收入，涉及客户123户，交易417笔，其中跨期确认收入222笔，虚计收入195笔。昆明机床虚增2013年度、2014年度、2015年度营业收入金额分别占公开披露的当期营业收入的19.44%、13.98%、20.82%。违反了《证券法》第六十三条、第六十八条的规定，构成了《证券法》第一百九十三条第一款所述违法情形。

2018年4月3日，中国证监会发布处罚决定书〔2018〕16号。潘园根使用其本人证券账户、其配偶“唐某妹”证券账户在内幕信息公开前买入“海翔药业”股票，买入金额4720515.25元。违反了《证券法》第七十三条、第七十六条第一款的规定，构成《证券法》第二百零二条所述内幕交易行为。

2018年4月3日，中国证监会发布处罚决定书〔2018〕26号。2014年9月至2015年6月，广州安州管理和控制了29个产品，涉及32个证券账户(含普通账户和信用账户，以下简称广州安州账户组)，在持有“京山轻机”“经纬纺机”“苏州固锝”“中核钛白”等4家公司股票分别达到上市公司总股本的5%时，未依法履行报告、通知及公告义务。违反了《证券法》第八十六条第一款的规定，构成了《证券法》第一百九十三条第二款所述违法情形。

2018年5月15日，中国证监会发布处罚决定书〔2018〕35号。文山电力筹划进行资产重组的事项构成《证券法》第六十七条第二款第(二)项规定的“公司的重大投资行为”，在文山电力发布公告前，该信息属于《证券法》第七十五条第二款第(一)项规定的内幕信息。该内幕信息不晚于8月21日形成，9月23日公开。周某文知悉文山电力重组事项推进进度，不晚于8月21日知悉该内幕信息。违反《证券法》第七十三条和第七十六条第一款的规定，构成《证券法》第二百零二条所述内幕交易情形。

2018年7月3日，中国证监会发布处罚决定书〔2018〕48号。2016年9月曹世斌利用母亲付某怀证券账户，在内幕信息公开前买入“国际医学”并持有至停牌，截至2017年5月16日仍未卖出上述股票，经计算，盈利23335.85元。违反了《证券法》第七十三条、第七十六条的规定，构成《证券法》第二百零二条所述内幕交易情形。

2018年7月3日，中国证监会发布处罚决定书〔2018〕55号。2016年4月18日，杨涛控制使用“倪某元”账户累计买入“汉鼎宇佑”股份，成交金额14996402.24元，并于2016年11月18日全部卖出，亏损481938.62元。“倪某元”账户于2016年4月18日交易“汉鼎宇佑”的资金实际为当日“王麒诚”建行账户通过杨涛妻子倪某勤工商银行账户转入。王麒诚、杨涛的上述行为违反了《证券法》第七十三条、第七十六条的规定，构成《证券法》第二百零二条所述的内幕交易情形。

2018年7月20日，中国证监会发布处罚决定书〔2018〕63号。曾玉山担任中银证券客户经理期间，控制使用“曾某芬”证券账户，累计转入资金42.4万元买卖股票，经计算，曾玉山违法所得为502744元。违反了《证券法》第四十三条第一款的规定，构成了《证券法》第一百九十九条所述的违法行为。

2018年7月31日，中国证监会发布处罚决定书〔2018〕74号。2015年12月17日至2016年7月13日期间，王凯集中资金优势、持股优势，利用实际控制的账户组连续买卖“中电电机”，并在账户组内账户之间交易“中电电机”，影响“中电电机”交易价格和交易量。违反了《证券法》第七十七条第一款第（一）项、第（三）项的规定，构成了《证券法》第二百零三条所述“操纵证券市场”的行为。

2018年8月20日，中国证监会发布处罚决定书〔2018〕85号。长盈精密与三环集团共同投资设立合资公司的事项构成《证券法》第六十七条第二款第（二）项所述的“公司的重大投资行为”，是《证券法》第七十五条第二款第（一）项所规定的内幕信息。

2018年10月30日，中国证监会发布处罚决定书〔2018〕104号。王法铜利用“谢某微”等344个证券账户，使用自有资金和配置资金，在上海等地操纵“如通股份”“清源股份”“亚振家居”价格。违反《证券法》第七十七条第一款第（一）项、第（三）项的规定，构成《证券法》第二百零三条所述“操纵证券市场”的行为。

2018年11月8日，中国证监会发布处罚决定书〔2018〕107号。张小伟利用其本人账户在内幕信息敏感期买入“秀强股份”，违反《证券法》第七十三条、第七十六条第一款的规定，构成《证券法》第二百零二条所述违法行为。

2019年1月18日，中国证监会发布处罚决定书〔2019〕2号。福建道冲在2015年6月15日至8月12日控制使用“千石资本——道冲套利1号资产管理计划”等9个账户进行ETF交易，对相应ETF产品交易量造成了影响，放大了同期成交量，干扰了市场正常交易秩序，同时，账户组相互交易的行为掩盖了市场真实供求关系，扭曲了正常的价格形成机制。上述行为被《证券法》第七十七条第一款第（三）项所明确禁止，符合操纵行为的特征。

2019年2月28日，中国证监会发布处罚决定书〔2019〕12号。2013年11月11日至2014年2月13日，程凌利用内幕信息进行套利，违反了《证券法》第七十三条、第七十六条第一款的规定，构成《证券法》第二百零二条所述内幕交易行为。

2019年3月21日，中国证监会发布处罚决定书〔2019〕20号。2015年2月至2016年4月，舒逸民通过实际控制的账户组，利用资金优势，以盘中拉抬股价、大额申买维持涨停价、频繁申报和撤销申报等方式影响"浩丰科技"等4只股票交易价格和交易量后反手卖出，违反了《证券法》第七十七条第一款第（一）项的规定，构成《证券法》第二百零三条所述的操纵证券市场行为。

2019年5月24日，中国证监会发布处罚决定书〔2019〕38号。2016年11月10日至28日，张平、孙忠泽控制账户组采用连续交易、在自己实际控制的账户间交易、虚假申报的手段操纵"柘中股份"，违反了《证券法》第七十七条第一款第（一）项、第（三）项、第（四）项的规定，构成了《证券法》第二百零三条所述"操纵证券市场"的行为。

2019年5月27日，中国证监会发布处罚决定书〔2019〕48号。2016年11月17日至18日，倪汉腾、郑少銮利用内幕信息进行套利，违反《证券法》第七十三条、第七十六条第一款的规定，构成《证券法》第二百零二条所述的内幕交易行为。

2019年6月12日，中国证监会发布处罚决定书〔2019〕56号。2016年6月17日至7月1日，刘德先利用内幕信息进行套利，违反了《证券法》第七十三条、第七十六条第一款的规定，构成《证券法》第二百零二条所述内幕交易行为。

2019年7月2日，中国证监会发布处罚决定书〔2019〕68号。2016年2月2日至6月3日，吴毅健控制账户组先后操纵"丰华股份""拓日新能""粤水电""澳柯玛""海信科龙"等5只股票股价，违反了《证券法》第七十七条第一款第（一）项、第（三）项的规定，构成《证券法》第二百零三条所述"操纵证券市场"的行为。

2019年7月29日，中国证监会发布处罚决定书〔2019〕73号。2014年12月8日至2015年3月28日，许伟强利用内幕信息进行套利，违反了《证券法》第七十三条、第七十六条第一款的规定，构成《证券法》第二百零二条所述的内幕交易行为。

2019年8月14日，中国证监会发布处罚决定书〔2019〕89号。2016年6月至2017年2月15日，李军、刘帆利用内幕信息进行套利，违反了《证券法》第七十三条、第七十六条第一款的规定，构成《证券法》第二百零二条所述违法行为。

2019年9月4日，中国证监会发布处罚决定书〔2019〕97号，2016年12月30日至2017年1月6日，张郁达、张晓敏控制使用账户组，集中资金优势、持股优势、信息优势，连续交易"奔腾集团"股票，操纵交易价格和交易量，致使"奔腾集团"股票价格连续大幅上涨，违反《证券法》第七十七条第(一)款第一项规定，构成《证券法》第二百零三条所述"操纵证券市场"行为。

2019年10月12日，中国证监会发布处罚决定书〔2019〕108号。2015年10月27日至2016年8月1日，叶熙正实际控制涉案账户组，利用资金优势、持股优势连续买卖，以及盘中拉抬、反向交易等手段，影响"吉林化纤"交易价格和交易量，违反了《证券法》第七十七条第一款第(一)项和第(四)项的规定，构成《证券法》第二百零三条所述"操纵证券市场"行为。

2019年10月31日，中国证监会发布处罚决定书〔2019〕113号。2017年2月14日至3月10日，刘晓闽控制账户组，采用集中资金优势、持股优势连续买卖，在自己实际控制的账户间交易等手段操纵"日月股份"。当事人的上述行为违反了《证券法》第七十七条"禁止任何人以下列手段操纵证券市场：(一)单独或者通过合谋，集中资金优势、持股优势或者利用信息优势联合或者连续买卖，操纵证券交易价格或者证券交易量；(三)在自己实际控制的账户之间进行证券交易，影响证券交易价格或者证券交易量"的规定，构成了《证券法》第二百零三条所述"操纵证券市场"的行为。

2019年11月14日，中国证监会发布处罚决定书〔2019〕125号。2015

年12月至2016年7月，吕乐控制“吕乐”相关证券账户以及陈志龙控制“叶某昌”华泰证券账户，吕乐单独或者与陈志龙合谋利用资金优势，大量买入、连续交易“菲达环保”“人民网”“东风科技”3只股票，操纵股价并反向卖出获利，具有明显的操纵证券价格的主观故意，违反了《证券法》第七十七条第一款第(一)项的规定，构成《证券法》第二百零三条所述的“操纵证券市场”行为。

2019年12月2日，中国证监会发布处罚决定书〔2019〕136号。2015年11月至2016年3月9日，刘军、宋彦君利用内幕信息进行套利，刘军的上述行为违反了《证券法》第七十六条第一款的规定，构成《证券法》第二百零二条所述泄露内幕信息行为；宋彦君的上述行为违反了《证券法》第七十三条和第七十六条第一款的规定，构成《证券法》第二百零二条所述内幕交易行为。

2019年12月2日，中国证监会发布处罚决定书〔2019〕140号。2016年10月14日至2017年4月19日，朱康军控制使用账户组集中资金优势、持股优势连续买卖“神开股份”，并在自己实际控制的账户之间进行交易，影响“神开股份”交易价格、交易量。朱康军的上述行为违反了《证券法》第七十七条第一款第(一)项、第(三)项的规定，构成《证券法》第二百零三条所述“操纵证券市场”行为。

2019年12月12日，中国证监会发布处罚决定书〔2019〕149号。2015年4月24日至2016年12月24日，林军以减持股票获利为目的，组织、指使何忠华、陈志强控制账户组，通过采用集中资金优势、持股优势连续交易，在自己实际控制的证券账户之间交易的方式操纵“明利股份”，影响了股票股价和交易量，违反了《证券法》第七十七条第一款第(一)项、第(三)项的规定，构成《证券法》第二百零三条所述的“操纵证券市场”行为。

2020年3月31日，中国证监会发布处罚决定书〔2018〕74号。“方吉良”账户由当事人本人实际控制，账户股票为青龙管业上市时的原始股。内幕信息敏感期内，当事人委托青龙管业帅某帮其下单减持“青龙管业”。违反了2005年《证券法》第七十三条、第七十六条第一款的规定，构成

2005 年《证券法》第二百零二条所述的内幕交易行为。

2020 年 4 月 30 日，中国证监会发布处罚决定书〔2020〕15 号。华夏控股通过协议转让方式，向平安资产管理有限责任公司转让其持有的 582124502 股华夏幸福股份，占华夏幸福总股本的 19.70%，属于 2005 年《证券法》第六十七条第二款第（八）项及第七十五条第二款第（一）项规定的内幕信息。上述行为，违反了 2005 年《证券法》第七十三条“禁止证券交易内幕信息的知情人和非法获取内幕信息的人利用内幕信息从事证券交易活动”、第七十六条第一款“证券交易内幕信息的知情人和非法获取内幕信息的人，在内幕信息公开前，不得买卖该公司的证券，或者泄露该信息，或者建议他人买卖该证券”的规定，构成 2005 年《证券法》第二百零二条所述内幕交易行为。

2020 年 6 月 12 日，中国证监会发布处罚决定书〔2020〕27 号。在内幕信息公开前，高翔使用李某、刘某培名下证券账户合计买入“新纶科技”，内幕信息公开后卖出，获利 1320590.90 元。违反了 2005 年《证券法》第七十三条和第七十六条第一款的规定，构成 2005 年《证券法》第二百零二条所述内幕交易行为。

3.2.2 中国反市场操纵法规总结

中国反市场操纵法规汇总见表 3-2。

表 3-2 中国反市场操纵法规汇总

时间	法规	条款	内容
1990 年	《上海市证券交易管理办法》	第三章第二十七条、第三十九条	禁止任何单位和个人在证券主管机关批准的证券交易市场外买卖证券。证券交易中，禁止任何单位和个人进行下列行为：“同一单位或个人和两个以上单位或个人私下串通，同时买卖同一种证券，制造证券的虚假供求和价格”；“利用内幕消息，从事证券买卖”；“为诱使他人参与交易，制造或散布虚假的、容易使人误解的信息”；“以操纵市场为目的，连续抬价买入或压价卖出同一种证券”；“未经许可，在证券交易市场上直接或间接买卖自己发行的证券”；“以其他直接或间接方法，操纵市场或扰乱市场秩序的”

续表

时间	法规	条款	内容
1993年	《深圳市证券交易管理暂行办法》	第十三条、第十四条	对未经本所许可，擅自使用和传播本所市场行情，进行经营性服务的，本所除依有关规定索赔外，并保留向司法机关提请处理的权利。 对利用本所信息故意制造、传播错误信息、扰乱市场的，本所将提请证监会和(或)司法机关处理
1993年	《股票发行与交易管理暂行条例》	第七十四条第三款至第六款	任何单位和个人不得违反规定，从事“通过合谋或者集中资金操纵股票市场价格，或者以散布谣言等手段影响股票发行、交易”，“为制造股票的虚假价格与他人串通，不转移股票的所有权或者实际控制，虚买虚卖”，“出售或者要约出售其并不持有的股票，扰乱市场秩序”以及“利用职权或者其他不正当手段，索取或者强行买卖股票，或者协助他人买卖股票”
1997年	《中华人民共和国刑法》	第一百八十二条第一款第四项	为了获取不正当利益或者转嫁风险，单独或者合谋，集中资金优势、持股优势或者利用信息优势联合或者连续买卖，操纵证券交易价格；或者与他人串通，以事先约定的时间、价格和方式相互进行证券交易或者相互买卖并不持有的证券，影响证券交易价格或者证券交易量；或者以自己为交易对象，进行不转移证券所有权的自买自卖，影响证券交易价格或者证券交易量；或者以其他方法操纵证券交易价格，情节严重的，处五年以下有期徒刑或者拘役，并处或者单处违法所得一倍以上五倍以下罚金
1998年	《中华人民共和国证券法》	第五条、第七十一条	禁止操纵证券市场的行为，并进行了详细的行为规定
1999年	刑法修正案(一)	第六条	将期货犯罪行为纳入刑法规制范畴
2002年	《关于执行〈刑法〉确定罪名的补充规定》	法释【2002】7号	将罪名修订为“操纵证券、期货交易价格罪”
2006年	刑法修正案(六)		将罪名修订为“操纵证券、期货市场罪”；对犯罪主观要件进行修订；删除已经过时的规定；进一步规范刑罚体系；修订犯罪既遂形式
2007年	《关于执行〈刑法〉确定罪名的补充规定三》	法释【2007】16号	将罪名最终修订为“操纵证券、期货市场罪”

续表

时间	法规	条款	内容
2007年（四次修订：2012年、2013年、2016年、2017年）	《期货交易管理条例》	第三条、第三十九条、第七十条、第七十一条	从事期货交易活动，应当遵循公开、公平、公正和诚实信用的原则。禁止欺诈、内幕交易和操纵期货交易价格等违法行为。任何单位或者个人不得编造、传播有关期货交易的虚假信息，不得恶意串通、联手买卖或者以其他方式操纵期货交易价格。（一）单独或者合谋，集中资金优势、持仓优势或者利用信息优势联合或者连续买卖合约，操纵期货交易价格的；（二）蓄意串通，按事先约定的时间、价格和方式相互进行期货交易，影响期货交易价格或者期货交易量的；（三）以自己为交易对象，自买自卖，影响期货交易价格或者期货交易量的；（四）为影响期货市场行情囤积现货的；（五）国务院期货监督管理机构规定的其他操纵期货交易价格的行为
2007年	《期货交易所管理办法》	第一百条	期货交易所工作人员不得从事期货交易，不得泄露内幕消息或者利用内幕消息获得非法利益，不得从期货交易所会员、客户处谋取利益
2007年	《证券市场操纵行为认定指引（试行）》		规定了五种新的操纵市场行为：抢帽子交易、蛊惑交易、虚假申报、特定时间的价格或价值操纵、尾市交易
2010年	《关于公安机关管辖的刑事案件立案追诉标准的规定（二）》	第三十九条	规定了虚假申报操纵、信息操纵、抢帽子交易操纵等“其他方法”
2018年	《关于办理操纵证券、期货市场刑事案件适用法律若干问题的解释》	第一条第五款	不以成交为目的，频繁申报、撤单或者大额申报、撤单，误导投资者做出投资决策，影响证券、期货交易价格或者证券、期货交易量，并进行与申报相反的交易或者谋取相关利益的
2019年	《关于〈期货交易管理条例〉第七十条第五项“其他操纵期货交易价格行为”的规定》	第一条至第七条	不以成交为目的，频繁申报、撤单或者大额申报、撤单，影响期货交易价格或者期货交易量，并进行与申报方向相反的交易或者谋取相关利益的；编造、传播虚假信息或者误导性信息，影响期货交易价格或者期货交易量，并进行相关交易或者谋取相关利益的；对合约或合约标的物做出公开评价、预测或者投资建议，影响期货交易价格或者期货交易量，并进行与其评价、预测或者投资建议方向相反的期货交易的；在临近交割月或者交割月，利用不正当手段规避持仓限制，形成持仓优势，影响期货交易价格的，构成操纵。任何单位或者个人不得以其他方式操纵期货交易价格

续表

时间	法规	条款	内容
2019 年	《操纵市场司法解释》	第一条至第四条	①蛊惑交易操纵；②抢帽子交易操纵，也就是利用“黑嘴”荐股操纵；③重大事件操纵，主要是指“编故事、画大饼”的操纵行为；④利用信息优势操纵；⑤幌骗交易操纵，也称虚假申报操纵；⑥跨期、现货市场操纵

3.2.3 中国市场操纵案例特点评析

(1)规制手段与时俱进。

中国最早对金融市场操纵行为的规制文件是 1990 年的《上海市证券交易管理办法》，该文件对市场操纵行为做了初步的界定。随着金融市场的不断完善，我国先后出台了《深圳市证券交易管理暂行办法》《中华人民共和国刑法》《证券法》等法律、法规。我国建立期货市场后，又将期货市场的操纵行为纳入法律。2007 年出台的《期货交易管理条例》《证券市场操纵行为认定指引(试行)》两部法规分别涉及期货、证券市场的操纵规制，具有深远的影响力。之后又根据金融市场的发展，出台了跟进的条例。2019 年出台的《操纵市场司法解释》对市场操纵行为做了最新的说明：①蛊惑交易操纵；②抢帽子交易操纵，也就是利用“黑嘴”荐股操纵；③重大事件操纵，主要是指“编故事、画大饼”的操纵行为；④利用信息优势操纵；⑤幌骗交易操纵，也称虚假申报操纵；⑥跨期、现货市场操纵。

(2)关于操纵的法律适用性较好。

本书所列举的 61 个操纵案例，虽然操纵手段各不相同，但是有关部门针对操纵者进行处罚时，全部通过《证券法》第七十七条第一款第(一)、第(三)、第(四)项进行判罚，涉及三项法规的案件分别达 23 个、14 个、18 个。所有案件均构成行为 A 的犯罪行为，说明我国关于市场操纵行为的法律适用性好，解释力强。

(3)交易性操纵行为较多。

在本书所列举的 31 个操纵案例中，约有 70%的操纵行为违反了《证券法》第七十七条第一款第(一)项“禁止通过集中资金优势连续买卖，操纵证券交易价格”的规定，说明我国证券市场的操纵行为大多是通过利用资金优势进行连续买卖得以实现的。在这类市场操纵中，包含了“动量点火”“粉饰行情”“池”等专业的交易操纵行为。约有60%的操纵行为违反了《证券法》第七十七条第一款第(三)项“禁止在自己实际控制的账户之间进行证券交易，影响证券交易价格或者证券交易量”的规定。在这类市场操纵中，往往包含着“对敲交易”“匹配指令”等专业的交易操纵行为。综上可得，在我国证券市场操纵的案例中，交易性操纵行为较多，可以通过对包括“粉饰行情”在内的交易性操纵行为进行特征量化分析。

4 基于 AHMMAS 的价格操纵监测模型设计

4.1 价格操纵基本交易特征及测量指标

4.1.1 价格操纵基本交易特征

研究显示，股票被操纵期间，有一些指标，譬如价格、成交量、成交额、波动率等会发生明显的波动。在目前有关股票操纵的研究中，大部分学者所选取的指标比较传统，譬如波动率、交易量、换手率等，并且发现在股票被操纵期间，这些指标会产生异常波动，故本书依据这些指标对操纵行为进行判断时，将指标变动作为考量标准。

传统指标数据频率低，因此对股票变化的反映更偏向宏观，更多从宏观上反映其在一个时段内的异常波动。但是，从宏观层面看，股票变化的影响因素并非单一，除了操纵行为本身外，还有政策、经济周期、投资者情绪等因素，这些因素的变化都会对股票波动产生影响。虽然操纵可以使股票中的传统指标产生波动，但是这种关系是充分而非必要的，难以以此作为操纵的判断依据。

因为低频数据难以作为操纵的判定依据，所以本书选取高频数据对操纵行为发生时股票的微观波动进行考察。中国证监会 2017 年 12 月 1 日发布的行政处罚决定书〔2017〕98 号指出：

2015 年 10 月 21 日，廖国沛操纵多个账户，在 10：27：00 至 14：34：13 期间，以 17.56 元的价格买入“中钢天源”，这次交易分了 19 次订单，使“中钢天源”涨停，购买量占同期市场申报量的 55.08%；其控制的账户组撤单率达到申报数的1.05%。

中国证监会2017年3月10日发布的行政处罚决定书〔2017〕21号指出：

2016年2月17日9：33：05至10：22：41，“王涛”与“唐汉博”账户组买入“小商品城”，该次交易分16次申报进行，使该股在10：23：46至11：06：49期间涨停。在不到1小时的时间内，“小商品城”的股价从6.65元攀升至7.29元，“王涛”与“唐汉博”账户组申报的数量占申报买入量的40.88%。

从上述两个操纵案例中可以看出，在操纵股价时，操纵者往往持有多个账户，利用资金优势进行虚假申报，对股价进行异常拉抬，操纵者从操纵股价中获得超额收益。同时不难看出，如果操纵者想要拉抬价格，必须持有多个账户，持有大量资金，进行虚假申报、撤销等。据此，总结出操纵的交易特征：

(1)短时间内多次下单，资金量大。

(2)连续提交限价指令。

(3)盘口买卖价差迅速缩小。

(4)极短时间内撤回限价指令。

4.1.2 设计监测度量指标

依据以上4种操纵交易行为特征，不难得出判断交易的量化指标。在较短时间内多次申报大资金量的交易指令，可以对成交额和成交量产生异常影响；在交易窗下达高于盘口的交易指令，可以对价格产生异常影响；短时间连续提交限价指令，盘口买卖价差变小；极短时间内撤回限价指令，撤单率高于正常水平。

操纵者的买卖指令对于市场的冲击体现在额度和价格等方面，根据特征和指标之间的对应关系，现从每一笔交易入手，归纳反映每一次指令对于交易盘口价格和额度的冲击。操纵案例与特征指标反映对应图见图4-1。

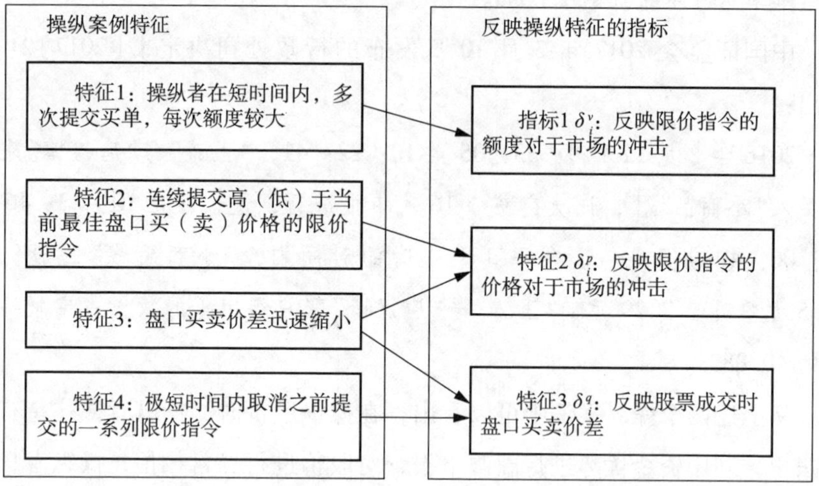

图 4-1　操纵案例与特征指标反映对应图

对指标 $1\delta_i^v$ 而言，其反映限价指令额度对于市场的冲击程度，$\delta_i^v = \ln \frac{L_i^v}{\overline{v_\tau}}, L_i^v$ 为第 i 个指令的额度，$\overline{v_\tau}$ 为限价指令额度的加权移动平均。

对于指标 $2\delta_i^p$ 而言，其反映限价指令价格对于市场的冲击程度，A_i、B_i 分别为限价指令进入指令窗口时的最佳卖价、买价。

$$\delta_i^p = \begin{cases} \ln \frac{L_i^p}{B_i}，\text{如果 } L_i \text{ 为限价买指令} \\ \ln \frac{L_i^p}{A_i}，\text{如果 } L_i \text{ 为限价卖指令} \end{cases}$$

对于指标 $3\delta_i^q$ 而言，其衡量盘口买卖价差，$\delta_i^q = \ln \frac{A_i}{B_i}$，$A_i$、$B_i$ 同上。

4.1.3　操纵行为量化

1. Spoofing & Layering

Spoofing & Layering 检测在短时间内寻找来自同一交易对手的同一笔交易的一系列未执行订单。这些订单的限价对于一系列买入订单将呈现上升趋势，对于一系列卖出订单将呈现下降趋势。因此，最初的一系列订单后面会有一个相反方向的订单，检测步骤如下：

首先，扫描订单列表以查找候选订单序列。候选序列定义为同一方向上的一系列订单(默认最小值为3)，然后是相反方向上的顺序。通过忽略初始订单未在价差范围内定价的任何序列(不为市场滥用)，减少对候选订单的选择。对于剩余的每个序列用以下方式确定相关的高低水平，通过高低水平来判断是否存在 Spoofing & Layering：

(1)订单之间的平均时间间隔与订单的平均交易率之比：要使幌骗成功，幌骗必须在比交易率更快的时间尺度上进行。因此，分配以下分数，其中 T_S 是系列订单之间的平均时间，T_M 是市场上交易之间的平均时间。

$T_S<5\%\ of\ T_M$：Very High 很高

$T_S<10\%\ of\ T_M$：High 高

$T_S<50\%\ of\ T_M$：Medium 中等

$T_S<90\%\ of\ T_M$：Low 低

(2)除最终订单外，序列中订单的限价与订单到达时间的相关系数：该值提供了订单价格随时间变化趋势的度量。其值介于-1 和 1 之间，最小值表示完全下降趋势，最大值表示完全上升趋势。因此，正相关系数接近 1 的购买订单序列将非常可疑。分配以下分数，其中 ρ_{LT}是相关系数：

对于购买序列：

$\rho_{LT}>0.95$：Very High 很高

$\rho_{LT}>0.90$：High 高

$\rho_{LT}>0.85$：Medium 中等

$\rho_{LT}>0.80$：Low 低

对于卖出序列：

$\rho_{LT}>-0.95$：Very High 很高

$\rho_{LT}>-0.90$：High 高

$\rho_{LT}>-0.85$：Medium 中等

$\rho_{LT}>-0.80$：Low 低

(3)序列中最后一个订单和所有其他订单的交易量百分比差异：由于序列中的最后一个订单代表了操纵者真实希望执行的订单，因此我们期望这一订单的交易量比例高于先前下达的虚假订单。我们可以通过取交易量百分比的差值来计算这种不平衡，如下所示：

$$Im = \left(\frac{\sum_{i=1}^{k-1} F_i}{\sum_{i=1}^{k-1} O_i} - \frac{F_k}{O_k} \right) \times 100$$

其中，Im 是不平衡值，k 是序列中的订单数，F_i 是订单 i 的交易量，O_i 是订单 i 的交易量。该值的特点是，对于除最终订单外的所有订单都已成交的序列，它将等于 100%；对于除最终订单外无订单已成交的序列，它将等于-100%。因此，定义以下分数：

$Im<-90\%$：VeryHigh 很高

$Im<-80\%$：High 高

$Im<-60\%$：Medium 中等

$Im<-0\%$：Low 低

(4)确定最终分数。

由上述第 1 种和第 2 种检测的组合提供模式强度的水平高低，将这种模式强度与第 3 种模式强度相结合，将给出所发生的 Spoofing & Layering 滥用的度量。例如，如果模式是非常紧密形成的，价格是密切相关的，那么一个强大的模式已经被发现，但这不会是滥用，除非很明显，滥用者的目的是赚钱的模式。

(5)模式强度(见表 4-1)。

表 4-1 模式强度量表

相关系数/平均交易率之比				
Very High Corr	Medium	High	Very High	Very High
High Corr	Medium	Medium	High	Very High
Medium Corr	Low	Medium	Medium	High
Low Corr	Low	Low	Medium	Medium
模式强度	Low density	Medium density	High density	Very High Density

(6)Spoofing & Layering 滥用的度量(见表 4-2)。

表 4-2 Spoofing & Layering 操纵模式度量表

百分比差异/模式强度				
Very High Im	Medium	High	Very High	Very High
High Im	Medium	Medium	High	Very High
Medium Im	Low	Medium	Medium	High
Low Im	Low	Low	Medium	Medium
操纵模式度量	Low pattern strength	Medium pattern strength	High pattern strength	Very High pattern strength

2. 收盘价操纵

对于收盘价的操纵需要找到两个主要因素。

(1)订单的大小。定义为订单规模，表示为在订单有效期内该资产在市场上的日均交易量的百分比。

(2)在临近市场收盘时下单。以分钟为单位计算收盘的时间。

这两项测试结合使用模糊评分系统，如下所示：

①订单大小占 ADV 的百分比。

低 Low = 5%

中等 Medium = 5%to20%

高 High = 20%to40%

非常高 Very high≥40%

注：这与内部交易测试的得分不同。

②临近收盘时间。

非常近 Very Near≤30seconds

近 Near≥30seconds<1Minute

较近 Quite Near≥1Minute<3Minutes

远 Distant>3Mins

要想获得高分，订单必须是高成交量和接近市场收盘时间的。输出分数将在 1 到 100 之间，越往表格的左上角输出分数越高，越接近 100(见表 4-3)。

表 4-3　收盘价操纵评分表

订单大小				
Very High	Very High	Very High	High	Medium
High	Very High	High	Medium	Low
Medium	High	Medium	Low	Very Low
Low	Medium	Low	Very Low	Very Low
临近收盘时间	Very Near	Near	Quite near	Distant

3. 价格操纵

我们在这里把价格操纵分为三大类：①塞单(quote stuffing)，有异常梯度特征的状态被归类为塞单(quote stuffing)；②人为炒高(ramping)，有异常的价格特征(原价和波动)的被归类为人为炒高(ramping)；③其他异常(other anomalies)，所有特征均为异常的状态被归类为其他异常状态的操纵行为。

Hautsch 和 Huang 指出，资本市场微观结构中的市场冲击(market impact)是价格操纵依赖的理论基础，市场冲击(market impact)指交易者利用自身交易行为对当前交易资产价格产生影响。Hautsch 和 Huang 的研究结果显示，高于盘口买价仅 5 个基点的报价可诱使市场的最佳盘口价格增加 5.95 个基点。对于正常交易者来说，能够准确估计和降低市场冲击成本非常重要；对于市场操纵者来说，市场冲击效应正是他们用来牟取利润的理论支持。

图 4-2 给出操纵者通过三种不同的市场冲击获取利润。图 4-2(a)给出价格操纵行为中的塞单(quote stuffing)如何利用市场冲击从中牟利的过程。操纵者先提交盘口价格的大额卖指令，随后连续提交价格略高于最新盘口价的虚假买指令，由此制造买方盘口活跃的假象，诱使更多买家进入盘口交易，一旦被虚假买指令误导的交易者选择高价买入，操纵者则执行之前提交的大额卖指令，一系列虚假买指令则被立即取消，导致标的资产的盘口买价断崖震荡到原始水平。为了降低虚假交易指令被其他投资者发现并交易的风险，连续的虚假提交指令和快速撤销指令通常发生在一个极短的时间内。Tse 等和 Ian 均研究了图 4-2(a)中显示的虚假交易指令对市

场的盘口买价产生的锯齿状震荡影响。

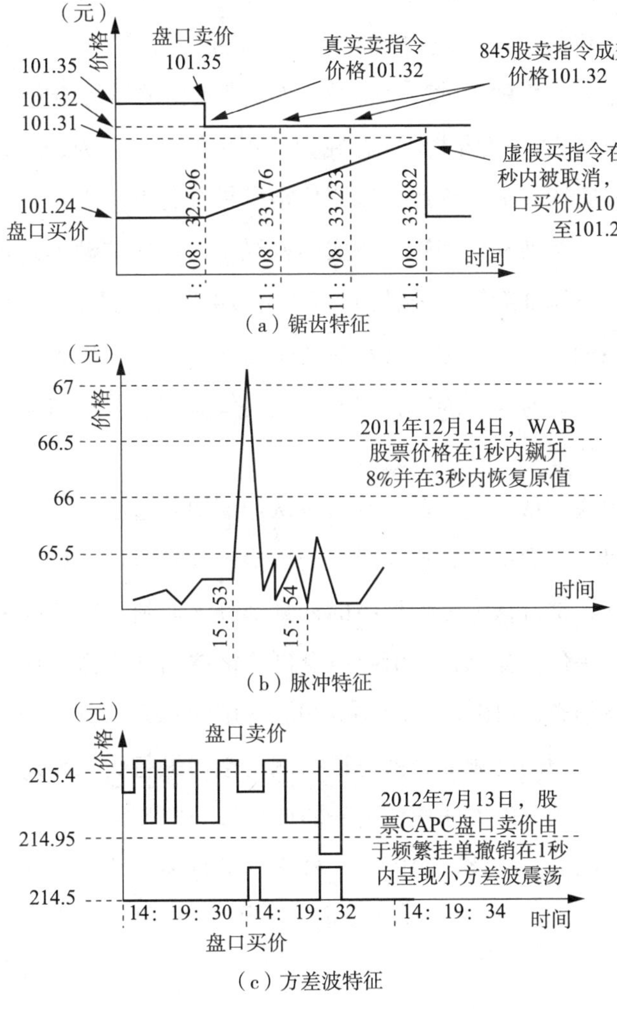

图 4-2 三种市场冲击获取利润机制

类似地，由于市场冲击效应的存在，人为炒高价格（ramping）也能引起盘口价格的非正常震荡。与塞单（quote stuffing）不同的是，人为炒高价格（ramping）策略通过提交优于最佳盘口价格的单一、大额虚假指令（高于当前盘口买价/或者低于当前盘口卖价）误导市场，在这种策略作用下，被操纵的盘口买价和卖价可以在微小的时间间隔内连续翻转。图 4-2（c）中的小方差波动可以看作是 ramping 的一种形式。图 4-2(b)中显示的是方差的显著波动，这种巨大脉冲波动比较少见，因为在如泛欧 NSC 这样的交易市场通常规定在一定的时间间隔内当价格上升至超过 2%时暂停交易。而在某些文献中，这种巨大的脉冲波动也被认为是典型的操纵行为之一。

通过图 4-2 可知，市场中可能存在异于正常的交易行为，这些行为的特征和价格操纵行为相似。因此，监测价格操纵行为就可以转化为监测盘口买卖价格序列异常波动的问题。在实际操纵中，这些波动模式常以各种方式混合出现。美国证券交易委员会于 2013 年 4 月针对异常波动的交易行为发布了股市波动规则，指定了交易时的价格区间。价格操纵行为通常发生在一个交易日内的时间间隔中，因此，我们仅监测一天内的盘口买卖价格序列中的异常情况。

金融领域中通常认为金融资产价格遵从均值回归过程，即价格由长期均衡价值和随机震荡两部分叠加而成。均衡价值代表市场长期走势，其变化过程相对缓慢，常被认为是价格中的低频部分，而随机震荡则是价格中的高频部分。如果价格操纵行为引起的盘口价格波动被看作是均衡价格附近的短期小幅高频震荡(图 4-2(a)中 6.9bps 和图 4-2(c)中 18.6bps)，那么，分析价格数据中的高频部分就可以监测价格操纵行为。因此，本章利用信号处理领域中的分解方法把价格中的低频部分即长期均衡走势分量去掉，保留价格中的高频震荡，用以表示价格操纵行为，并在此基础上构建监测模型。

4.2 价格操纵特征抽取

价格操纵需要采用分解法区分价格序列中的低频和高频部分，常用的分解方法有以下几种：经验模态分解(Empirical Mode Decomposition, EMD)、连续小波变换(Continuous Wavelet Transform, CWT)和同步压缩转换(Synchro Squeezed Transform, SST)，这三种信号分解方法是信号处理领域普遍使用的方法。EMD 的应用受限于低频率分辨率对临界频率的依赖限制。CWT 理论上可以把任何信号通过平移和变换表示为一组母(原始)小波的线性叠加，可以实现不同时点、不同频带上信号的分解，CWT 与傅里叶变换不同的是，傅里叶变换不考虑时域信息，只描述信号的频率信息，而 CWT 的时频局部化特性则通过尺度和位移参数描述了各个时域点内的频域信息。SST 扩展了 CWT，通过进一步计算小波系数的一阶导数(瞬时频率)重新分配小波系数。

本书采用 CWT 方法分解价格序列中的低频和高频部分，抽取和分析价格时间序列中的特征。该方法以母小波各级近似系数、细节系数的缩放和平移两者的线性组合对原始信号进行表示。Haven、Liu 和 Shen 使用细节系数的硬阈值滤波方法去除金融数据的噪声，即数据中的高频部分。本书对数据中低频成分的清洗方法是反向使用细节系数的硬阈值滤波，将阈值以外的小波系数设置为 0。即：

$$T_{m,n}=\begin{cases}=T_{m,n} & if \quad |T_{m,n}|\leqslant\lambda \\ =0 & if \quad |T_{m,n}|>\lambda\end{cases} \tag{4-1}$$

其中，$T_{m,n}$为细节系数，m 和 n 分别为小波函数的尺度和位移参数，λ 为固定阈值。对小波分解和逆阈值滤波处理过程如下：

①通过离散小波变换，计算小波系数向量$\{T_{m,n},\ T_{m-1,n},\ \cdots,\ T_{1,n}\}$；

②选择一个阈值 λ，对系数向量应用式(4-1)滤波；

③用滤波后的小波系数重构数据。

为简化研究，我们将图 4-2 中的价格操纵行为——锯齿波、方差波、脉冲波进行总结，并整理为两类特殊的波动模式：显著的脉冲(见图 4-2(b))或者短期震荡(见图 4-2(a)和图 4-2(c))中的锯齿波和方差波。

如前文分析，价格操纵行为引起的盘口价格短期震荡与高频部分紧密相关，我们以 Symlets 小波作为母小波函数进行小波变换，抽取价格 P_t 中的高频部分(用 $\widehat{P_t}$ 表示)来对应短期震荡。计算原始价格及其短期震荡的梯度 dP_t/dt 和 $d\widehat{P_t}/dt$，dP_t/dt 代表盘口价格的变化率，即原始价格的显著脉冲，$d\widehat{P_t}/dt$ 为盘口价格小幅高频震荡率。在金融学中，P_t 为盘口的原始价格，$\widehat{P}_t$ 为去除低频长期走势后的价格，虽然操纵方式不同，但两者的本质都将随操纵而真实存在，并在不同的时段表现出异常的脉冲或密集的方波震荡。故 P_t、$\widehat{P}_t$、dP_t/dt 和 $d\widehat{P}_t/dt$ 等含有全部的价格操纵特征。

综上所述，“特征抽取模块”包括使用小波变换分离数据的高频模块以及相应的梯度计算（见图 4-3），其中：

①P_t 表示原始盘口价格；

②$\widehat{P}_t$ 表示原始价格的短期震荡；

③dP_t/dt 表示原始价格变化率；

④$d\widehat{P}_t/dt$ 表示短期震荡变化率。

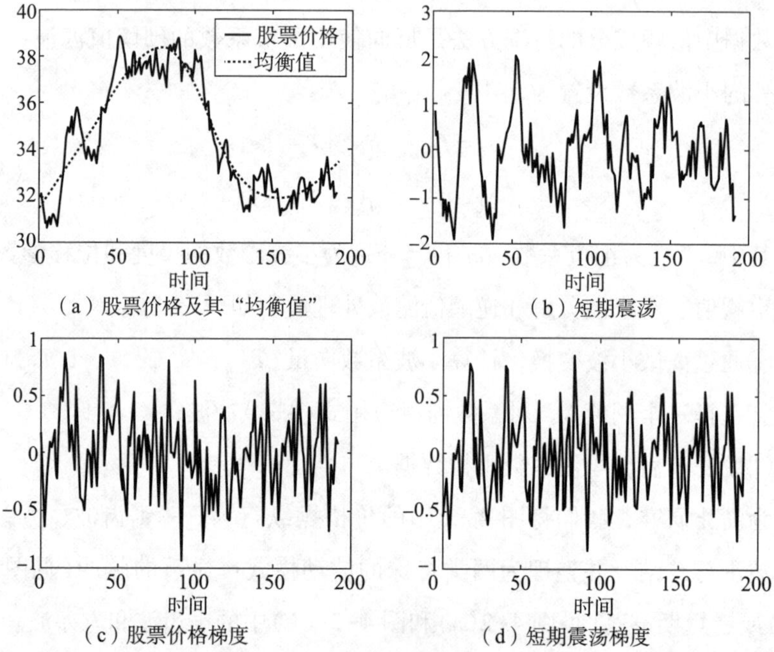

图 4-3　小波过滤股票价格的例子

图 4-3 为盘口价格被抽取特征后输出的样例。在 P_t 的均衡值（见图 4-3（a）中虚线）被滤除后，短期震荡被剥离出来（见图 4-3（b））。P_t 和 $\widehat{P}_t$ 的梯度分别如图 4-3（c）和图 4-3（d）所示。

4.3 价格操纵监测模型设计

完成价格特征抽取之后，这一部分我们建立价格操纵监测模型。金融数据在本质上通常是非平稳的，金融市场中任何异常事件都可能直接引起所抽取的数据特征出现非平稳的变化趋势，即抽取特征的分布会随时间的推移变化，这些非平稳性特征均可能是由一些操纵交易行为引起的。因此，监测模型首先需要确定所抽取特征的分布，再建立监测模型。

4.3.1 高斯混合模型（GMM）和隐马尔可夫模型（HMM）

通常未知变量的概率密度函数可用 GMM 来近似。一个 GMM 由 M 个高斯分布的加权组成，表达式为

$$P(x) = \sum_{i=1}^{M} w_i g(x \mid u_i, \ \sum_i) \tag{4-2}$$

其中，x 是 D 维连续值向量，w_i，$i = 1, \cdots, M$ 表示混合权重，$g(x \mid u_i, \ \sum_i)$，$i = 1, \cdots, M$ 表示各个变量的高斯密度分布。每个密度分布对应一个 D^- 变量高斯函数。

我们建立的价格操纵监测模型中，价格抽取特征的概率密度函数由 GMM 得到。GMM 抽取特征的概率密度由 M 个高斯分布按不同权重叠加而成，任何一个时间点的价格概率密度由 M 个分布中的某几个决定，随着时间点的变化，决定当前价格概率密度的高斯分布可能会相应改变。概率密度分布的瞬时变化与观察到的特征相关联，潜在的价格操纵行为则由特征序列而非单个时刻的单一值决定。故依据当前的价格概率密度，可以得出不同密度下的高斯分布，依据高斯分布可以对股价波动进行识别。如图 4-5所示，价格随时间的推移可由图中状态 S_1，S_2，S_3，S_4 决定（S_1，S_2，S_3 表示正常状态，S_4 表示正常范围之外的异常状态区间）。

一般而言，隐马尔可夫模型（HMM）在监测问题中的应用分为两类："特征建模"和"异常检测"。"特征建模"是基于被监测的行为数据建立模

型，当被监测数据与模型相匹配时，则触发监测报警；“异常检测”的建模方式与前者完全相悖，其基础为正常行为，当被监测数据与模型相悖时将触发监测报警。

其实对于市场操纵的实际监管和被披露价格操纵发生数据以及相关资料都不多，故本书采用“异常检测”法对价格操纵进行监测，即对背离常规行为时的数据进行监测，以作判断。首先，建立正常交易行为的模型，当市场行为与正常交易行为模型不匹配时，系统将触发警报。但使用“异常检测”进行价格操纵监测时将出现两个难题：

(1)异常检测使用 HMM 时，通常不能确定是何种类型的异常行为以及这种异常行为的概率密度函数。

(2)价格的概率密度函数通常基于非平稳的金融时间序列。

为了解决这些问题，我们设计了一种带有异常状态的改进的自适应 HMM，并在下文进行介绍。

4.3.2 异常状态的隐马尔可夫模型（HMMAS）

假设盘口价格序列包含 T 个时间点，图 4-4 给出了特征抽取模块所抽取的特征，即 P_t、dP_t/dt、$\widehat{P}_t$ 和 $d\widehat{P}_t/dt$。令 $F_t(t=1,\ \cdots,\ T)$ 为时刻 t 的价格特征向量，则时刻 t 所包含的预处理特征分别为原始价格、原始价格的梯度、短期波动、短期波动的梯度的特征向量 $F_t=[F_t^o,\ F_t^{og},\ F_t^s,\ F_t^{sg}]$。

所抽取的四个特征的概率密度函数分别由 GMM 计算求得。每个特征的概率密度函数都可能由多个高斯函数的线性叠加构成，其分布变化可通过检测当前的观测值来判断主要是由哪些高斯函数混合决定。用高斯分量表示市场交易行为的隐含状态，则把直接分析时间序列的问题简化为对隐含状态的转换分析，即应用典型的隐马尔可夫模型对所抽取的特征建模。

基于特征概率密度分布的变化分析状态转换，使用 Smart 集团的行业监测算法：99%的累积分布即为异常行为的阈值，即当 $P(F_t)\geqslant 99\%$时，数据被视为正常，因此需要确定每个特征的最高和最低 0.5%频率值，在训练和构造 HMM 模型时生成虚拟的异常状态。

图 4-4 以微软股票 2012 年 6 月 12 日数据为例，显示了一个由 GMM

得到的价格序列所抽取的四个特征及四个特征所对应的概率密度函数。用两个临界阈值(虚线所示)为 0.5%和 99.5%的累积概率，来区分正常和异常的波动状态区域。图 4-4 中，价格呈现的概率密度函数共有 3 个高斯分布(实线所示)。99%累积分布部分被视为正常状态，在最大和最小 0.5%累积分布以外部分被视为异常状态。通过这样的方式，原始价格的概率密度函数可以划分为四个部分：三个高斯分布对应于三个正常状态，其余最大和最小的部分对应异常状态。这四个状态即为价格特征的四个隐含状态，如图 4-5 所示。这里，用$\{f_{j_o}^{o},\ j_o=1,\ 2,\ 3,\ 4\}$表示原始价格的隐含状态，其特征抽取表达式为 $F_t^o \in \{f_{j_o}^{o},\ j_o=1,\ 2,\ 3,\ 4\}$。

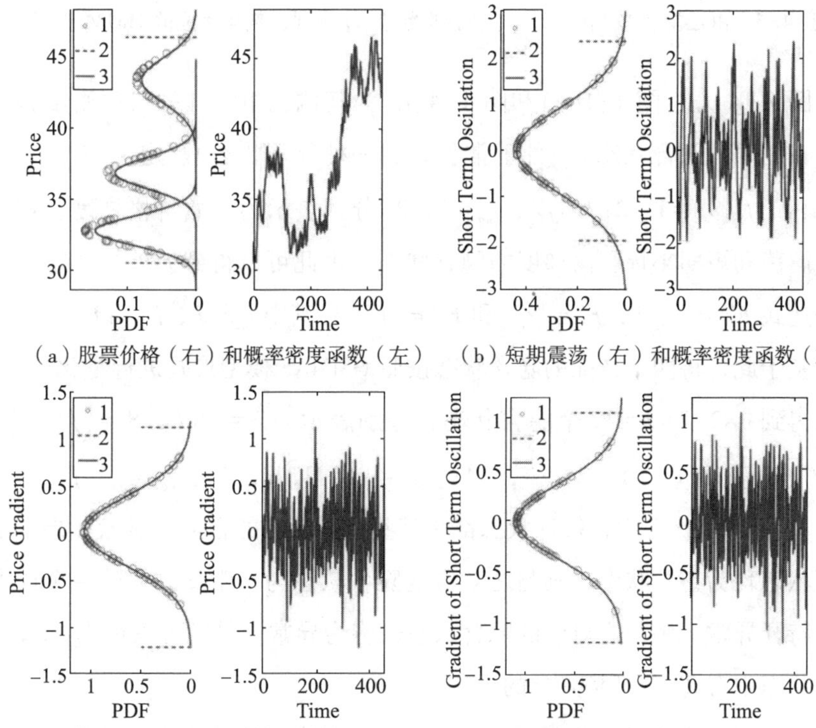

（a）股票价格（右）和概率密度函数（左）　（b）短期震荡（右）和概率密度函数（左）

（c）原始股价梯度（右）和概率密度函数（左）（d）短期震荡梯度（右）和概率密度函数（左）

图 4-4　GMM 特征抽取的例子

注：1 为概率密度函数，2 为函数的组件，3 为阈值。

资料来源：根据微软 2012 年 6 月 12 日的原始股价、短期震荡、原始股价梯度和短期震荡梯度的概率密度曲线绘制。

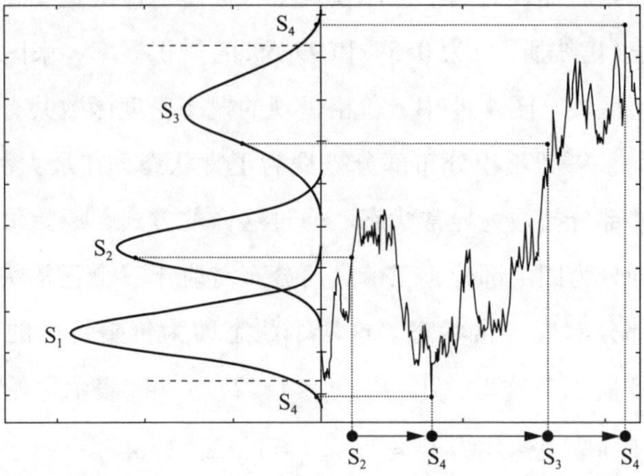

图 4-5　由正常状态 S_1，S_2，S_3 和异常状态 S_4 序列的变化生成的 HMM 模型

图 4-4(b)、图 4-4(c)和图 4-4(d)为其他三组特征的概率密度函数所存在的两种隐含状态(一种正常状态和一种异常状态)。定义$\{f_{j_{og}}^{og}, j_{og}=1, 2\}$，$\{f_{j_s}^{s}, j_s=1, 2\}$和$\{f_{j_{sg}}^{sg}, j_{sg}=1, 2\}$分别表示为原始价格梯度、短期小幅震荡和短期小幅震荡梯度的隐含状态。由此可以得到另外三个特征抽取表达式 $F_t^{og}\in\{f_{j_{og}}^{og}\}$，$F_t^{s}\in\{f_{j_s}^{s}\}$和 $F_t^{sg}\in\{f_{j_{sg}}^{sg}\}$，其中 j_{og}，j_s，$j_{sg}=\{1, 2\}$。

基于此，将四个特征的隐含状态按照 HMMAS 模型形式进行量化处理，可以得到 4×2×2×2 = 32 个隐含状态，分别表示为 $S=\{S_i\}$，$S_i=[f_{j_o}^{o}, f_{j_{og}}^{og}, f_{j_s}^{s}, f_{j_{sg}}^{sg}]$，其中 $i=\{1, 2, \cdots, 32\}$，$j_o=\{1, 2, 3, 4\}$，j_{og}，j_s，$j_{sg}=\{1, 2\}$。32 个隐含状态中，每种状态都是某些特征状态的合成，显然如果全部特征状态均为正常状态，则与之对应的隐含状态为正常交易；若一个或者多个特征异常，则与之对应的隐含状态也将为异常交易。可以得出，32 个隐含状态中有 29 个都是异常的。

基于对图 4-2 的讨论，使四种隐含状态对应前述的价格操纵特征。如利用瞬时大量指令误导市场的操纵行为塞单(quote stuffing)等通常直接导致价格短期震荡和原价($f_{j_{sg}}^{sg}$和$f_{j_{og}}^{og}$)梯度的显著变化，但不会导致价格的大幅度波动；如人为炒高(ramping)等，往往会直接导致价格较大幅度的波动，而非短期瞬时的震荡。因此，为简化模型，本书根据特征状态将 29 种异常状态重新组合成三种价格操纵行为状态：

（1）塞单（quote stuffing），有异常梯度特征的状态被分类于塞单（quote stuffing）；

（2）人为炒高（ramping），有异常的价格特征（原价和波动）的被归类于人为炒高（ramping）；

（3）其他异常（other anomalies），所有特征均为异常的状态被归类于其他异常状态的操纵行为。

通过重新组合，32 种隐含状态进一步简化为仅包括 3 种正常状态和 3 种异常状态。状态的转化看似简单，实则详尽地刻画了全部可能的操纵行为，该转化机制为由交易行为引发的状态转移提供了一种有效方式。通过转化机制，交易行为特征触发的盘口股价波动特征的瞬时动态将由隐含状态的转移而决定，传统的 HMM 就被扩展成为包括异常状态的模型，即 HMMAS。解决了前文提出的使用“异常检测”进行价格操纵监测时出现的第 1 个难题，即异常检测使用 HMM 时，通常不能确定是何种类型的异常行为以及这种异常行为的概率密度函数。

图 4-6（a）表示了基于传统 HMM 的监测系统的基本结构。特征向量 $S_i=[f^{o}_{j_o}, f^{og}_{j_{og}}, f^{s}_{j_s}, f^{sg}_{j_{sg}}]$ 由市场中观测（抽取模块计算）而来（由 yt 表示），特定观察量由特定隐藏状态（由 xt 表示）所产生，而任一时刻隐藏状态 xt 由且只由前一时刻的状态 $xt-1$ 决定。因此，用 Viterbi 算法对任一给定特征向量 yt 序列，通过状态转换概率和输出概率，可以计算得到产生该特征向量 yt 序列的隐含状态 xt 的序列。在图 4-6（b）中，若发现序列 $\{y_t, t=0, 1, \cdots, T\}$，Viterbi 算法将最大概率地得出该序列的隐含状态序列 $\{x_t, t=0, 1, \cdots, T\}$，若 $\{x_t, t=0, 1, \cdots, T\}$ 由异常状态所构成，则可以认为，当前市场上观察到的变化可能由价格操纵策略导致。

4.3.3 自适应隐马尔可夫模型（AHMMAS）

由于金融时间序列的非平稳性，导致盘口价格概率密度函数的均值和方差将随着时间的推移而产生变化。为了监测价格操纵过程中价格时间序

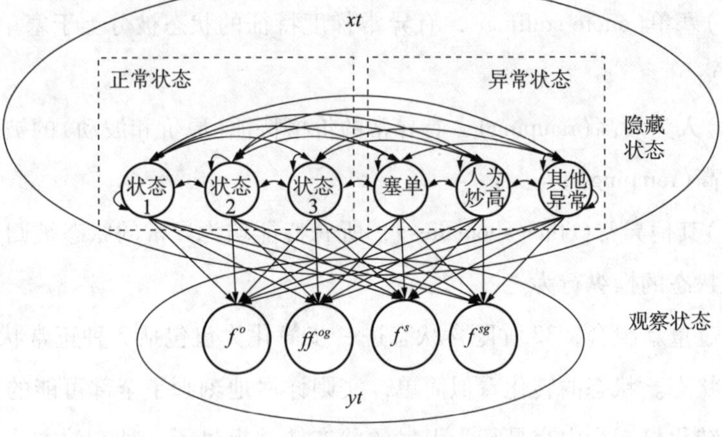

（a）隐含状态的抽取

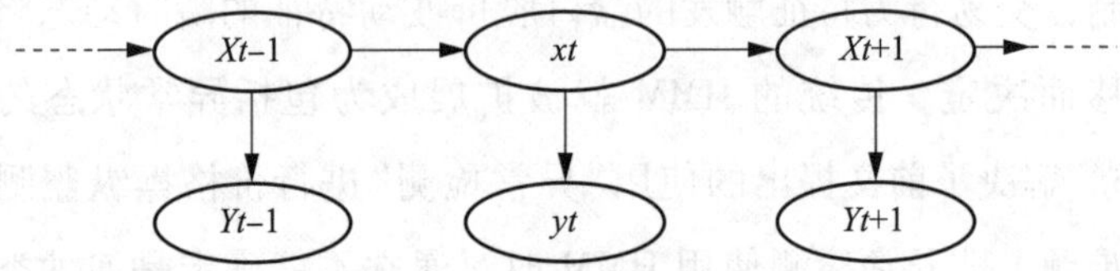

（b）隐含状态的生成

图 4-6　基于传统 HMM 的监测系统的基本结构

列的非平稳性，HMMAS 引入了一种自适应机制（AHMMAS）。这种自适应机制使用当前数据之前长度为 w 的滑动窗口中的数据来训练构造模型。在监测过程中，滑动窗向前滑动，保持最近的 w 个数据点，如果当前滑动窗口对应的 w 数据点与之前观测到的样本数据之间产生显著差异，则自适应机制会以最新滑动窗内的数据为基础，对数据集再次训练和构造。模型中加入自适应机制后解决了前文中提出的使用“异常检测”进行价格操纵监测时出现的第 2 个难题，即价格的概率密度函数通常基于非平稳的金融时间序列。

我们使用 t⁻检验来检测两个时间窗口中的数据之间是否存在差异。t⁻检验模块作为 AHMMAS的后处理模块，用来检测滑动窗口更新后的数列与先前的数列之间显著性水平为 1%的统计差异。图 4-7 给出了 2012 年 6 月 12 日苹果股票价格 P_t，$t=1$，…，5000，可以发现其是一个非平稳的时间序列。如果时间窗口的长度设置为 $w=1670$，那么这三个窗口为：P_t，$t=1$，…，1670；P_t，$t=1671$，…，3240；P_t，$t=3241$，…，5000（如图 4-7 中所示的三个部分）。

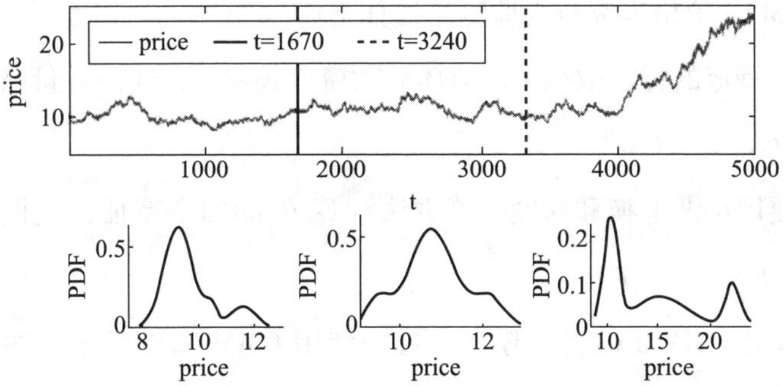

图 4-7　不同概率密度函数下的非平稳变化（2012 年 6 月 12 日苹果股票价格）

图 4-8 给出 AHMMAS 的自适应机制过程。模型最初的训练构造基于样本窗口 F_t，$t\in[t_0,\ t_{w-1}]$，其中 t_0 和 t_{w-1} 分别作为 w 窗口中数据的开始和结束点。对窗口之后的新数据点 t_w 使用模型进行监测，如果监测通过，即新数据不包含任何市场操纵行为，那么新数据点就会被用来更新窗口，并进行 t⁻检验。滑动窗滑动一次，数据都将进行一次 t⁻检验，如图 4-8 中滑动窗从 t_{w2} 滑动到 t_{w3} 后，新数据点 t_{w+L} 如果是正常交易数据，则加入滑动窗，用来代替滑动窗中最早的数据点 t_L 构造的新滑动窗数据，则再次应用 t⁻检验进行检测。

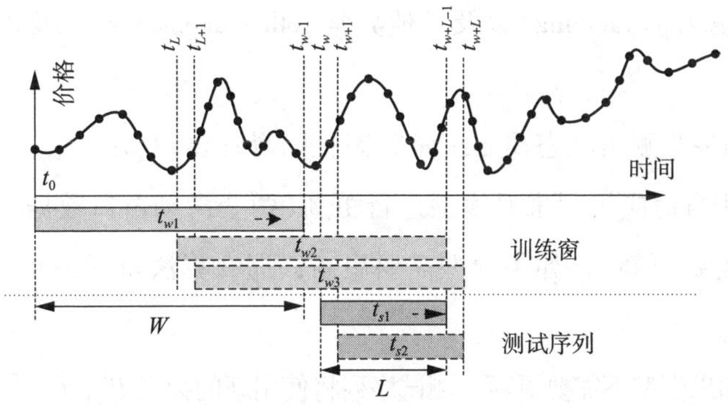

图 4-8　价格操纵监测系统的自适应机制

4.4 基于 AHMMAS 的价格操纵监测算法

AHMMAS 价格操纵行为监测算法如下：

(1)对特定的样本数据 E，选择滑动窗口长度 w；选择 E 价格时间序列 $P_{t_i}^{E}$，$t_i \in [t_0, \cdots, t_{w-1}]$。

(2)使用小波变换和梯度计算方法计算 $P_{t_i}^{E}$ 的四个特征，获得特征向量 $F_{t_i}=[F_{t_i}^{o}, F_{t_i}^{og}, F_{t_i}^{s}, F_{t_i}^{sg}]$。

(3)构建 AHMMAS 监测模型：首先使用 GMM 和设置相应的异常阈值来分别计算 $F_{t_i}^{o}$，$F_{t_i}^{og}$，$F_{t_i}^{s}$，$F_{t_i}^{sg}$ 四个特征向量的概率密度函数；如 4.3.2 节所描述，把四个特征的隐含状态量化为 HMMAS 模型对应的隐含状态，通过状态转换机制把隐含状态进一步简化为仅包括正常状态和异常状态。

(4)使用观测到的特征和隐含状态训练 AHMMAS 模型。

(5)如果训练序列没有被重构，选择一个长度为 L 的监测序列，那么先前的序列则被替代为 $P_{t_i}^{E}$，$t_i \in [t_w, t_{w+L-1}]$，使用步骤(3)计算该序列的四个特征向量，代入 AHMMAS 模型用来监测某种状态出现的概率。

(6)如果监测出状态属于异常状态，则触发预警机制，并指出异常状态属于价格操纵中的哪一种(如 4.3.2 节中划分的三类：塞单(quote stuffing)、人为炒高(ramping)以及其他异常(other anomalies)，及该种状态出现的概率。

(7)如果监测出状态属于正常状态，则滑动窗口 $[t_L, t_{w+L-1}]$ 中的价格序列将使用自适应机制来对模型进行更新(两个滑动窗口数据如果存在统计差异则需要更新)，如果模型需要更新，那么算法将回到步骤(1)重新开始。

(8)如果模型不需要更新，测试序列将使用新的数据 $P_{t_i}^{E}$，$t_i \in [t_{w+1}, t_{w+L}]$，算法将回到步骤(5)重新开始。

图4-8显示了样本窗口的原始状态和测试序列，以及价格操纵过程期间每一个滑动窗口。图4-8中AHMMAS模型由数据$t_{w1}=P^E_{t_i}$，$t_i \in [0, t_{w-1}]$来进行训练。第一个测试序列被构造为$t_{s1}=P^E_{t_i}$，$t_i \in [t_w, t_{w+L-1}]$。如果监测表明行为正常，那么自适应机制之后就会检查更新后的样本窗口$t_{w2}=P^E_{t_i}$，$t_i \in [t_L, t_{w+L-1}]$和原始的窗口t_{w1}之间的数据差别。如果不需要重新创建模式，训练窗口会滑动至t_{w3}，一个新的t_{s2}测试序列会被构造出来，用新的数据点t_{w+L}代替除去t_w点。同样，如果没有监测到异常，更新后的样本窗口数据$t_{w3}=P^E_{t_i}$，$t_i \in [t_{L+1}, t_{w+L}]$和最初的样本窗口$t_{w1}$中的数据就会进行适应性监测。对输入的所有数据流进行监测，并且这种监测和更新过程会反复进行。

4.5　实验和评价

本章我们对AHMMAS进行评价。“异常检测”算法的性能评价往往依赖大量标记(labelled)数据。标记数据是行业专家基于已有的行业经验对数据的类别(例如正常交易行为或价格操纵行为)做出正确标记的数据集。在现实中，标记数据集往往很难获得，一方面，因为有些数据集的发生情况很罕见，难以在发生时获取现场数据，例如航空发动机的失效数据、核反应堆运转的失效数据等；另一方面，因为有些数据集由于经济、信息安全等因素不便于公开，比如一些反恐案例中的犯罪活动的特征数据等。我们所使用的金融市场价格操纵案例数据就是此类数据，各国监管部门往往会公布操纵案例，却很少公开操纵行为的细节数据。在缺乏大量真实市场案例数据的情况下，只能模拟现有操纵案例数据的特征，随机生成大量仿真操纵数据，把仿真的操纵数据插入市场真实交易数据中，构建实验数据集。对构建的数据集进行监测模型评估，类似的方法在金融界及学术界常被使用。

4.5.1 实验数据的选择和构建

本章使用的实验数据包括两类:

第一类数据来自真实市场,本章选取 7 只具有代表性的股票:纳斯达克的谷歌、微软、英特尔、苹果及伦敦证券交易所的 ARM、巴克莱银行和沃达丰。选择这些数据的原因是它们具有相对较高的成交量和价格波动,这些特征往往会增加价格操纵的可能性。数据集包括 5 个交易日内的数据(2012 年 6 月 11 日至 15 日),每只股票的数据集超过 2000000 个常规交易数据点。

此外,我们使用一个广泛用于金融交易公司的统计测试对数据集的波动异常进行检验,测试被定义为:如果 $\sigma_{t-s,t} \leqslant 2\overline{\sigma}$ 和 $\sigma_{t,t+s} > 2\overline{\sigma}$,则时间点 t 的波动则被认为异常,s 被定义为 1 小时;σ_{t_1,t_2}表示 t_1 和 t_2 期间的波动率;$\overline{\sigma}$ 表示整个数据集的平均波动率。经过检验和测试,选定的 7 只股票的数据集中没有出现波动峰值。

第二类数据来源于随机微分方程(SDE)生成的模拟股票价格:

$$dS_t = A(L - S_t)\,dt + S_t L dW_t$$

其中,A 表示均值回归率;L 表示 S_t 的波动项;dW_t 是一个布朗运动。股票价格是由周期波动和随机震动模拟的非平稳过程,如图 4-9 所示,模拟 10 条价格路径,每条路径都包含 2000000 个时间点。

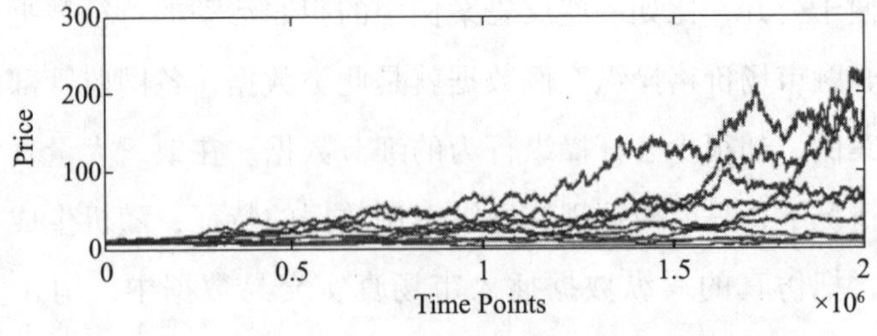

图 4-9 10 条模拟价格路径

按照图 4-2 所示的三个典型的价格操纵特征构造仿真操纵数据,并插入所选股票的真实交易数据集中。三个典型的特征包括:持续 819 毫秒,振幅 6.9 个基点的锯齿状波动；持续 1000 毫秒脉冲，振幅 18.6 个基点的方差波动；持续 1 秒，振幅脉冲 800 个基点的脉冲波动。这些具备异常特征的数据被插入相应的时间序列后，即可得到包含正常交易行为和操纵行为的带标记的混合数据集。对模型的实验评估就建立在这些构建的混合数据集上。

4.5.2 时间窗口的设定

自适应机制的滑动窗口长度被设置为 1 天，对应第一类真实市场数据集，把 5 天中的第一天（2012 年 6 月 11 日）的数据选为模型训练数据集，包括将近 400000 个数据点，2012 年 6 月 12—15 日的数据被设置成测试数据集，用 5 组数据的交叉验证法来训练获得具有稳定性能的模型。同样，第二类模拟数据集也被划分为 5 组，每组数据都包含近 400000 个数据点，其中训练数据集为第一组数据，试验数据集为其他 4 组。因为操纵行为通常发生在极短时间内，所以测试序列的长度一般设置成 1 分钟。

4.5.3 价格操纵行为数据的设定

为了确保评估方法可行，第一类真实数据集中的每一只股票数据都包含了 300 组模拟价格操纵行为的数据，300 组数据中，每种特征的价格操纵数据包括 100 个异常例子（图 4-2 中的一种模式被视为一个异常例子）。对模拟的股票价格来说，每一条模拟路径中分别插入 5 组不同数量的操纵数据，并观察其性能区别。这 5 组操纵数据 $n=1, \cdots, 5$ 都包含图 4-2 所示的三种类型的操纵数据，每种类型分别加入 10、20、40、80 和 100 个例子。因此，组 $n=1$ 加入 10（例子）×3（类型）= 30 种异常例；组 $n=2$ 包括 20×3=60 种异常例子；组 $n=3, 4, 5$ 时，分别包括 40×3=120，80×3=240，100×3=300 种异常例子。

4.5.4 基准模型的选择

如前文所讨论，现有文献中基于机器学习的算法，如支持向量机、神经网络和逻辑回归以及基于规则的算法，均被用于操纵行为的监测中。而基于规则的算法只适用某些特殊的价格操纵监测，但并不适合一般的价格操纵监测问题。因此，我们基于现有文献选择三种最常用的机器学习算法作为基准模型：OCSVM、KNN 和 GMM。对三个基准模型和我们提出的 AHMMAS 模型使用相同的特征向量 $F_t = [F_t^o, F_t^{og}, F_t^s, F_t^{sg}]$ 进行评价和对比分析。在实验中，基准模型的实现基于使用 LIBSVM 和 DDTool。为得到稳定和优化的测试结果，模型参数(即 OCSVM 的内核宽度、KNN 的 k 值和 GMM 组件的数量)使用 5 倍交叉验证法进行调整。

4.5.5 绩效评价指标的设定

我们使用两种绩效评价指标：ROC 曲线和 F 值。这两种指标的计算均基于混淆矩阵(confusion matrix)。评估结果分为以下四类：

假正类(False Positive FP)：定义为操纵行为被预测为正常行为。

假负类(False Negative FN)：定义为正常行为被预测为操纵行为。

真正类(True Positive TP)：定义为正常行为被监测为正常行为。

真负类(True Negative TN)：定义为操纵行为被监测为操纵行为。

ROC 曲线是一种被广泛应用于评估和比较分析的二元分类器。当二元分类器的识别阈值发生变化时，ROC 曲线给出了真正类率[(TPR)(TP/TP+FN)]和假负类率[(FPR)(FP/FP+TN)]之间的差异。为了评估一个二进制分类器的整体性能，可以通过测量 ROC 曲线下区域的面积(AUC)来度量，AUC 的最大值为 1，因此，大的 AUC 值通常表明更好的分类性能。本章使用 ROC 曲线和 AUC 作为评价基于 7 个真实的股票数据集之上的绩效测量工具。F-measure 把精度和灵敏度集成为一个单一的指标，并广泛应用于异常监测领域。同时，F-measure 被用于评估模拟数据集的测试性能。

4.5.6 实验结果

四个模型(本章提出的 AHMMAS 模型和实验基准模型)在 7 只股票的

真实市场数据集上的测试结果如图 4-10 所示。表 4-4 总结了计算的四个模型的 AUC 值。

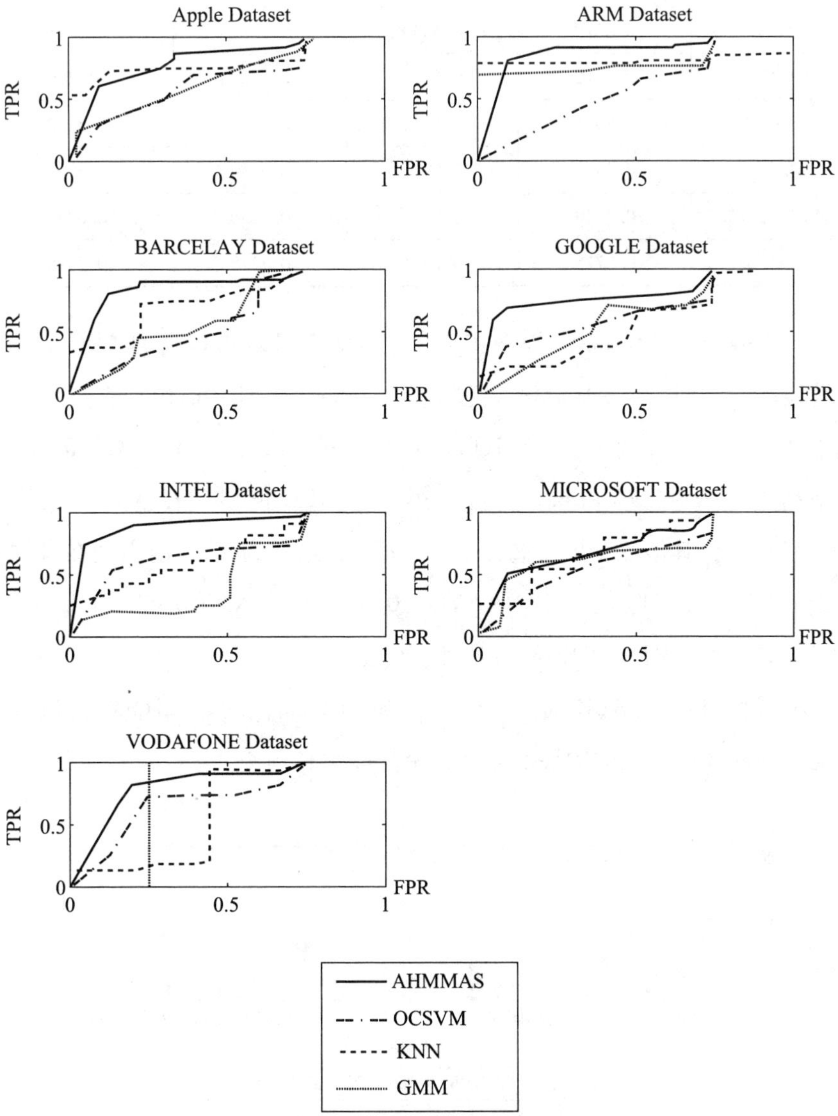

图 4-10　基于 7 只股票数据集上的 4 个模型的 ROC 曲线

表 4-4　基于 7 只真实的股票数据集上的 4 个监测模型的 AUC

AUC	AHMMAS	OCSVM	KNN	GMM
Apple	0. 8142	0. 6603	0. 7926	0. 6695
ARM	0. 8270	0. 5830	0. 7982	0. 7918
BARCELAY	0. 8710	0. 6125	0. 7627	0. 6466
GOOGLE	0. 8025	0. 6593	0. 5612	0. 6163
INTEL	0. 8971	0. 6970	0. 6280	0. 5200
MICROSOFT	0. 7336	0. 6419	0. 6250	0. 6802
VODAFONE	0. 8775	0. 7044	0. 7278	0. 7495

表 4-4 显示 AHMMAS 模型在 7 个数据集上都取得最高的 AUC 值，优于其他基准模型。对 AHMMAS 模型来说，最高的 AUC 值出现在英特尔数据集(0. 8971)，分别比 OCSVM(0. 6970)、KNN(0. 6280)和 GMM(0. 5200)模型高出 22%、29%和 42%；排在第二的 AUC 值出现在沃达丰数据集(0. 8775)，比其他三个模型高出 15%～20%；最低的 AUC 值出现在微软数据集(0. 7336)，但仍旧比 OCSVM(0. 6419)、KNN(0. 6250)和 GMM(0. 6802)模型分别高出 12%、14%和 7%。

本书利用公式$(AUC_{AHMMAS}-AUC_{Others})/AUC_{AHMMAS}$比较 AHMMAS 模型和其他三种基准模型之间的性能差异，结果显示在图 4-11 中。

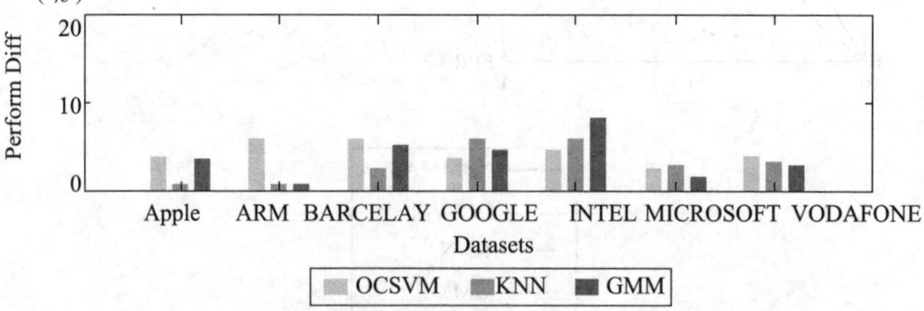

图 4-11　基于 7 个数据集上的 AHMMAS 和其他模型的性能差异

AHMMA 和 KNN 模型差异的最小值出现在苹果数据集上，AHMMAS 模型(0. 8142)比 KNN 模型(0. 7926)的性能高 2. 6%。这个最小值表明

AHMMAS 模型和 KNN 模型在苹果数据集上的性能大致相同。AHMMAS 模型和 GNN 模型差异的最大值出现在英特尔数据集上，AHMMAS 模型(0.8971)比 GNN 模型(0.5200)的性能高 42%。当不同的数据集在 12%到 30%之间变化时，AHMMAS 和 OCSVM 模型之间的差异相对稳定，与另外两种模型的性能差异在 2%到 46%之间波动。

通过性能之间的比较，表明 AHMMAS 模型在 7 个真实的市场数据集上优于其他所有模型，是所有测试模型中性能最好的；其中，OCSVM 模型表现最为稳定，而 KNN 和 GMM 模型在不同的数据集上表现不太稳定。

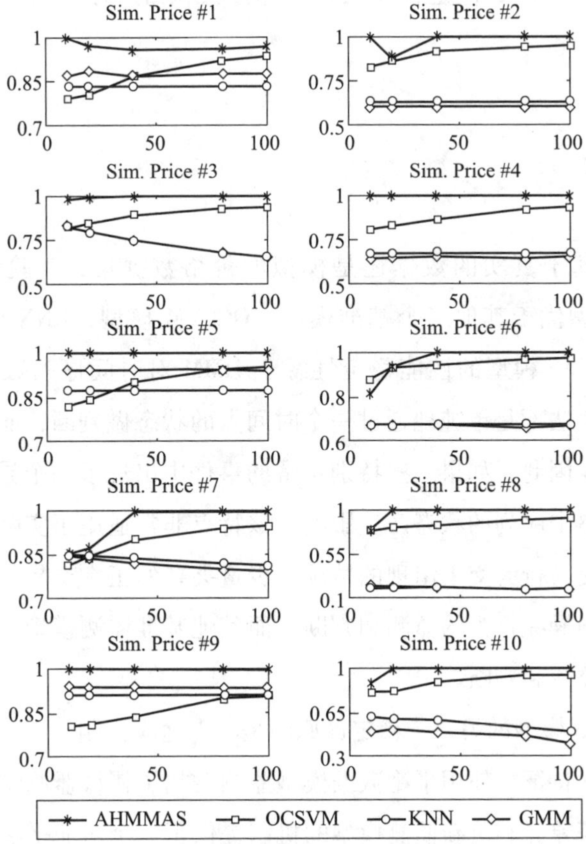

图 4-12　基于模拟价格的四个模型的 F-measure

图 4-12 所示的 F-measure 指标用来评估基于 10 个模拟价格的数据集

的4种模型性能。横轴表示插入的操纵行为数据的数量，纵轴表示F-measure的值。如前所述，这些模型是对10个模拟数据集的测试，每个数据集都包含了注入的五组异常行为数据。

图4-12显示，在四个模型中的大多数数据集中，AHMMAS模型都取得了最高的F-measure值。当注入10个操纵数据的模拟价格#6时，AHMMAS模型(0.8081)的F-measure值比OCSVM(0.8791)更低些，但是随着异常行为数量的增加，AHMMAS模型的性能也在提高；当注入10个异常行为的模拟价格#7时，AHMMAS模型(0.8535)的F-measure值非常接近KNN模型(0.8506)，但是在注入20个操纵数据的测试点上F-measure值显著增加。

4.6 结论

无论是基于真实的数据还是模拟的价格数据集，实验结果均表明AHMMAS模型优于其他三个基准模型：OCSVM模型、KNN模型和GMM模型。AHMMAS模型的性能稳定性缘于HMM对时间序列数据建模的特点，即模型算法不是单纯地通过一个时间点的状态做判断，而是通过整个序列做判断，因此，如果一些特别正常的事件中出现了一个异常序列，那么这不会对整个序列的状态产生影响。该特点非常适用于实际金融市场中正常和操纵交易行为交叉出现的情况，少量夹杂的正常交易行为不会影响模型对一系列操纵行为的监测和判断，而其他基准监测模型都基于对单独测试案例的监测和判断。

AHMMAS模型的另一个稳定性原因是其自适应机制。由于金融时间序列的非平稳性特征，使用平稳数据模型监测增加了错误监测结果出现的风险，捕捉显著差异和更新监测模型的机制提供了一个对非平稳性的合理的补充。

AHMMAS模型在不同的数据集上的表现有明显区别。在表4-4中，AHMMAS模型的大部分AUC值超出了0.8(0.8普遍被认为是一个分类器具有良好性能的标准)。然而，对微软数据集的研究结果表明，微软数据集的 AUC 值(0.7336)要更低些，比位于倒数第二位的谷歌的 AUC 值(0.8025)数据集低 8.5%。微软数据集的 AUC 值较低的原因是在每一个测试点上的 FN 相对较高，经过对 FN 错误分类情况的分析和对样本与测试数据集之间的比较不难发现，在测试数据集中未被监测为正常的正常交易数据实际上与图 4-2 中所示的操纵行为的特征非常相近，但这些交易数据在训练数据集中并未体现出来。如图 4-13 所示，从微软数据集中正常交易数据(没有异常数据注入)为例，2012 年 6 月 12 日上午，盘口价格从 8：00：00到 8：01：00 显示出锯齿波和方差波的混合波动模式，这些波动特征很容易被监测模型监测为操纵行为。

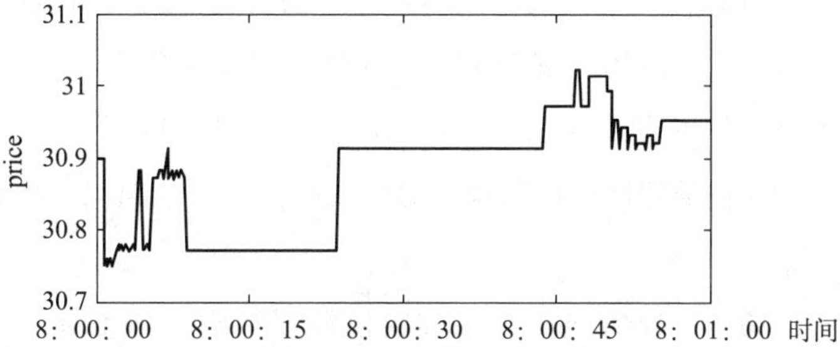

图 4-13　2012 年 6 月 12 日微软的股票收购价格从 8：00：00 到 8：01：40 在异常模式下显示的正常数据

频繁波动经常在高频交易(HFT)中出现，虽然高频交易由于其超高速交易(如在 1ms 内实现 1000 种更新)不在本章研究的范围内，但图 4-12 中的震荡显示出了与高频交易引发的操作算法类似的模式。这种震荡也符合最近研究机构 Nanex 报道的关于 Paychex 股票受到高频交易算法冲击时，显示出锯齿震荡的情形。图 4-2(a)中记录的模式与其相同，即便当时并没有被监管机构报道。因此，尽管假负类(实则是正常交易，被监测为操纵交易)似乎降低了监测性能，但其中大多数涉及的可疑交易活动后来都被报道为操纵交易。

从实验结果和优势原因分析，可以发现 AHMMAS 模型更适合解决基于价格时间序列的价格操纵监测问题，其稳定性在大多数非平稳性和随机性股票价格的情况下，比 OCSVM、KNN 和 GMM 模型更具优势。

当前现有的研究文献主要聚焦于对金融市场发生强烈冲击的金融攻击等大宗抛售行为，如 Öğüt H. 、Doğanay M. M. 、Aktaş R. 选取 1998 年和 2002 年亚洲金融危机时国际对冲基金的大宗抛售等跨市场操纵行为，其严重后果显著反映在恒生指数期货的众多统计量(如日收益率、交易量和空盘率等)中。但在金融市场中发生的操纵行为绝大多数并非大规模抛售等金融攻击行为，而是利用电子化交易制造市场微观结构数据的瞬时涨跌周期，并从中牟利，这些操纵行为迅速准确，在市场中的表征转瞬即逝，并不会引起市场大规模动荡，因此需要专门设计模型针对其特征进行检测。我们的研究提出的 AHMMAS 模型正是出于这样的考量。与此同时，我们的模型同样考虑引发市场大规模动荡的操纵行为，如图 4-2(b)所示的市场波动。因此，与现有文献相比，我们所提出的 AHMMAS 模型全面考虑市场操纵行为的各类特性，可以作为对市场行为全方位监测、度量和预警的综合性工具。

在真实市场中，监管机构需要实时监测以找到任何不寻常的市场波动，用来调整交易行为。交易员并不关心每一个异常行为背后的意图或者这些模式之间的相关关系，仅考虑市场上明显的波动问题(例如闪崩)对相应的投资组合产生任何可能的负面影响。而我们提出的监测模型通过考虑异常情况以及它们的上下间(通过马尔可夫链)的关系来确定操纵行为，这种监测模型虽然增加了实时监测的准确性，但却降低了计算效率。实时监测在绝大多数国家和市场中是监管机构的首要任务，如国内市场，在 T+1 的时间内准确检测到操纵行为是监管部门的首要任务，因此，本章提出的 AHMMAS 模型非常适合用于中国的 T+1 交易市场。

5 基于背包问题的虚假交易监测模型设计及分析

虚假交易(false transaction)又称串谋交易、洗售交易或冲洗买卖，是古老的资本市场的操纵形式之一，属于交易化操纵的一种类型。它通常不包括如散播金融谣言(信息化操纵)或控制市场供需(行为化操纵)等非法行为，而是指交易者使用非法交易手段精心设计一系列交易指令，人为操纵标的资产，创造资本市场的虚假繁荣景象，吸引投资者的关注，从事所有权非真实转移的交易行为。虚假交易最突出的特征是具有相同的实际投资者或一群串谋交易者，同时卖出或买入某种金融产品或衍生品，频繁提交买卖指令，人为制造市场虚假繁荣，交易完成后相关账户的实质权益并未发生改变。

英国金融服务管理局(FSA)定义：虚假交易涉及的所有交易账户之间的实质权益和市场风险均没有发生变化，权益和风险仅在串谋交易者的账户之间进行交换。欧洲证券监管委员会(CESR)定义：虚假交易即一系列精心安排的串谋行为。2014 年芝加哥商品交易所(CME)设置了一条新的交易规则 575：任何人不得向市场发送预先安排串谋交易或误导其他交易者的信息。该规则的定义与 CESR 关于虚假交易的定义一致，即有预谋的相同或不同交易账户的串谋交易属于虚假交易。美国商品期货交易委员会采用了此条交易规则。美国《证券交易法》和《中华人民共和国刑法》《中华人民共和国证券法》将该行为定义为由同一个操纵者实际控制的不同账户之间进行的交易，影响交易价格或者交易量，不改变交易的实际所有权的自买自卖。2012 年 6 月，香港金融监管机构宣布任何虚假交易或试图匹配的交易企图，无论是否真的引起或可能引起误导交易，均被定义为金融非法操纵行为。这条交易规则提供了一个严格的限制规则，即任何虚假交易或能够匹配的交易企图均被定义为金融犯罪。2013 年 3 月美国监管机构通过调查交易中既是买方又是卖方的交易者行为，发现 CME 和 ICE 的每个交易日都有上百起潜在的虚假交易发生。

虽然各国政府及监管机构都对虚假交易进行了清晰定义，但是均没有提供监测虚假交易行为的数量方法。虚假交易中的一系列交易指令通常成对出现，仅监测成对交易指令中的一方或一部分不能推断其是否为操纵者实际控制的账户间的串谋交易。为了研究账户间关系，一些研究人员使用关系图来描述虚假交易行为，如基于交易者前期交易行为及当前交易行为具有连续性的基本假设，Markus 等建立交易行为网，使用谱聚类方法判定从交易行为网中衍生出的非法交易行为。Palshikar 和 Apte 针对大交易量，把交易者之间的关系构建成一张股票交易流动图，使用图聚类算法对串谋交易的虚假交易进行监测。Wang 等使用日内交易相关矩阵监测期货市场虚假交易，用交易量序列描述交易行为，用皮尔森相关系数度量描述交易者行为的相似性，凡相关系数比阈值高的交易行为均疑似为虚假行为，该文献假设交易价格与交易者行为无关，忽略了虚假交易价格信息对市场产生的影响。大多数文献显示，受交易者自身交易行为影响的交易价格反过来会明显影响市场，因此，除了交易量这个行为特征，交易价格信息也是虚假交易行为中的一个关键特征，并由此区分交易者的真实意图。如 Cao 等从价格操纵的量化特征入手，使用隐马尔可夫模型对价格操纵行为进行监测。2011 年芝加哥商品交易所（CME）在匹配引擎端（matching-engine level）提出一种监测虚假交易行为的新方法，并在 2013 年夏天进行了更新，该方法仅能监测来自于具有相同收益账户的相同价格的买卖交易序列（如表 5-2 所示），忽视了多个交易指令或多个交易者的复杂交易行为（如表 5-3 和表 5-4 所示），这些复杂的交易行为则可能导致更多串谋者的虚假交易行为，增加虚假交易量。

综上所述，目前关于虚假交易的文献多以交易行为的某个相似性特征，如仅对交易量或交易价格、虚假交易中的串谋行为、市场中大量的多个交易指令或多个交易者的复杂行为进行监测，很难得到一个精确的监测结果。金融实业界也仅对简单的虚假交易类型进行监测，稍微改进的操纵策略就可以避开交易监测。因此，如何在混杂大量正常交易数据中识别出虚假交易行为是资本市场所面临的一个主要挑战。

本章通过分析虚假交易行为可能出现的各种表现形式，从量化角度分析交易价格、交易量、交易时间特征，基于这些量化特征用闭环交易图描述虚假交易中串谋行为网；提出一个两步骤的监测模型对虚假交易行为进行监测和识别：第一步根据交易行为的量化特征发现匹配的交易指令，第二步使用闭环交易特征鉴别虚假交易中的相同或不同交易者的串谋交易行为；将这个两步监测模型转化为一个背包问题，使用动态规划方法求解；最后使用期货市场数据，评估我们提出的虚假交易行为监测模型在真实市场中的表现和预期。

5.1 虚假交易基本交易特征

FSA 和 CESR 在咨询报告中指出，虚假交易的表现形式变化多端，通常隐藏在大量的正常交易行为中，鉴别起来非常困难。资本市场中的限价交易指令是指交易者在规定价格或更好的价格(高于卖价或低于买价)买入或者卖出一定数量标的资产的交易，故交易者在实施限价交易指令时，将按限定的或比限定价格更能获利的价格对股票进行操纵，交易指令符合限价交易规则时，将被执行。没有匹配的限价交易指令被交易所记录在案，其中最高买价决定了最优买价，最低卖价决定了最优卖价，最优买卖差价被定义为价差。大部分交易所的交易者通常选取与价格最早匹配的指令执行。如表 5-1 所示，交易所提交了三组限价交易指令#01、#02 和#03。根据交易匹配规则，交易指令#03 先和指令#01 匹配执行，成交 400 股，随后，交易指令#03 与指令#02 成交 100 股，这是因为指令#01 比指令#02 提交得早，因此#01 先被执行。

表 5-1　限价交易指令序列

交易指令序列#	交易者	交易时间	买/卖	交易价格(元)	交易量(股)
01	A	10：02：000	买	100	400
02	A	10：06：000	买	100	200
03	B	10：07：100	卖	100	500

虚假交易行为与合法交易行为执行相同的限价交易指令匹配规则，但具备某些不同的交易特征。如表 5-2 给出一个虚假交易行为的基本构成，交易者 A 同时提交两个价格相同(100 元)、交易量相似(198 股和 200 股)的相反指令。根据匹配规则，指令#01 和#02 在提交后立即执行，完成 198 股交易。

表 5-2　虚假交易行为的基本构成

交易指令序列#	交易者	交易时间	买/卖	交易价格(元)	交易量(股)
01	A	09：10：000	买	100	200
02	A	09：10：001	卖	100	198

虚假交易也可能由多个交易指令和多个交易者参与其中(如表 5-3 和表 5-4 所示)。表 5-3 是由同一交易者操纵的多指令构成的虚假交易，指令#03 先后与指令#01 和#02 匹配，共交易 290 股，交易指令#01、#02 和#03都是由同一个交易者 A 人为提交的，三个交易指令之间的时间差别微小。表 5-4是多个交易者参与的虚假交易，两个匹配的交易由两个交易者 A 和 B 发出的四个交易指令#01、#02、#03 和#04 生成，交易指令#01 和#02、交易指令#03 和#04 均成交 290 手后，A 和 B 两个交易者之间几乎没有任何有效的利润转移。参与虚假交易的多个参与者也被称为串谋交易者。

表 5-3　多指令构成的虚假交易

交易指令序列#	交易者	交易时间	买/卖	交易价格(元)	交易量(股)
01	A	09：10：000	买	100	140
02	A	09：10：001	买	100	160
03	A	09：10：002	卖	100	290

表 5-4　多个交易者参与的虚假交易

交易指令序列#	交易者	交易时间	买/卖	交易价格(元)	交易量(股)
01	A	09：10：000	买	100	300
02	B	09：10：001	卖	99.2	290
03	B	09：20：000	买	100.5	290
04	A	09：20：001	卖	100	300

完美匹配的交易指令应包括相同的交易价格、交易量和提交时间，具有这些特征的交易行为也容易被监管者怀疑为市场操纵交易行为。为了避免被监测，操纵者精心设计的可以匹配的虚假交易指令一般仅满足大部分交易量(如表 5-2 和表 5-4 所示)，即大约有 99%的交易量被执行。同样限价指令匹配规则要求买指令相同或高于限价匹配的卖指令，卖指令相同或低于限价匹配的买指令。表 5-4 中交易价格虽不同，但仍能够匹配执行，其中指令#02 在价格为 100 元时与#01 匹配执行，指令#03 在价格为 100.5 元时与#04 匹配执行，价格 100 元和 100.5 元是这两个匹配交易的执行价格(交易价格)。

通过上文的分析可以发现，成功匹配执行的虚假交易应具有以下三个特征：

第一，为了降低虚假交易指令被其他非虚假交易者提前执行的风险，匹配的交易指令提交的时间相隔非常短。

第二，为了使交易指令立即执行，执行价格差别微小。

第三，为了降低没有匹配的交易指令被其他交易者执行的风险，大多数交易指令都有可匹配的交易量。

5.2　虚假交易行为头寸描述

5.2.1　虚假交易行为基本头寸描述

为了分析虚假交易行为量化特征，我们基于 Tsang 等提出的定义和术语描述交易行为的头寸。与正常交易行为相比，虚假交易由欺诈行为组成，参与虚假交易中的每个串谋交易者都希望维持他的头寸基本不变，因此整个串谋交易的头寸都不会改变，以减少不必要的损失。我们用虚假交易中所有串谋者的总体头寸来描述虚假交易行为的特征变化。

在整个虚假交易过程中，串谋交易者的总体头寸由一系列交易指令构成：

$$头寸=\{(指令1),(指令2),\cdots,(指令 n)\} \tag{5-1}$$

其中，每个指令定义为：

$$指令=(交易类型,交易者\ ID,交易价格,交易量) \tag{5-2}$$

交易类型分为买和卖两种，分别使用正、负(+，-)符号表示，加上交易者 ID、交易价格和交易量，买指令表示为：

$$指令=(交易者\ ID,交易价格,交易量) \tag{5-3}$$

卖指令表示为：

$$指令=(-交易者\ ID,交易价格,-交易量) \tag{5-4}$$

根据以上定义，表 5-4 中的交易头寸表示为：

$$\begin{aligned}头寸=\{&(A,100,300),(-B,99.2,-290),\\&(B,100.5,290),(-A,100,-300)\}\end{aligned} \tag{5-5}$$

买卖指令进行价格匹配后，表示为：

$$头寸=\{(A-B,100,300-290=10),(B-A,100.5,290-300=-10)\} \tag{5-6}$$

表 5-4 中 100 元和 100.5 元是两对匹配指令执行的交易价格，两者之间的差价即是交易价格的利润空间。其中，交易价格为 100 元的利润空间是 100-99.2=0.8，交易价格为 100.5 元的利润空间是 100.5-100=0.5。合并利润重叠的潜在交易，重新表示头寸，得到 99.2 元和 100.5 元之间的利润空间为：

$$\frac{(99.2+100.5)}{2}\pm\frac{(0.8+0.5)}{2}=99.85\pm0.65 \tag{5-7}$$

则串谋交易的总头寸为：

$$\begin{aligned}头寸 &= \{交易者\ ID，交易价格\ P^T \pm 交易利润\ \delta^T，净交易量\} \\ &= \{A-B+B-A，99.85\pm0.65，10-10\} = \{“0”，99.85\pm0.65，0\}\end{aligned} \tag{5-8}$$

其中，交易者 ID 由符号计算得到，99.85 表示交易价格 P^T，0.65 表示交易利润 δ^T。标记的交易者 ID 为 0，表示每个串谋交易者参与市场中买卖双边交易；标记的交易量为 0，表示买卖双方的净交易量为 0，即没有真正的买卖指令存在。因此，如果交易头寸没有发生实际变化，那么标记交易者 ID 和标记交易量的值是 0，则表示某些串谋交易中存在虚假交易行为。

5.2.2　虚假交易行为的闭环交易描述

2013 年 5 月 Nanex 使用复杂网络描述交易行为，网络中的顶点代表交易者，顶点之间的有向连接代表交易者之间的交易。为了便于描述虚假交易中串谋者的行为，采用 Nanex 的思路，用图 5-1 来表示交易者提交的一系列限价交易指令，图中顶点代表交易者，顶点发出的箭头代表提交的交易指令(向内箭头表示买指令，向外箭头表示卖指令)。根据交易匹配规则及虚假交易具有的三个特征，虚线箭头表示可能执行的交易指令。

表 5-5 给出了一个夹杂在合法交易行为中虚假交易行为的例子。这个例子中有 6 个交易者提交的 14 个交易指令，其中 4 个虚假交易者在极短的时间内，在可执行价格附近提交了可以匹配的 4 对虚假交易指令(表 5-5 中的匹配交易对 P1、P2、P3、P4)，每对交易指令易于匹配和执行，更容易被怀疑为虚假交易。

图 5-1 中，用虚线箭头表示可能被执行的交易指令，每个虚线箭头连接一对可以匹配的交易指令，箭头方向表示买卖方向，如顶点 A 指向顶点 B 意味着交易者 A 是标的资产的卖方，B 是标的资产的买方。通过图 5-1 可以发现，交易者(图中的顶点 A、B、C、D)参与虚假交易时，整个交易行为由虚线箭头连接成一个简单的闭环，连续的买卖交易在这个闭环中沿着顺时针或逆时针的方向流动，且环中的每个交易都传递一个交易指令。

通过一个完整的交易闭环，利润在串谋交易群内转移，群内成员所持有的头寸均没有发生实际变化。

表 5-5　限价交易指令中多个交易者参与的虚假交易

交易指令序列#	交易者	交易时间	买/卖	交易价格(元)	交易量(手)	匹配交易对
01	A	9：00：000	卖	100.00	950	P1
02	B	9：00：001	买	100.01	1000	
03	B	9：05：000	卖	99.95	1000	P2
04	C	9：05：001	买	100.01	950	
05	E	9：16：000	卖	99.90	400	
06	C	9：20：000	买	99.90	115	
07	C	9：30：001	卖	100.00	950	P3
08	D	9：30：002	买	100.01	1000	
09	C	9：45：000	卖	99.80	200	
10	F	10：05：000	买	99.70	350	
11	D	10：50：000	卖	100.01	1000	P4
12	A	10：50：001	买	100.01	1000	
13	F	11：35：000	卖	99.80	300	
14	E	11：50：000	买	99.50	700	

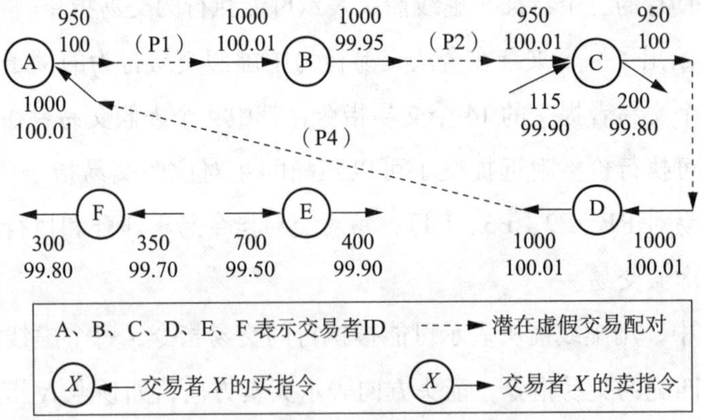

图 5-1　交易者闭环交易图及环中可能执行的虚假交易

注：表 5-5 中 14 个交易指令在图 5-1 中显示。

虚假交易活动中的所有串谋交易者交易所涉及的利润变化可以利用

式(5-8)得到。式(5-9)显示表5-5中根据配对交易规则可能匹配执行的交易指令对P1~P4(图5-1中虚线箭头),价格匹配时执行最早提交的交易指令。

头寸={(-A, 100.00, -950), (B, 100.01, 1000),
(-B, 99.95, -1000), (C, 100.01, 950),
(-C, 100.00, -950), (D, 100.01, 1000),
(-D, 100.01, -1000), (A, 100.01, 1000)}
={(-A+B, 100.00+0.01, 50),
(-B+C, 99.95+0.06, -50),
(-C+D, 100.00+0.01, 50),
(-D+A, 100.01+0, 0)}
={"-A+B-B+C-C+D-D+A", 100.005±0.005, 50-50+50+0)}
={"0", 100.005±0.005, 50}　　(5-9)

由式(5-9)可知,两个串谋者根据最大匹配交易量规则,在两者之间保留了50手交易量,以避免监管。其中,我们把没有匹配的交易指令(约2%)定义为交易量匹配余量δ_v,限价交易指令价格的差和实际交易价格的差分别被定义为限价余量δ_p和交易价格匹配余量δ_p^T。表5-5中$\delta_v=50$,$\delta_p^T=0.005$。

除了表5-5(图5-1)中简单匹配的一对一买卖交易指令对,不同操纵交易者(串谋交易者)发出的一系列交易指令中也能够找到匹配的交易指令对,如表5-6中的四个卖指令(#01~#04)和一个买指令(#05)进行混合匹配组成的交易指令对P1(表5-5中的P1)。这个例子中,提交的四个卖指令后紧跟一个交易量与之匹配或基本匹配的大买单指令,四个卖单交易指令则立即被执行。如图5-2所示,在交易者A和B匹配的交易指令对P1中,四个由A发出的短箭头合并成一个虚线箭头,指向B,整个闭环仍旧成立。表5-6中买指令#05的提交时间比四个卖指令晚,它分别在四个卖指令的价格被立即执行,即买指令#05在价格为99.99元与卖指令#01执行250手,在价格为99.98元与卖指令#02执行350手,在价格为99.97元与卖指令#02执行150手,在价格为99.96元与卖指令#02执行200手。

除了交易价格和交易量，交易时间也需要关注。交易日内匹配的交易指令对出现的时间应该是随机的，为规避监测，操纵者通常会在间隔一段时间后提交可以匹配的交易指令对，使交易时间间隔看似随机。为了达到这样的效果，需要操纵者精确设计每一对匹配的交易指令出现的时间，并减少时间间隔中因为价格变动带来的利润损失（如表 5-5 中 9：00 到 11：50），且维持整个串谋群内的头寸变化为 0。这种设计的交易匹配指令增加了市场中监测虚假交易行为的复杂度和难度。

表 5-6　多个交易者提交多交易指令参与的虚假交易

交易指令序列#	交易者	交易时间	买/卖	交易价格(元)	交易量(手)	匹配交易对
01	A	9：00：000	卖	99.99	250	P1
02	A	9：00：000	卖	99.98	350	
03	A	9：00：000	卖	99.97	150	
04	A	9：00：000	卖	99.96	200	
05	B	9：00：001	买	100.01	1000	

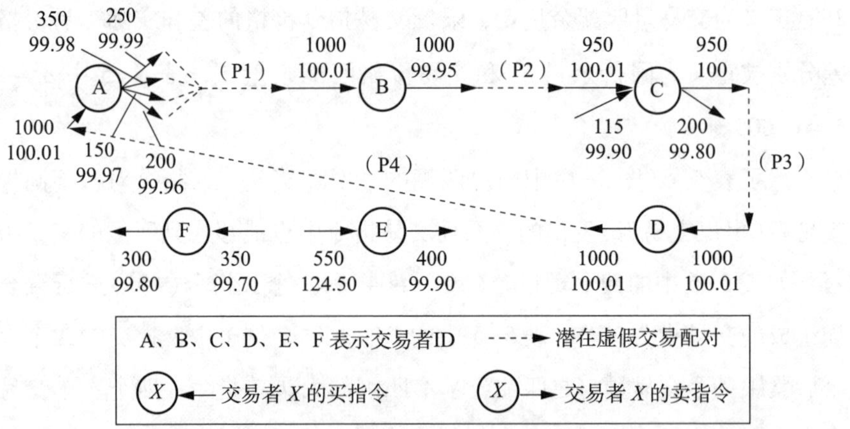

图 5-2　两个操纵者提交的多指令组成的虚假交易

5.2.3　虚假交易的闭环交易量化匹配特征

通过图 5-1(表 5-5) 和图 5-2(表 5-6) 两个例子的讨论可知，构成虚假交易行为显示两个主要交易特征：

特征 1：匹配的交易指令。操纵者在极短的时间间隔中提交匹配的交易指令，确保能够被相互执行，这些虚假交易行为可以是一对一的交易（如表 5-5 所示），也可以是一对多的交易（如表 5-6 所示），图 5-1 和图 5-2中用虚线箭头表示。

特征 2：形成封闭的交易环。匹配的交易指令中的任何一个单一指令都不能被认定为虚假交易行为，除非这些交易过程能够形成如图 5-1 和图 5-2中所示的一个闭合环（虚线箭头形成）。

表 5-5 中，操纵者在 9：00：000 时就提交了匹配交易指令对 P1 中的#01 卖指令，但是虚假交易直到 10：50：001 时提交的#12 买指令后才构建完全，这些交易指令在图 5-1 中依次显示，构成一个交易闭合环。

由此发现，通过监测匹配的交易指令及找到交易闭合环两步，可以进行识别和判断虚假交易，即：

第一步：根据交易匹配规则、虚假交易特征、提交指令的时间间隔、执行价格和相近的匹配交易量对可疑的虚假交易指令对 S 进行监测：

$$\text{指令交易对 } S = \{\sum \text{指令}\} = \{+T_m - T_n,\ P^T \pm\delta_p^T,\ \ \pm\delta_v\} \quad (5\text{-}10)$$

其中，$+T_m-T_n$ 表示交易者 T_n 卖给交易者 T_m 的净交易量，δ_v 和 δ_p^T 分别表示交易量匹配余量和交易价格匹配余量。

第二步：在匹配的交易指令对 S 中，找出交易价格匹配余量重叠的交易指令对，当这些交易指令对满足以下条件时：

$$\text{指令交易对 } S = \{\sum_{k \in S} \text{交易指令对}_k\} = \{'0',\ P^T \pm\delta_p^T,\ \ \pm\delta_v\} \quad (5\text{-}11)$$

触发虚假交易预警。

为了进一步描述这些特征，我们定义#k 指令 L 在 t_k 时刻由交易者 T_n 发出：

$$L_k = (t_k,\ \pm T_n,\ P_k,\ \pm V_k)$$

其中，P_k 和 V_k 分别表示#k 交易指令的价格和交易量，正负符号（±）分别表示买或卖方向。

定义匹配余量δ为一个向量，$\delta=[\delta_p, \delta_t, \delta_v]$，三个分量分别定义为交易价格匹配余量、交易时间匹配余量和交易量匹配余量。如果买指令#K与K-1个卖指令(#1-#K-1)匹配，则：

(1)交易时间仅有非常小的时间间隔，即交易时间匹配余量微小：

$$|t_1-t_K|<\delta_t \tag{5-12}$$

(2)执行价格仅有微小的差异，即交易价格匹配余量微小：

$$P_K-\min(P_1, \cdots, P_{K-1})<\delta_p \tag{5-13}$$

(3)有相近的匹配交易量，即交易量匹配余量微小：

$$\left|\sum_{k=1}^{K-1} V_k - V_K\right| < \delta_v \tag{5-14}$$

(4)如果一个虚假交易行为中的K交易指令是由N个交易者提交构成的，那么他们头寸特征满足以下条件：

$$头寸 = \left\{\sum_{n=1}^{N} r_{nk} T_n,\ P^T \pm\delta_p^T,\ \pm\delta_v\right\} = \left\{'0',\ P^T \pm\delta_p^T,\ \pm\delta_v\right\} \tag{5-15}$$

其中，r_{nk}是指示性变量，如果交易者T_n提交的交易指令#k是卖指令，那么$r_{nk}=-1$；如果是买指令，那么$r_{nk}=1$。

5.3 虚假交易监测模型设计

根据虚假交易量化闭环交易匹配特征的描述，本节提出一个包括两个步骤的虚假交易量化监测模型。

步骤1：交易指令对的匹配搜索监测，即根据式(5-12)至式(5-14)监测疑似匹配的虚假交易指令对。

步骤2：闭环交易匹配监测，即串谋搜索，根据式(5-15)判断步骤1匹配成果的交易指令对中是否存在交易闭合环。

本章使用限价交易指令流来代替交易记录，包括交易者ID、提交时间、买/卖信号、交易价格、交易量(如表5-1所示)，且假设这些交易指令来自于同一个交易市场。一个交易指令限价交易序列需进行分类，即预处理后才能进行监测。因此，本章设计的监测模型主要包括三个过程：预处理过程、匹配搜索监测过程、闭环交易匹配监测过程。预处理过程通过时间窗口把交易指令划分为买或卖指令序列；匹配搜索监测过程找到能够匹配一个或多个相反交易指令对，给出所有相匹配的所有交易指令组合，虚假交易就存在于这些组合之中；闭环交易匹配监测过程在相匹配的交易指令对中找到串谋交易者的闭环，确定虚假交易行为。

5.3.1　预处理过程

交易指令序列是由提交交易指令的时间测度的，因此，预处理过程首先设置一个物理时间窗口 θ_T，θ_T 由序列中第一个和最后一个交易指令出现的时间差确定。交易指令序列被分为两个连续的交易指令序列：买指令序列 Q_b 和卖指令序列 Q_s，序列长度都为 θ_T。如果出现一个新的交易指令 L_k 是一个买指令，则进序列 Q_b 中；如果是卖指令，则进序列 Q_s 中。如果更新后的序列长度超过 θ_T，则把最初进入序列的那个交易指令从序列中去掉，始终保持序列窗口的长度为 θ_T。

随着交易量的增加，虚假交易的企图通常显示着虚假交易与大的交易指令相关，因此，交易量比预定阈值 θ_V 小的指令通常被忽略，阈值根据监测模型的稳健性需求进行设置。为了保证交易时间匹配，令算法 1 的交易指令序列的时间窗 θ_T 等于交易时间匹配余量 δ_t，预处理算法 1 被修改为监测算法 2(WASH_ TRADE)。算法 2 包括匹配搜索监测(MATCH_ DETECT)和闭环交易匹配监测(CIRCLE_ DETECT)两个功能，其中{MP}是 MATCH_ DETECT 监测出的匹配的交易对。

资本市场中，满足限价交易规则的交易指令才可匹配和执行，即式(5-13)中的价格匹配余量 δ_p 受以下规则限制：

规则 1：对于卖指令，与买指令以相同价格或更高的价格匹配。

规则 2：对于买指令，与卖指令以相同价格或更低的价格匹配。

如表 5-6 中#05 买指令价格略高于所有先前的卖指令，符合价格余量 δ_p 的规则 2。

5.3.2 匹配搜索监测过程

匹配搜索监测过程中，在时间窗 θ_T 内，对当前交易指令 L_k，按照式(5-12)至式(5-14)的三个条件：交易时间匹配余量 δ_t、交易价格匹配余量 δ_p、交易量匹配余量 δ_v，依次确认潜在的与之相反的匹配指令。匹配搜索监测机制见图 5-3。

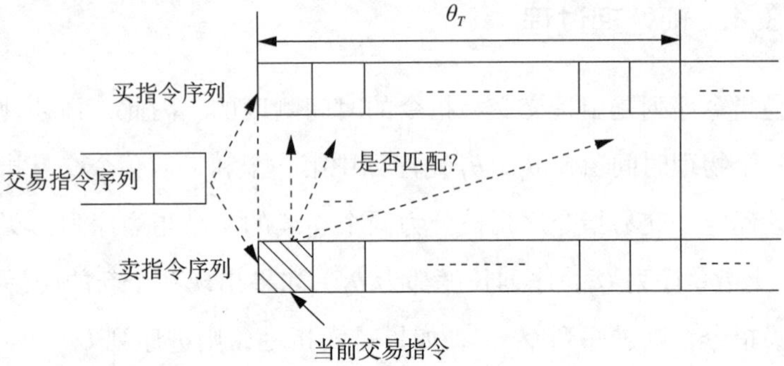

图 5-3 匹配搜索监测机制

匹配搜索监测具体过程为：给定提交的买(卖)指令 L_k，根据限价交易规则，在时间窗 $\delta_t(\theta_T)$ 内的所有可执行的指令中，找到具有最佳匹配交易量的交易指令配对。MATCH_ DETECT(Q, L_k) 见算法 3，其中 Q 包括先前时间窗 $\delta_t(\theta_T)$ 中所有相反的交易指令，L_k 是当前提交的交易指令。

基于以上的讨论及式(5-14)的限制，定义 VOL_ MATCH$(Q^{t,p}, L_k)$ 为交易量匹配函数，给定交易指令 L_k 及匹配的交易指令集 $Q^{t,p}$($Q^{t,p}$ 是通过 δ_t 和 δ_p 过滤后的交易指令序列)，从 $Q^{t,p}$ 中找到交易指令对子集 S，需满足：

$$\left|\left(\sum_{i \in S} V_i\right) - V_k\right| \leqslant \delta_v \tag{5-16}$$

交易指令对子集 S 中的限价交易指令的数量为 N(S 比集合 $Q^{t,p}$ 小)。

交易量匹配函数 VOL_ MATCH 实际上是一个背包问题，即给定背包容量 V_k 和物品集合 $Q^{t,p}$，每一个物品都有一个非负的体积 V_i(交易量)，在所有物品子集 S 中找到满足下面条件的匹配交易量：

$$\left|\left(\sum_{i \in S} V_i\right) - V_k\right| \leqslant \delta_v \tag{5-17}$$

我们使用动态规划方法解决 VOL_ MATCH($Q^{t,p}$，L_k)问题。为了解决有 N 个交易指令和交易量 V_k 的特殊背包问题，用交易指令最终子集的最优解 S_N 代表最初问题的解，$OPT_N(V_k)$表示在限制条件$|OPT_N(V_k)-V_k|\leq\delta_v$下，子集 S 中前 N 个指令里满足条件的交易量总数。则前 $N-1$，$N-2$，…，1 个交易指令的总数分别表示为 $OPT_{N-1}(V_k)$，$OPT_{N-2}(V_k)$，…，$OPT_1(V_k)$。为了得到 $OPT_N(V_k)$，则需已知 $OPT_{N-1}(V_k)$的解，也需已知 $OPT_{N-1}(V_k-V_N)$的解，即剩余容量为 V_k-V_N 的前 $N-1$ 个交易指令的最优解，其限制条件为$|OPT_{N-1}(V_k)-(V_k-V_N)|\leq\delta_v$。递归过程如下：

如果 L_N 不是最终子集 S_N 中的交易指令，则忽略指令 N，即如果 $L_i\notin S_N$，则 $OPT_N(V_k)=OPT_{N-1}(V_k)$，得到 $OPT_{N-1}(V_k)$的解。

如果 L_N 是最终子集 S_N 中的交易指令，则确定剩余交易指令 1，…，$N-1$ 的最优解，即如果 $L_i\in S_N$，则 $OPT_N(V_k)=V_N+OPT_{N-1}(V_N-V_k)$。

这个递归过程根据以上两个条件给出交易量匹配递归算法 4，这个递归算法由具有 N 个交易指令和容量为 V_k 的 $OPT_N(V_k)$调用。

5.3.3 闭环交易匹配监测过程——串谋搜索

匹配搜索监测是从 Q 中找到与指令 L_k 匹配的交易指令集 S_N。为了进一步监测潜在的闭环交易，S_N 中的交易指令可以由式(5-1)表示，其中交易者 ID 和交易量都标有买卖方向，这时 S_N 被定义为 S_N^c，作为闭环交易匹配监测 CIRCLE_ DETECT 的输入项。如式(5-9)所示，交易价格具有重叠余量的交易指令对聚集在一起则形成了潜在的虚假交易行为。

监测虚假交易相当于在 S_N^c 中找出交易组合 C，其交易总量等于零(如式(5-15)所示)。这个过程等同于前文中定义的交易量匹配函数的一个特殊例子，即给定一个容量 $W=0$(背包的容量)和一组标记的交易指令对，每对都有一个价值(如$\{+A\}$和$\{-A\}$)，选择所有可能已标记的交易者对的子集 C，令其$\sum_{n\in C}r_{nk}T_n=W$，其中标记的交易者对的符号计算见 5.2 节的定义，通过操作符重叠实现。子集 C 即可被认为是虚假交易中的串谋交易。

从递归算法 4 中演化的算法 5，为闭环交易匹配监测 CIRCLE_DETECT(S_N^c)，即在潜在的交易对中寻找串谋交易环。

5.4 实验和评价

评估监测模型的数据通常包含“正常行为”和“异常行为”两类。由于监管规则，披露的虚假交易行为的市场数据非常少，因此，资本市场上的虚假交易的数据远比正常交易的数据可用性低。当实际数据难以找到时，合成的金融实验数据通常被用来评价学术研究提出的模型。

为了评价监测模型，使用学术界和业界常用方法，合成实验数据，即再现虚假交易行为例子中所有的特征模式，注入原始交易记录以生成包括正常和异常两种交易行为的混合数据集。随机生成的实验操纵数据可以模拟任何可能的虚假操纵场景，即生成任何时间、任何交易量的匹配交易指令和匹配余量。所以，本章评估模型使用的数据包括两部分：

第一部分：市场的原始交易数据。

第二部分：加入合成的虚假交易场景的原始交易数据。

5.4.1 实验数据说明

本节数据选取芝加哥商品交易所标普 500 股指期货 E-mini、2010 年美国国债期货 ZNM13、英镑兑美元汇率期货 BP、欧元兑美元汇率期货 EU、日元兑美元汇率期货 JPY 和纳斯达克证券交易所的标普 500 股指 ETF 数据 SPY 的六种高频期货数据作为实验和评估的原始数据。选择这些数据的原因是期货的交易活动比较活跃，有相对较高的交易量和波动较大的交易价格，而这些因素都增加了市场操纵交易的可能性，尤其是 SPY 和 E-mini 这两类金融产品经常成为市场操纵的目标。六种数据包括 2013 年 5 月到 6 月间的超过 100 万高频匿名交易记录，本章使用表 5-1 给出的交易数据的基本格式示例。

首先使用六种原始数据评估本节的虚假交易监测算法，发现潜在的虚假交易操纵行为；其次使用表 5-5、表 5-6 中的例子在原始数据集中加入复制的典型虚假交易行为，为实验评估做准备。

5.4.2 确定参数

如5.2节讨论的，虚假交易中能够匹配的交易指令的时间间隔，即交易时间匹配余量 δ_t 很小，因此，操纵者可以按照预期时间进行匹配交易，不会被不知情的正常交易员“误打误撞”交易。目前，学术界和业界均缺乏对虚假交易行为的统计学特征分析，而限价交易指令的执行时间通常与交易量大小强相关，因此，本书假定正常交易指令之间的合理时间间隔 δ_t 用以交易量为权重的平均执行时间（VWAT）来测度，定义如下：

$$T_{VWAT} = \frac{\sum_j (T_j \times v_j)}{\sum_j v_j} \tag{5-18}$$

虚假交易的指令一般小于该时间间隔。其中，T_{VWAT} 是以交易量为权重的平均执行时间；T_j 是交易指令 j 的执行时间；v_j 是交易指令 j 的交易量；j 是每个单独的交易指令。令 $\delta_t = T_{VWAT}$，如果虚假交易指令提交的时间间隔比 T_{VWAT} 长，那么它们更可能被正常交易者对敲，这样的设定覆盖了所有可能出现的虚假交易行为的时间间隔。使用六种不同期货的交易指令执行时间 T_j 和 T_{VWAT} 见表5-7。

表5-7 以交易量为权重的平均执行时间和平均交易量

	T_j（秒）	T_{VWAT}（秒）	平均交易量（股）
E-mini	3.9706	70.0239	558.6034
ZNM13	7.2918	76.3432	986.2323
BP	6.4171	72.5091	623.2874
EU	1.9051	116.2299	765.25
JPY	5.9826	114.4843	706.59
SPY	7.3789	56.7959	997.3461

理论上，虚假交易可能由大量的小交易指令组成，在实际操作中，大量的小交易指令提高了指令执行的不确定性，并增加交易成本，可能造成

潜在的非预期交易结果，带来不必要的损失，因此，虚假交易指令通常由单一大交易指令而非大量小指令构成。我们选取每只期货的平均交易量作为阈值 θ_V 对所有指令进行过滤，如表 5-8 所示。

交易量匹配余量 δ_v 百分比分别选取：0%，1%，2%，3%，4%，5%，即没有进行匹配的百分比，如1%表示确认匹配的交易量为99%等。表 5-6 所示的例子中，#05 买指令的交易量(1000 手)中的 95%与所有先前的卖指令(950 手)匹配。在监测中任何满足价格匹配规则 1 和规则 2 的交易指令如果满足式(5-14)，不受 δ_p 限制，都可被认定为可能的交易匹配对。

算法 4 中，在 δ_t，θ_V，δ_v 和 δ_p 已知的条件下，时间窗 δ_t 内所有交易量不小于阈值 θ_V，且价格可以匹配执行的交易指令(满足价格匹配规则 1 和规则 2，但不受 δ_p 限制)，找到与交易指令 L_k 至少$(1-\delta_v)$%的交易量匹配的交易指令。

5.4.3 基于原始交易数据的评估

首先使用六种期货的原始数据评估本章提出的虚假交易监测模型，参数设定见 5.2 节。评估结果不仅显示模型在实际交易数据中的适用性，同时检测原始交易数据集的合法性。原始交易数据集不包含任何公开的虚假交易行为，因此假定原始数据集仅包含合法的交易数据。评价标准依赖于伪错率 $FNR=\frac{FN}{FN+TP}$，其中 FN(假负类)表示正常交易行为被监测为虚假交易行为的数量；TP(真正类)表示正常交易行为被监测为正常交易行为的数量。

评估结果见表 5-8(其中最大的 FNR 值用黑体显示)。显然，每种期货的原始数据中都存在疑似的虚假交易行为，随着交易量匹配余量的增加，虚假交易行为的数量也明显增加。当交易量匹配余量为 0 时，大部分数据集不包含任何疑似的虚假交易行为，其中日元兑美元汇率期货 JPY 在交易量匹配余量为 5%时有最高的 FNR 率(1.44%)。

表 5-8　基于原始交易数据的评估结果

期货	交易量匹配余量					
	0%	1%	2%	3%	4%	5%
E-mini	0.00%	0.07%	0.07%	0.07%	0.07%	**0.08%**
ZNM13	0.00%	0.13%	0.14%	0.14%	0.46%	**0.61%**
BP	0.00%	0.11%	0.69%	0.79%	0.87%	**1.13%**
EU	0.00%	0.81%	1.02%	1.15%	1.24%	**1.37%**
JPY	0.00%	0.86%	0.96%	1.06%	1.08%	**1.44%**
SPY	0.00%	0.50%	0.59%	0.68%	0.74%	**0.90%**

经过对比发现监测到的 FN（假负）案例显示与虚假交易行为有相似的特性，但是并没有被监管者报道为虚假交易。表 5-9 给出监测到的标普 500 股指期货 E-mini 的两类假负案例：一类为交易双方在相同交易日以微小的时间间隔进行交易，另一类为交易双方在预先安排的不同交易日进行交易。

表 5-9　E-mini 的假负案例

例	交易时间	交易量（手）	交易价格（元）	卖家	买家
1	21/06/2013 15：18：48.768	11552	1660.00	Client A	Client B
	21/06/2013 15：20：11.811	11550	1660.00	Client B	Client A
2	21/06/2013 16：28：40.629	11551	1661.00	Client A	Client B
	22/06/2013 10：00：45.187	11550	1662.00	Client B	Client A

表 5-9 中的第 1 个例子中交易者 A 以价格 1660.00 元卖给交易者 B 标普 500 股指期货 E-mini11552 手，不到 2 秒钟又以相同的价格从交易者 B 手中买回 11550 手。其中交易量匹配 99.9%，价格匹配 100%，交易闭环在交易者 A 和交易者 B 之间形成。该疑似案例虽然未被报道，但根据监管规则显然是潜在的疑似虚假交易行为，是否属于真实的虚假交易还需进一步谨慎判断，但可以监测到这样的疑似虚假交易行为则显示了本书涉及的监测模型的有效性。

表 5-9 中的第 2 个例子中交易者 A 在市场收盘时以价格 1661.00 元卖给交易者 B 股指期货 11551 手，第二个交易日以略高于 1661.00 元的价格 1662.00 元买回 11550 手。这些交易行为除了交易日外，满足其他所有的

虚假交易行为的条件。根据业界惯例，认为第 2 个例子是预先安排的交易，被定义为“为了限制风险，在预先制定的价格一个卖指令紧跟着一个买指令出现”。虚假交易和预先安排的交易之间的差别是：前者涉及的串谋交易者可能不止两个交易者，且发生在同一交易日内；后者仅发生在两个交易者之间，且在不同的交易日。虽然预先安排这种交易行为属于非法交易，被资本市场严格监管和禁止，但不作为本章研究的重点，本章提出的算法仅针对一个交易日内交易行为进行监测。

5.4.4 基于加入虚假交易行为的数据评估

目前，业界合成数据能够模拟各种可能的虚假交易行为即合成一种或多种虚假交易的随机组合，可以有效检验模型算法的稳健性。

1. 虚假交易实验案例的生成

在每一只原始期货交易数据中假如合成的虚假交易行为包括以下两种形式：

第一种，一个交易指令与一个相反的交易指令匹配，称之为“单交易指令匹配”。

第二种，一个交易指令与多个相反的交易指令匹配，称之为“多交易指令匹配”。

依据交易者的数量我们把虚假交易串谋行为分为三种不同的案例：表 5-10为包括两个串谋交易者、四个串谋交易者的单交易指令匹配案例，表 5-11 为包括两个串谋交易者的多交易指令匹配案例。为了确保评估的全面性，每个数据集中的交易匹配余量 δ_v 分别选取 0%，1%，2%，3%，4%，5%，基于每种 δ_v 合成 10 个例子。表 5-10 和表 5-11 仅给出交易量匹配余量 δ_v 为 5%的合成虚假交易行为案例的主要数据特征。表 5-10 中的案例#1：两个交易者有 95%的单交易匹配交易量；表 5-10 中的案例#2：4 个交易者有 95%的单交易匹配交易量；表 5-11 中的案例#3：两个交易者有 95%的多交易匹配交易量。

表 5-10 单交易指令匹配案例($\delta_v=5\%$)

例	交易者	交易时间	买/卖	交易价格(元)	交易量(手)	匹配对
#1	A	9：00：000	卖	58.00	5000	P1
	B	9：00：001	买	58.01	4750	
	A	9：15：000	买	58.01	5000	P2
	B	9：15：001	卖	58.00	4750	
#2	A	12：16：000	卖	58.00	5000	P1
	B	12：16：100	买	58.05	4750	
	C	13：00：001	买	58.05	4750	P2
	B	13：00：002	卖	58.00	5000	
	C	13：20：001	卖	58.00	5000	P3
	D	13：20：002	买	58.05	4750	
	A	14：20：001	买	58.05	4750	P4
	D	14：20：002	卖	58.00	5000	

表 5-11 多交易指令匹配案例($\delta_v=5\%$)

例	交易者	交易时间	买/卖	交易价格(元)	交易量(手)	匹配对
#3	A	9：00：100	卖	58.00	1100	P1
	A	9：00：100	卖	58.01	1200	
	A	9：00：100	卖	58.02	1000	
	A	9：00：100	卖	58.03	1400	
	B	9：00：101	买	58.05	5000	
	B	10：10：000	卖	58.00	1000	P2
	B	10：10：000	卖	58.01	1300	
	B	10：10：000	卖	58.02	1200	
	B	10：10：000	卖	58.03	1250	
	A	10：10：100	买	58.05	5000	

合成交易指令的交易量、交易时间及匹配余量都是随机产生的。如在表 5-11 所示的案例#3 中，交易对 P1 中的买单交易量 v_b 在 $v_b \geqslant \theta_V$ 条件下随机产生，交易对 P1 中的所有卖单交易总量 V_s 在 $v_b \times (1-\delta_v) \leqslant V_s \leqslant v_b$ 条件下随机产生。交易对 P2 中交易指令的提交时间也随机产生，只需比交易对 P1 中的提交时间略晚即可。同样，每对交易指令的价格也是根据价格

匹配规则随机产生的。与表 5-6 的例子相似，表 5-11 中的两个交易指令对有不同的交易价格，P1 的买指令与先前的 4 个卖指令分别与价格 58 元、58.01 元、58.02 元和 58.03 元匹配执行，因此我们合成的实验案例分别具有不同的交易价格，且交易价格都在符合设定的价格匹配余量范围内。这种随机生成的任何可能的虚假交易案例更能全面、系统地评估本书提出的监测模型算法。

我们使用 6 只期货数据进行评估，每只期货数据中分别注入两类虚假交易的例子，每一类都包括三种数据集(1 个交易者、2 个交易者和 4 个交易者)，每个数据集都包括 0%，1%，2%，3%，4%，5%，6 种交易量匹配余量设置，每种设置下又分别有 10 个例子，共包括 6×2×3×6×10=2160 种不同的合成实验案例。合成案例中的虚假交易指令被注入相应的原始期货数据中，生成包括“正常”和“异常”两种混合的交易行为测试数据。另外，生成的每对交易指令由原始数据中的几个交易指令分离得到，用来模拟市场的实际情形。

2. 绩效评估指标

我们进行绩效评估时选用两个常用的统计指标：灵敏性指标 SEN 和特异性指标 SPE。这两个指标均基于模糊矩阵，其中假正类(FP)定义为虚假交易行为被监测为正常行为；真负类(TN)定义为虚假交易行为被监测为虚假交易行为；假负类(FN)表示正常交易行为被监测为虚假交易行为；真正类(TP)表示正常交易行为被监测为正常交易行为。灵敏度指标定义为 SEN=TP/(TP+FN)，表示监测正常交易指令的正确率(又称真正率)；特异性指标定义为 SPE=TN/(FP+TN)，表示监测虚假交易指令的正确率(又称真负率)。

3. 评估结果

图 5-4 给出 6 种数据的实验评估结果，即不同交易者数量的平均 SEN 和 SPE 值，横轴表示不同的交易量匹配余量百分比。

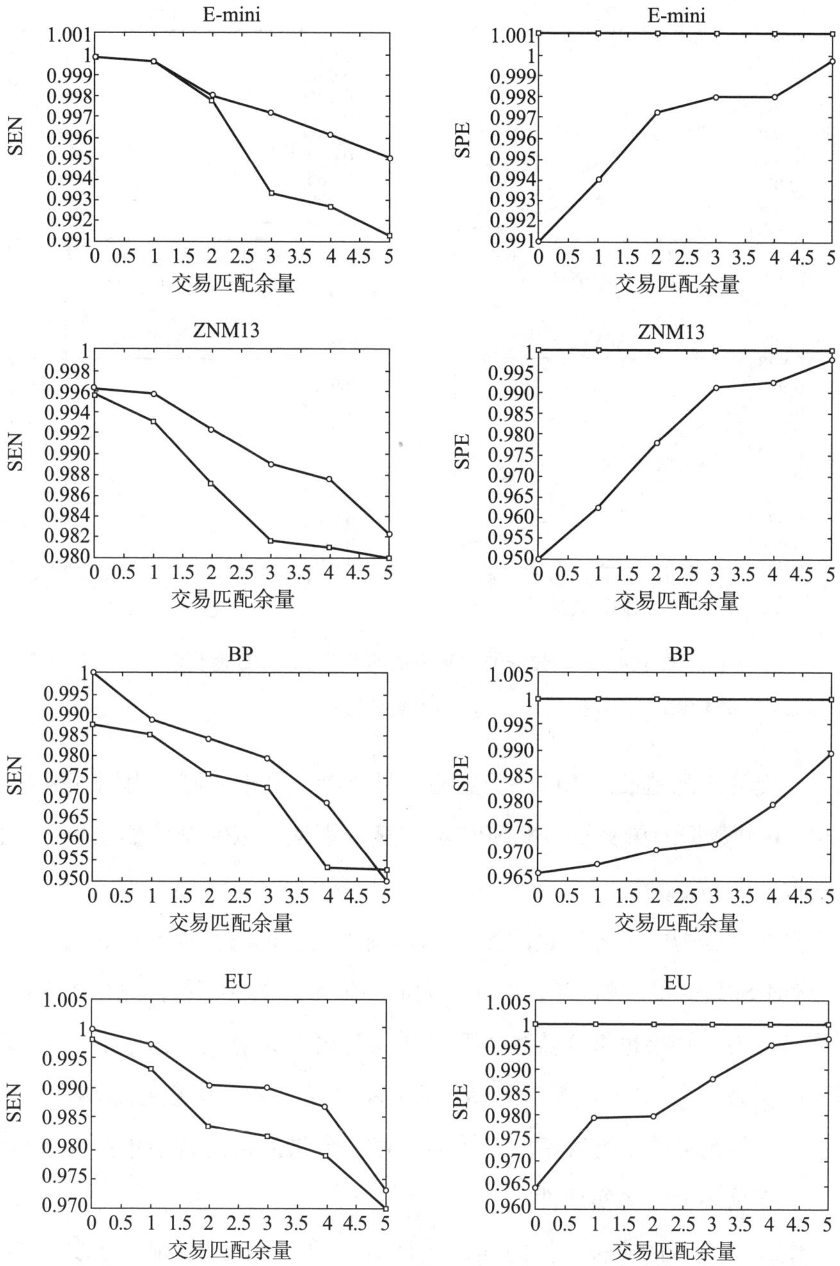

图 5-4　6 种数据的实验评估的 SEN 和 SPE 值

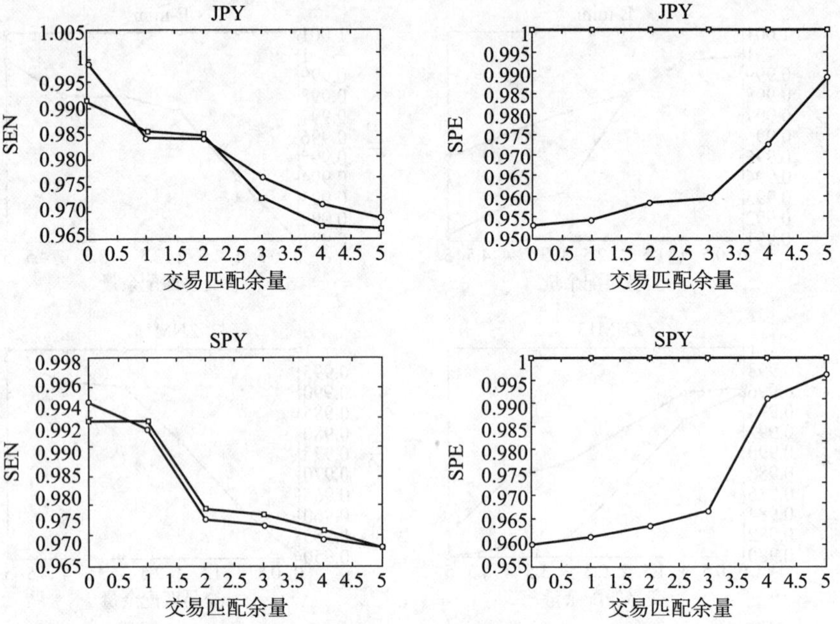

图 5-4　6 种数据的实验评估的 SEN 和 SPE 值（续）

注：单交易匹配用方框表示，多交易匹配用圆圈表示。

单交易匹配是最简单的一类虚假交易类型，易于监测，由图 5-4 明显看出，6 种数据的单交易匹配 SPE 值均显示模型可以完全监测出单交易匹配的虚假交易行为。

多交易匹配中 6 种数据的 SPE 值均随着余量的增大而增加，当余量超过 5%时 SPE 值接近 100%，即在较大的匹配余量条件下能监测出更多的串谋交易行为，结果也符合监测模型设计的初衷。如前文所讨论的，大部分匹配的交易指令（如匹配量为 98%）都可能是操纵者为了规避监测设计的，大的余量值则补偿了这种精心设计的策略，余量的可配置性也提高了模型在真实交易环境下的实用性。

图 5-4 显示的 6 种数据的 SEN 值随着匹配余量的变化显示了更多的易变性。在大部分实验结果中，SEN 值随着余量的增加变小，说明更多的正常交易行为被误认为虚假交易行为的可能性降低，余量为 0 时 SEN 值最高。

从实验评估结果看，提出的监测算法在所选的 6 只期货中能有效一致地监测到大部分主要的虚假交易场景，SPE 的值始终在 97%至 100%的范围内。

5.5 结论

第 5.4 节分析了虚假交易的各种交易行为，利用交易量、交易价格、交易时间匹配的量化特征设计监测模型，使用连接各个顶点的有向图表示交易者行为，发现多个交易者中的某些特定的交易者之间形成交易闭环，然后通过匹配规则发现串谋交易的基本结构，最后通过实验数据进行评估。本书提出的模型有两方面创新：

第一，从量化角度分析交易价格、交易量、交易时间特征，基于量化特征用闭环交易图描述虚假交易中串谋行为网。

第二，提出一个两步骤的监测模型对虚假交易行为进行监测和识别：第一步根据交易行为的量化特征发现匹配的交易指令，第二步使用闭环交易特征鉴别虚假交易中的相同或不同交易者的串谋交易行为，并将监测模型转化为一个背包问题，使用动态规划方法求解。

急速增长的交易频率给监测者带来了挑战，在实时监测环境中补充新的方法将是未来工作的重点。本书提出的监测模型不同于芝加哥证券交易所的监测模型，后者仅仅在匹配引擎端对相同价格的买卖单进行监测，而前者不仅可以对单个交易者进行监测，也可以对串谋组织(多个交易者)的大量疑似交易指令进行监测；不仅可以对极短的时间间隔进行实时监测，也可以对特定的时间段进行监测。因此，虚假交易监测模型不仅适用于资本市场当日实时监测，也适用于资本市场的隔夜监测。

附 录

算法 1 虚假交易的预处理

PRE_WASH_TRADE(L_k)
$Q_s=\varnothing$；$Q_b=\varnothing$
当 L_k 是一个有效交易指令
如果 L_k 是买指令
则 L_k 进入序列 Q_b
当序列 Q_b 长度>θ_T
则 $Q_{b,1}$退出以维持序列长度 θ_T
否则
L_k 进入序列 Q_s
当序列 Q_s 的长度>θ_T
则 $Q_{s,1}$退出以维持序列长度 θ_T

算法 2 虚假交易监测

WASH_TRADE(L_k)
$Q_s=\varnothing$；$Q_b=\varnothing$；{匹配交易对 MP}=$\varnothing$
当 L_k 是一个有效交易指令
如果 L_k 是买指令
则 L_k 进入序列 Q_b
当序列 Q_b 长度>θ_T
则 $Q_{b,1}$退出买指令序列
{MP}=MATCH_DETECT(Q_s，L_k)
否则
L_k 进入序列 Q_s
当序列 Q_s 的长度>θ_T
则 $Q_{s,1}$退出卖指令序列
{MP}=MATCH_DETECT(Q_b，L_k)
如果{MP}$\neq\varnothing$
CIRCLE_DETECT({MP})

算法 3 匹配搜索监测

MATCH_DETECT(Q, L_k)
$Q^{t,p}=\emptyset$
如果 L_k 是一个有效买指令
对每一个 Q 中的 L_i
如果 $P_i<=P_k$
则 L_i 进入 $Q^{t,p}$
如果 L_k 是一个卖指令
对每一个 Q 中的 L_i
如果 $P_i>=P_k$
则 L_i 进入 $Q^{t,p}$
如果 $Q^{t,p}\neq\emptyset$
S=VOL_MATCH($Q^{t,p}$, L_k)

算法 4 交易量匹配递归函数

VOL_MATCH($Q^{t,p}$, L_k)
$S_N=\emptyset$
N=length($Q^{t,p}$)
$\mathrm{OPT}_N(V_k)$
如果 $N<1$ 或 $\lvert L_k\rvert\leqslant\delta_v$
返回;
如果 $\lvert V_N-V_k\rvert\leqslant\delta_v$
输出 S_N
L_N 进入 S_N
$OPT_{N-1}(V_N-V_k)$
L_N 退出 S_N
$OPT_{N-1}(V_k)$
OPT 结束
返回 S_N

算法 5　闭环交易匹配监测

CIRCLE_DETECT(S_N^c)
$\vec{C}=\emptyset$
N=length(S_N^c)；sum=0
OPT(N，sum)
如果 $N<1$
返回
如果 r_T+sum=0
输出 $\vec{C}$
r_T 进入 $\vec{C}$
OPT(N-1，sum+rT)；
r_T 退出 $\vec{C}$
OPT(N-1，sum)
OPT 结束
返回 $\vec{C}$

6 基于 Lasso-VHsMM 模型的操纵行为监测模型

6.1 操纵行为的本质交易特征量化

结合实际案例数据和监管条例，把典型操纵行为总结和抽象为一组"基本交易行为"，找出可量化的操纵行为的本质交易特征。

6.1.1 基本交易行为分析

以 SEC 披露的 2010 年 6 月 4 日发生在纳斯达克(NASDAQ)市场的实际操纵案例为例，分析其交易的基本行为特征：

(1)在盘口价格挂卖单 A 数量 1000。

(2)连续挂 5 手买单，数量共 2000，每单的限价都高于当前最高盘口价约 5 个基点。

(3)买卖价差迅速缩小，卖单 A 成交数量 645。

(4)再次连续挂 6 手买单，数量共 1000，每单的限价都高于当前最高盘口买价约 3 个基点。

(5)买卖价差迅速缩小，卖单 A 所剩数量再成交 200。

(6)最终所剩数量 155 卖单和之前 11 手买单都被取消。

美国市场和我国市场案例的挂单频率、额度、成交单数以及最终操纵程度等项指标虽不尽相同，但其基本形式都符合基本定义。

6.1.2　监管条例中对“塞单”的基本定义

监管条例对“塞单”的基本定义如下：

(1)极短时间内在盘口价差内连续提交递增(减)价格的买(卖)单(虚假挂单引发市场动荡)。

(2)挂单额度相对较高。

(3)诱使场内其他交易员在高(低)位成交操纵者提前挂的卖(买)单。

(4)随即取消之前所有虚假挂单。

(5)对比实际案例和监管条例，总结操纵行为的“基本交易行为”特征。

特征1：连续提交高(低)于当前最佳盘口买(卖)价格的限价指令。

特征2：连续提交额度相对较大的限价指令。

特征3：极短时间内挂单取消率远高于挂单成交率，且成交金额较大。

特征4：极短时间内取消之前提交的一系列限价指令。

特征5：市场盘口价格短期小幅震荡。

以图6-1为例，从典型案例中把市场操纵事件所包含的各个行为特征(图6-1(a))分解、归类为监管条例中所描述的形式(图6-1(b))，最后，把监管条例中的基本形式进一步总结抽象为五类“基本交易行为特征”(图6-1(c)中的特征1至特征5)。

6.1.3　设计新型度量指标

针对操纵行为的基本交易行为特征，量化其对市场微观结构的冲击影响，设计与之紧密相关的三类新型度量指标。如图6-1所示，“特征1”与限价指令的价格的侵略性紧密相关；“特征2”与限价指令的额度紧密相关；“特征3”与市场瞬时内撤单率和成交率的平衡性紧密相关；“特征4”与限价指令在场内的生命周期紧密相关；“特征1”推高盘口价格、“特征4”导致盘口价格骤减，二者共同作用时，导致盘口价格短期震荡，我们将盘口价格短期震荡定义为“特征5”。因此，对每一个行为特征，从对市场的冲击、市场供需失衡和盘口价格短期变动三方面定义新型监测指标$\vec{F}_i=\{[\delta_i^p,$

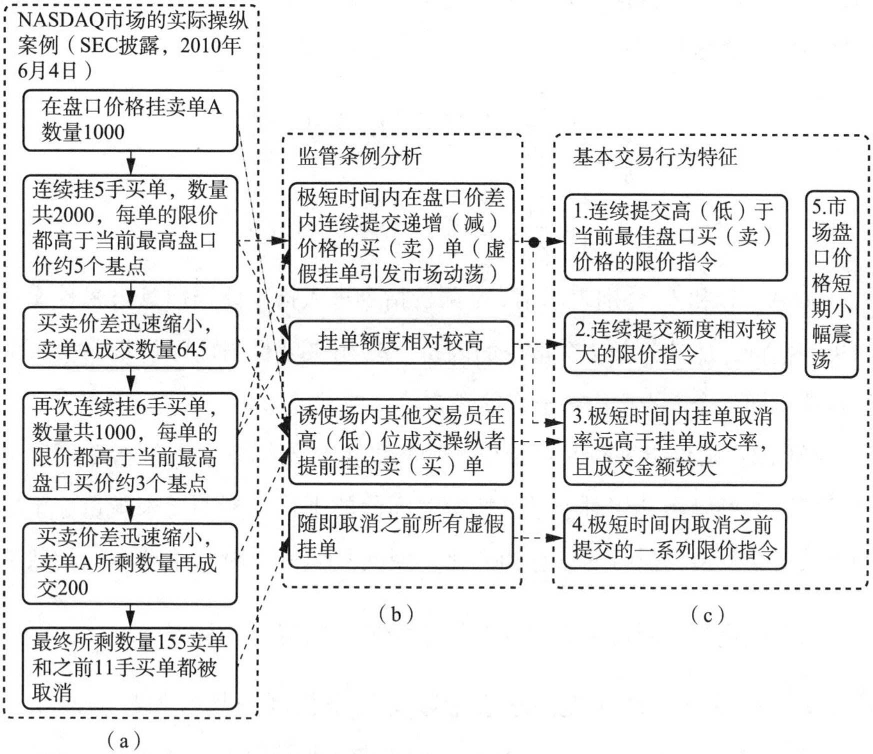

图 6-1　市场操纵的“基本交易行为特征”分解

δ_i^v，δ_i^t]，Im，$\widehat{p}(t)'$}，主要分为三类：

(1)衡量对市场的冲击指标：限价指令相对价格 δ_i^p、额度 δ_i^v 以及在市场中停留的时间 δ_i^t 的度量(生命周期)，分别对应前文的“特征 1、特征 2 和特征 4”。

(2)衡量市场供需失衡指标：市场在某一瞬时买卖供需的平衡性的度量 Im，对应“特征 3”。

(3)盘口价格的微幅瞬时震荡度量指标 $\widehat{p}(t)'$，对应“特征 5”。

具体定义如下：

指标 1：限价指令价格对于市场冲击的度量指标 δ_i^p。市场冲击虽然可由限价指令报价和盘口中的价差值度量，但市场操纵策略所使用的限价指令报价一般不会超过盘口中价，大多只是等于或者略优于当前盘口价格，因此我们使用盘口价格作为标尺替代盘口中价，得到限价指令价格对于市场冲击的度量指标 δ_i^p：

$$\delta_i^p=\begin{cases}\ln\dfrac{L_i^p}{B_i}，如果 L_i 为限价买指令\\ \ln\dfrac{L_i^p}{A_i}，如果 L_i 为限价卖指令\end{cases}$$

其中，A_i 和 B_i 分别表示第 i 个限价指令进入指令簿当前盘口最佳卖一和买一报价，L_i^p 表示第 i 个指令的限价。δ_i^p 用来度量当前限价指令报价的异常性，即指令 i 的报价对于当前盘口价格波动的影响。

指标 2：限价指令额度对于市场冲击的度量指标 δ_i^v。限价指令额度对市场的影响可以用其相对于过去特定时间段的平均交易额度来衡量。市场操纵策略基于市场瞬时的信息和变化，因此我们使用瞬时移动窗的指数加权平均来度量当前限价指令额度对于市场冲击的度量指标 $\delta_i^v=\ln\dfrac{L_i^v}{v_\tau^-}$，$L_i^v$ 表示第 i 个限价指令的额度，v_τ^- 表示限价指令额度的指数加权移动平均（exponential moving average）。指标 δ_i^v 用来度量当前限价指令额度大小的异常以及对当前盘口的潜在冲击影响。

指标 3：限价指令的生命周期 δ_i^t。Easley 和 Keim 等认为限价指令在指令簿停留的时间显著影响交易成本，我们根据"指令簿相对停留时间"的概念，将限价指令量化定义为在指令簿中的相对生命周期 $\delta_i^t=\ln\dfrac{L_i^{life}}{\overline{L}_\tau^{VWAL}}$，$L_i^{life}$ 表示第 i 个限价指令的生命周期，即指令 i 从进入指令簿到交易或者撤销的时间，$\overline{L}_\tau^{VWAL}=\dfrac{\sum_{i=1}^{N}L_i^{life}\times L_i^v}{\sum_{i=1}^{N}L_i^v}$，表示指令额度加权平均生命周期。指标 δ_i^t 用来度量当前限价指令在指令簿的驻留时间以及对当前盘口的潜在冲击影响。

指标 4：市场失衡度量指标 Im。"委买委卖比值"可以衡量一段时间内场内买、卖盘强弱。而市场操纵一方面显著影响"委买委卖比值"，另一方面显著改变一段时间内场内成交额度和撤单额度的比值，基于此，定义市

场失衡度量指标 Im 为：

$$Im = \left| \frac{\sum_i L_i^{v,\ S,\ F}}{\sum_i L_i^{v,\ S}} - \frac{\sum_i L_i^{v,\ B,\ F}}{\sum_i L_i^{v,\ B}} \right|$$

其中，$L_i^{v,S}$ 表示在一定时间段内某特定交易员的所有限价指令中限价卖指令的额度；$L_i^{v,S,F}$ 表示一定时间段内限价卖指令交易执行的额度；$L_i^{v,B}$ 表示同时期限价买指令的额度；$L_i^{v,B,F}$ 表示同时期限价买指令交易执行的额度。因此，Im 指标度量一定时间段内该交易员对指令簿买卖两端平衡和市场导向的潜在影响。

指标 5：限价指令冲击下的盘口价格短期微幅震荡率 $\widehat{p}(t)'$。根据我们的前期研究成果，量化定义在限价指令冲击下的盘口价格短期微幅震荡率，$\widehat{p}(t)' = \dfrac{\partial \widehat{p}(t)}{\partial t}$，其中，$p(t)$ 表示 t 时刻指令簿盘口最佳卖一或买一价格，利用离散小波分解和系数临界法，去掉价格曲线的长期均衡走势，得到市场盘口价格微观结构的波动 $\widehat{p}(t)$，由此可得到其变化率 $\widehat{p}(t)' = \dfrac{\partial \widehat{p}(t)}{\partial t}$。指标 $\widehat{p}(t)'$用来度量交易行为造成的盘口价格短期微幅震荡率。

6.2 构建新型量化监测指标之间的逻辑关系

第 6.1 节设计的监测度量指标虽然能够直接刻画市场操纵策略中具体行为的内在特征，但这些指标量化出对市场操纵的抽象认知并不直接推理出“市场操纵行为”的概念性认知。市场操纵行为由多个基本行为组成，被抽象为五类市场行为特征（见图 6-1（c）），相应的监测指标的量值在不同的操纵案例中并不相同，但均是由这些具有相应特征的行为共同作用产生的市场操纵结果。本部分根据操纵行为的“基本行为特点”的量化表征和监测指标的彼此依赖关系，构建新型量化监测指标之间的逻辑关系，为建立操纵模型提供理论基础。

如图 6-1 所示，“塞单”的发生机理可归纳为：操纵者利用高价格、高额度进行频繁虚假挂单→盘口价格短期波动→误导市场→成交具有操纵意图的指令。从其发生机理可以看出，对应的监测指标关系：盘口价格短期微幅震荡率 $\widehat{p}(t)'$基于指令价格冲击度量 δ_i^p 和指令生命周期 δ_i^t；市场失衡度量 Im 基于指令额度冲击度量 δ_i^v 和操纵者的真实意图挂单的成交状况信息。归纳 5 个监测指标的彼此依赖关系，得到“塞单”对应的监测指标逻辑关系图（见图 6-2）。

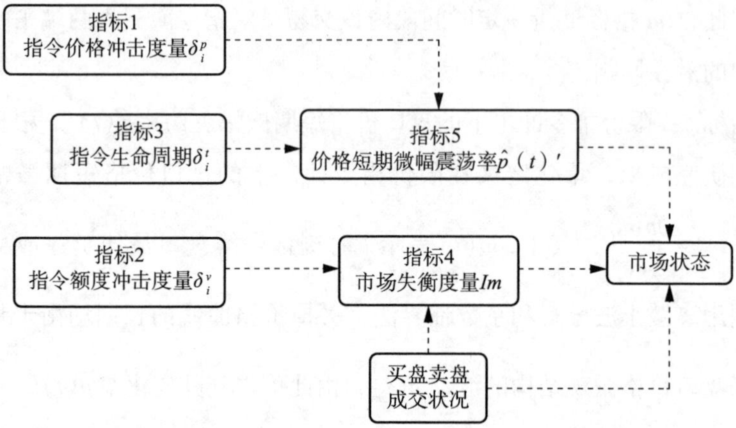

图 6-2 “塞单”对应的监测指标逻辑关系图

6.3 模型设计

正常交易和操纵行为在很多度量指标上显示出不同的分布特性，且随着时间的推移不断变化，因此，度量指标的分布函数具有很大的不确定性，“使用度量指标推断出市场操纵行为”这种推理的正确性也会具有很大的不确定性。这部分我们基于 6.1 节设计的新型监测度量指标，分析大量市场交易行为数据的概率密度函数，区别市场操纵行为与正常交易的分布特征；对市场操纵行为的机理进行公式化抽象、数量化定义，找到监测指标、系统变量和市场可观测量之间逻辑依存的拓扑关系，建立一个大数据驱动的基于数据挖掘算法和模式识别的自适应智能监测模型，对市场交易行为进行实时监测和综合性分析。

模型应具备以下三个特点：

首先，现实的资本市场交易中，影响市场波动的因素繁多，由操纵行为导致的市场价格和交易量的波动往往相差甚微，为了及时、准确捕捉资本市场的操纵行为，模型不应遵循市场波动的任何前提假设，而应完全建立在历史交易数据上，即需要一个由大数据集成、训练、优化而成的数据模型。因此，模型不建立在任何经济学和金融学的前提假设上，完全由数据驱动。

其次，仅对单一或少量交易行为的分析不足以诊断出隐藏其中的市场操纵意图，因此，模型的构建需要针对历史大数据估算、量化监测指标逻辑拓扑关系。

最后，资本市场数据或者金融数据是非平稳的，非平稳数据的变化趋势随着时间而改变，再加上资本市场交易瞬息万变，不同市场走势下的交易和操纵行为的体现方式都会有所不同，因此，需要建立一个可以根据历史大数据变化训练和优化自身参数的自适应智能模型。

根据以上所述模型的三个特点，本书选择 Lasso-VHsMM 网络建立监测操纵行为的实时诊断模型，通过大数据计算出其相互间的条件概率关系，构建各监测度量指标的逻辑拓扑推理关系，实时追踪各监测指标随时间推移的变化，通过自适应学习模块在一定程度上抵消金融数据的非平稳性。Lasso-VHsMM 网络可以系统地描述各变量之间的概率关系，进行概率推理(probabilistic inference)，随着时间的推移跟踪各变量的动态变化，并实时确保推理结果的统计合理性，满足建模需求。

6.3.1 确定状态转移概率

构建基于 Lasso-VHsMM 网络的操纵行为监测模型，首先需要设计模型所包含的市场可观察的统计变量和系统状态 z_t 的类别和个数，通过约束条件构建每一个系统状态 z_t 输出统计变量的概率分布，即转移概率矩阵的初始状态。

为了构建模型，第一，把在同一时间多个金融变量作为一个向量。

将时间 t 的多元向量表示为 $y_t \in R^d$，其中 d 表示向量的维数或金融变量个数，$t=1$，…，T。假设 y_t 由少量的不可测量的隐变量决定。隐变量表示为 $Z_t \in \{1, \cdots, M\}$，其中 M 是隐变量的数量且小于 d。通常，隐变量在 HMM 中被称为潜在状态或隐藏状态，假定观测变量受到数量更少的潜在状态的影响。并且通过将状态持续时间明确定义为随机变量，使潜在状态遵循半马尔可夫过程，假设潜在状态 i 持续 n 个单位时间的概率为 $r_i(n)=P$，其中 $n=1$，…，D，D 为预先定义的状态最长持续时间。因此，我们可以将潜伏状态的概率密度确定为 $r=[r_1, \cdots, r_M]$。HsMM 与传统 HMM 相比一个显著的提升在于后者在一个状态中只允许有一个观测值，而前者允许每个状态拥有一个观测向量。因此，保持在状态 i 的序列的长度由在状态 i 中持续的时间长度决定，并且状态持续时间概率为 $r_i(n)$。

第二，定义完潜在状态 Z 之后，把时间 t 的状态 i 到时间 $t+1$ 的状态 j 的转移概率定义为 q_{ij}，其中 i，$j=1$，…，M。考虑到状态持续时间，可以用 $q_{(i,n)(j)}$ 表示从状态 i（持续时间为 n）到状态 j 的转移概率。所以，状态 i 在 $t-n+1$ 处开始并在 t 处以持续时间 n 结束，然后根据转移概率 $q_{(i,n)(j)}$ 在时间 $t+1$ 转变为状态 j。之上的过程可以被定义为 $q_{(i,n)(j)}=P[S_{t+1}=j \mid S_{t-n+1:t}=i]=q_{ij}r_i(n)$，$i \neq j$。因此，自转移概率 $q_{(i,n)(j)}$ 为零。状态转移概率满足 $\sum_{j \in S, j \neq i} \sum_{n \in D} q_{(i,n)(j)}=1$。所在的状态既取决于先前的状态，又取决于其持续时间。我们将 $Q=\{q_{(i,n)(j)}, i, j=1, \cdots, M\}$ 表示为潜在状态转换矩阵。当状态为 i 时，以 $b_{i,n}(y_{t-n+1:t})=P[y_{t-n+1:t} \mid S_{t-n+1:t}=i]$ 的概率随机出现 n 个观测值。我们假设潜在状态与不同的先验概率相关，表示为 $\delta=[\delta_{1,n}, \cdots, \delta_{1,n}]$，其中 $\delta_{i,n}=P[S_{t-n+1:t}=i]$。$\delta$ 表示在获得第一个观测值 y_1 之前的初始潜在状态及其持续时间的概率。

第三，假设观测向量 y_t 之间存在 p 阶自回归相关性，如下所示：

$$y_t=\mu_i+\sum_{k=1}^{p} A_{ki} y_{t-k}+C_{ti} \tag{6-1}$$

其中，C_{ti} 服从高斯分布 $N(0, \sum i)$；$i=1, \cdots, M$，$t=1, \cdots, n$；

$\mu_i \in R^d$ 和 $\sum i \in R^{d\times d}$ 分别为基于先前观测数据 y_{t-1}，…，y_{t-p} 和当前状态 Z_t 的条件均值和协方差矩阵，A_{ki} 为当状态 $Z_t = i$ 时的 k 阶自相关矩阵。将 VAR 模型引入 HsMM，可以测定多个观测变量时间序列间的共线性。该模型的结构如图 6 - 3 所示。

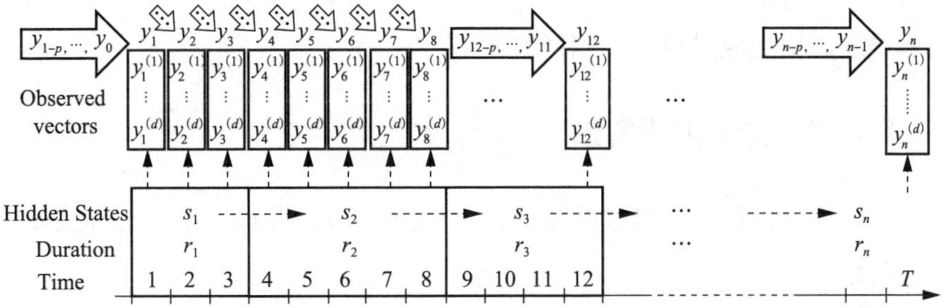

图 6-3　模型结构图

6.3.2　估计概率密度函数

这一部分我们利用高斯混合模型估计变量的概率密度函数，并根据概率密度函数的特性设计每个隐含状态所决定的变量。

状态持续时间 $r_i(n)$ 的分布可以通过指数分布进行建模，状态 i 持续时间的概率质量函数可以表示为：$r_i(n) = \frac{1}{B(\theta_i)}\xi(n)\exp(-\sum_{p=1}^{P}\theta_{i,p}S_p(n))$，其中，$p$ 是自然参数的数量，$\theta_{i,p}$ 是状态 i 的第 p 个自然参数，而 $\Theta_i = [\theta_{i,1},\ \cdots,\ \theta_{i,p}]$，$S_p(n)$ 和 $\xi(n)$ 是充分统计量，并且 $B(\theta_i)$ 是归一化项，可以通过下式得到：

$$B(\theta_i) = \sum_{n=1}^{D}\xi(n)\exp(-\sum_{p=1}^{P}\theta_{i,p}S_p(n)) \tag{6-2}$$

在 $\sum_{n=1}^{D} r_i(n) = 1$ 的约束下，通过最大化 $\sum_{n=1}^{D}\widehat{r_i}(n)\log r_i(n)$ 来寻找状态 i 的新的持续时间参数。

模型变量生成机制可以由以下步骤表示：

(1) 根据初始状态分布 δ_i 生成初始状态 Z_1，$Z_1=i$，$i\in 1$，…，M。

(2)依据状态持续时间的概率密度 r 生成对应的持续时间 n 的概率 $r_i(n)$。

(3)根据式(6-1)中的 p 阶自回归模型选择观测序列 y_1，…，$y_n \in R^d$。

(4)选择背后的潜在状态，$Z_{n+1}=j$，对应于状态转移矩阵 Q 中的概率为 q_{ij}。因为状态 i 持续了 n 个单位时间，所以将初始状态 Z_1 表示为 $Z_{1:n}$。随后重复数据生成过程，直到最终结束。

6.3.3 最大期望算法

这一部分设计包含异常状态的最大期望算法，求解模型状态和变量间的转移矩阵。

为了估计 Lasso-VHsMM 中的参数，我们运用 EM 算法。对于期望步（E 步），在潜在状态 j 持续 n 个单位时间的条件下，将多变量自回归密度函数定义为 $f_{j,n}(y_{t+1:t+n})=P(y_{t+1:t+n} \mid Z_{t+1:t+n}=j)$。根据此条件，将向前变量定义为 $\alpha_t(j, n)=P(Z_{t-n+1:t}=j, y_{1:t} \mid \theta)$，其中 $j=1$，…，M，$n=1$，…，$\min(D, t)$，D 表示状态的最大持续时间。当观测变量在时间段 1 到 t 时，向前变量 $\alpha_t(j, n)$ 表示当隐藏状态在 t 之前在 j 状态下保持 n 个时间单位时由模型参数 θ 生成的概率密度。一旦向前变量 $\alpha_0(j, n)=\delta_j$，$j=1$，…，M 已经被始化，可以进一步定义递推公式如下：

$$\alpha_t(j, n)=\sum_{i=1}^{M}\sum_{n'=1}^{\min(D, t)} \alpha_{t-n}(i, n')q_{i,j}r_i(n)f_{j,n}(y_{t-n+1:t}) \quad (6-3)$$

其中 $t=1$，…，T，q 表示潜在状态转移概率。向后变量可以类似定义为 $\beta_t(j, n)=P(y_{t+1:T} \mid Z_{t-n+1:t}, \theta)$，其中 $j=1$，…，M，$t=1$，…，T，$n=\{1, \cdots, \min(D, t)\}$。向后变量 $\beta_t(j, n)$ 表示当模型参数为 θ 时，从时间 $t-n+1$ 到时间 t，潜在状态 S 持续 n 个单位时间，观测值为 $y_{t+1:T}$ 的概率。首先初始化 $\beta_t(j, n)=1$，因此递推公式可以表示为：

$$\beta_t(j, n)=\sum_{i=1}^{M}\sum_{n'=1}^{\min(D, T-t)} \alpha_{ji}r_i(n)f_{j,n'}(y_{t+1:t+n'}\beta_{t+n'}(i, n'))\quad (6-4)$$

为了计算 E 步中的模型参数，我们定义了三个辅助变量。$\xi_t(i, j)$ 是基于时间 t 从 1 到 T 时观测值的模型参数，表示状态从 t 时的 i 转变为 $t+1$ 时

的 j 的概率。在给定模型参数且观测值从 $t=1$ 到 T 的情况下，$\eta_t(j,\ n)$ 表示在状态 j 下保持 n 个单位时间的概率。$\gamma_t(j)$ 是在给定模型参数且 $t=1$ 到 T 在时刻 t 时状态为 j 的概率。因此得到以下公式：

$$\xi_t(i,\ j)=P(S_{t+1}=j,\ y_{1:T}\mid\theta)=$$

$$\sum_{n'=1}^{\min(D,\ t)}\sum_{n=1}^{\min(D,\ T-t)}\alpha_t(i,\ n')q_{i,\ j}f_{j,\ n}(y_{t+1:\ t+n})\beta_{t+n}(j,\ n)$$

$$\eta_t(j,\ n)=P(S_{t-n+1:\ t}=j,\ y_{1:\ T}\mid\theta)=\alpha_t(j,\ n)\beta_t(j,\ n) \tag{6-5}$$

$$\gamma_t(j)=P(S_t=j,\ y_{1:\ T}\mid\theta)=\sum_{n=1}^{\min(D,\ T-t)}\eta_t(j,\ n) \tag{6-6}$$

基于这些定义的变量，我们可以在每次迭代后计算模型参数，如下所示：

$$\begin{aligned}Q(\theta\mid\theta^{(l)})&=E_{\theta^{(l)}}\{\log[P_\theta(y_1,\ \cdots,\ y_T,\ S_1,\ \cdots,\ S_T)]\mid y_1,\ \cdots,\ y_T\}X\\&=E_{\theta^{(l)}}\{\log[P_\theta(S_1,\ \cdots,\ S_T)]\mid y_1,\ \cdots,\ y_T\}+\\&\quad E_{\theta^{(l)}}\{\log[P_\theta(y_1,\ \cdots,\ y_T\mid S_1,\ \cdots,\ S_T)]\mid y_1,\ \cdots,\ y_T\}\\&=\left[\sum_{t=1}^{T}\sum_{i=1}^{M}\sum_{j\neq i}\frac{\xi_t(i,\ j)}{\gamma_t(j)\log q_{i,\ j}}\right]+\sum_{i=1}^{M}\gamma_0(i)\log\delta_i+\\&\quad\left[\sum_{t=1}^{T}\sum_{j=1}^{M}\sum_{n=1}^{D}\frac{\eta_t(j,\ n)}{\gamma_t(j)\log r_j(n)}\right]+\\&\quad\sum_{t=1}^{T}\sum_{j=1}^{M}\gamma_t(j)\log\left[P(y_t\mid y_{t-1:\ \max(1,\ t-p)},\ \mu_j,\ \textstyle\sum j,\ A_j)\right]\end{aligned} \tag{6-7}$$

其中 $\theta^{(l)}$ 表示第 l 次迭代中的模型参数，$P(y_t\mid y_{t-1:\ \max(1,\ t-p)},\ \mu_j,\ \sum_j,\ A_j)$ 表示 p 阶自回归过程的概率密度，它取决于潜在状态。在E步骤中推导模型参数之后，通过在 $Q(\theta\mid\theta^{(l)})$ 中将每个参数分离，可以直接计算出参数中的最大值。因此得到：

$$\delta_j=\frac{\gamma_0(j)}{\sum_j\gamma_0(j)} \tag{6-8}$$

$$q_{ij}=\frac{\sum_t\xi_t(i,\ j)}{\sum_{j\neq i}\gamma_0\sum_t\xi_t(i,\ j)} \tag{6-9}$$

$$r_j(n)=\frac{\sum_t \eta_t(j,\ n)}{\sum_n \sum_t \eta_t(j,\ n)} \tag{6-10}$$

我们可以将 μ_j 变为传统的未惩罚的条件均值、自回归过程 A_j 的矩阵以及 Lasso 正则化 VAR 模型中的最小二乘回归，其中权重 $\gamma_t(j)$ 与观测值的概率密度 $P(y_t \mid y_{t-1:t-p})$ 结合。我们采用 Friedman(2007)等开发的路径坐标下降优化算法更新 μ_j 和 A_j 的值。将 VAR 模型误差的加权方差与受约束的单位矩阵 $W\alpha I_p$ 相结合，$\sum_j$ 可以如式(6-2)所示进行更新。根据 EM 算法的渐进性质，当时间 T 达到无穷大时，模型的估计参数 θ 基本与真实值一致。

6.3.4 预估和优化模型参数

为了评估提出的模型的性能，我们首先使用模拟数据评估模型中参数的精确度。模拟数据是由拥有 M=2 个潜在状态(正常状态和异常状态)和容量为 T=1000 的样本生成的维度为 d=50 的多变量时间序列。表 6-1 汇总了模拟的参数。

表 6-1 仿真参数

参数	值
数据维度	d=50
样本容量	T=1000
状态量	M=2
状态均值	$\mu=0_{50\times1}$
最大状态持续时间	D=30

故构建转移概率矩阵如下：

$$Q=\begin{bmatrix}0 & 1\\1 & 0\end{bmatrix}$$

其中，Q 表明了不允许潜在状态进行自我转换，因为定义的状态持续时间概率密度 $r_i(n)$ 指定了状态 i 持续 n 个单位时间的概率。因此，在考虑密集和稀疏协方差 Σ 和自回归 A 矩阵的情况下模拟时间序列。我们为正常状态和异常状态定义的稀疏协方差矩阵如下：

$$\sum_{1,\ ij}^{Dense}=\begin{cases}e^{-|i-j|},\ if|\ i-j|<2\\0,\ otherwies\end{cases} \tag{6-11}$$

$$\sum_{2,\ ij}^{Dense}=\begin{cases}e^{-2|i-j|},\ if|\ i-j|<2\\0,\ otherwies\end{cases} \tag{6-12}$$

$$A_{1,ij}^{Dense}=\begin{bmatrix}0.1 & 0.05 & \cdots & 0\\0.05 & 0.1 & \cdots & 0\\\vdots & \vdots & \ddots & \vdots\\0 & \cdots & 0.05 & 0.1\end{bmatrix} \tag{6-13}$$

$$A_{2,ij}^{Dense}=\begin{bmatrix}0 & \cdots & 0\\\vdots & \ddots & \vdots\\0 & \cdots & 0\end{bmatrix} \tag{6-14}$$

密集矩阵定义如下：

$$\sum_{1,\ ij}^{Dense}=e^{-|i-j|} \tag{6-15}$$

$$\sum_{2,\ ij}^{Dense}=e^{-2|i-j|} \tag{6-16}$$

$$A_{1,ij}^{Dense}=\frac{1}{10}e^{-|i-j|} \tag{6-17}$$

$$A_{2,ij}^{Dense}=\frac{1}{10}e^{-2|i-j|} \tag{6-18}$$

以上提出的框架被用来估计两个模型，即用模拟数据进行正则化的 Lasso-VHsMM 模型和不进行正则化的 VHsMM 模型。我们使第一个模型的自相关性 $p=1$。对于 Lasso-VHsMM 模型，通过最小化均方预测误差（MS-FE），分别为协方差矩阵 Σ 和自回归矩阵 A 选择正则化罚数 λ 和 λ_a。为了选择合适的 λ_a 值，我们在[0.1，100]的范围内均匀分布的 20 个网格点上寻找合适的罚数。同样，我们在带有 100 个网格点的[0.0001，1]区间内为 λ 选择一个合适的值。

在时刻 $T_1=300$ 和 $T_2=600$ 处将模拟数据划分为三段。将第一个时段[1：$T_1=300$]的数据用于训练模型，第二个时段[$T_1=300$；$T_2=600$]的数据用于验证模型参数，第三个时段[$T_2=600$，1000]的数据用于测试模型。模拟过程如下：

(1)使用表 6-1 中的参数和式(6-7)估算时间序列。

(2)使用模拟数据估算和验证 Lasso-VHsMM 和 VHsMM 模型。

(3)为模拟的时间序列计算估计参数和实际参数的变化的 Frobenius 范数(或 Euclidean 范数)。将这个过程重复 1000 次，并计算得出 Frobenius 范数的平均数。

表 6-2　Frobenius 范数下估计参数的误差

参数	疏		密	
	VHsMM	Lasso-VHsMM	VHsMM	Lasso-VHsMM
$\|\hat{A}_1-A_1\|_F$	3.1242(0.2447)	0.3089(0.0004)	3.5463(0.2326)	0.3217(0.0009)
$\|\hat{A}_2-A_2\|_F$	3.3935(0.2156)	0.1088(0.0006)	3.3719(0.2778)	0.1277(0.0006)
$\|\hat{\Sigma}_1-\Sigma_1\|_F$	3.0332(0.1446)	1.0027(0.0028)	3.1183(0.1015)	2.0196(0.0837)
$\|\hat{\Sigma}_2-\Sigma_2\|_F$	3.0851(0.1199)	1.1083(0.0041)	3.0098(0.1180)	1.9472(0.0200)
$\|\hat{\mu}_1-\mu_1\|_F$	0.4190(0.0544)	0.3228(0.0022)	0.4276(0.0506)	0.3133(0.0020)
$\|\hat{\mu}_2-\mu_2\|_F$	0.4057(0.0505)	0.3027(0.0016)	0.4024(0.0513)	0.3068(0.0012)
$\|\hat{r}_1-r_1\|_F$	0.1547(0.0303)	0.1284(0.0047)	0.2233(0.0324)	0.1789(0.0027)
$\|\hat{r}_2-r_2\|_F$	0.1615(0.0286)	0.1298(0.0018)	0.1732(0.0240)	0.1169(0.0011)

表 6-3　潜在状态识别混淆矩阵的示例

			真实值		
疏	Lasso-VHsMM		状态 1	状态 2	精确度 96.7213%
		状态 1	177	6	
		状态 2	10	125	
		Recall	94.6524%		
	VHsMM		状态 1	状态 2	精确度 96.7213%
		状态 1	176	10	
		状态 2	11	121	
		Recall	94.1176%		

续表

密	Lasso-VHsMM		真实值		精确度 92.4324%
			状态 1	状态 2	
		状态 1	171	14	
		状态 2	16	117	
		Recall	91.4439%		
	VHsMM		状态 1	状态 2	精确度 91.3043%
		状态 1	168	6	
		状态 2	19	115	
		Recall	89.8396%		

表 6-2 表明 Lasso-VHsMM 模型生成的协方差和自回归矩阵的误差远低于 VHsMM 模型生成的误差。这个结果在稀疏矩阵的估计中最为明显。对于密集矩阵，Lasso-VHsMM 模型在估计 Σ 和 A 的效果上也要比 VHsMM 好得多。关于 VAR 中的条件均值 μ 和状态持续时间概率密度 r 的估计，Lasso-VHsMM 模型略微优于 VHsMM 模型，且标准差低得多。表 6-2 中的最后四行显示，Lasso-VHsMM 估计的参数标准差始终是 VHsMM 估计的参数的 1/10，证实了 Lasso-VHsMM 模型的稳定性能。表 6-3 给出了一个通过这两个模型识别潜在状态得出的混淆矩阵，对于密集矩阵和稀疏矩阵，Lasso-VHsMM 在精度和召回率方面均具有更出色的状态识别性能。如表 6-4所示，我们在 1000 个模拟的时间序列上重复此过程以生成平均精度、召回率和状态分类的精度，显然 Lasso-VHsMM 在识别多维度的潜在状态方面始终胜过 VHsMM 模型。

表 6-4　潜在状态识别的平均精度、召回率和准确性

		精确度	Recall	准确率
疏	Lasso-VHsMM	97.27%	95.19%	94.97%
	VHsMM	95.63%	94.09%	93.08%
密	Lasso-VHsMM	93.99%	91.49%	90.88%
	VHsMM	91.26%	88.36%	89.62%

6.3.5 优化训练数据集测试模型性能

我们通过最大似然法估计出的组合加权样本协方差矩阵 $\hat{\sum}$ 和目标矩阵 αI_p 来生成正则化协方差矩阵，该矩阵由 $\sum^r$ 表示。

$$\sum{}^r = (1 - W)\hat{\sum} + W\alpha I_p \qquad (6-19)$$

约束条件是 $\sum^r$ 的迹等于 $\hat{\sum}$ 的迹，其中 $W = \frac{\lambda}{1+\lambda} \in [0, 1]$，从而使用 $arg\ \min_{0 \leqslant W \leqslant 1} E_{\theta_0} \| \sum^r - \sum_0 \|^2$ 来获得最佳权重。随后，正则化参数 λ 通过总体分布自适应选择，即 $\lambda_0 = \frac{W_0}{1 - W_0}$。协方差矩阵压缩被定义为一个惩罚的最大似然估计，正则化参数 λ 从观测值中选择，作为获得 Frobenius 范数的协方差矩阵 $\sum$ 最小优化误差的方法。清楚地观察到，一旦 $W = 0$，我们就有 $\sum^r = \hat{\sum}$。选择换算系数 α 以满足迹相等的约束，即 $tr(\sum^r) = tr(\hat{\sum})$。通常情况下正则化保证了矩阵 $\sum^r$ 的正定性，使 $\sum^r$ 的大小与样本协方差矩阵 $\hat{\sum}$ 的大小相同，并且还增强了矩阵 $\sum^r$ 的正规性。例如，当 λ 的值增加时，正则化协方差矩阵的条件数通常接近 1，从而表明矩阵的最大和最小特征值之间的离差较小。

对自回归系数 A 的惩罚参数应用传统 Lasso，以识别最大的相关系数。Lasso 系数可以通过最小化目标函数来估算，在自回归系数的绝对值和 $l1$ 范数上加上系数 λ_a。惩罚参数 λ 用于控制正则化强度，较小的 λ 通常会导致更加严格的选择。

$$a^{\gamma} = arg_a \min \| y_{p+1:T} - \mu + \sum_{p}^{k=1} a_k^T y_{p+1-k:T-k} \|_2^2 + \lambda_a \| a \|_1 \qquad (6-20)$$

其中 $\| \cdot \|_1$ 是曼哈顿范数，$\| \cdot \|_2$ 是欧几里得范数，且惩罚参数 $\lambda_a \geqslant 0$ 用来控制正则强度。惩罚约束将模型估计和变量选择组合到一个过程中。Lasso 通过将可忽略的系数归零并缩小其他相关系数来选择系数。

我们通过最小化均方预测误差（MSFE）来确定正则化惩罚参数 λ。将所有数据观测值分为三个集合：训练集 $[1:T_1]$、验证集 $(T_1:T_2]$ 和测试集 $(T_1:T_3]$，如图 6-4 所示。

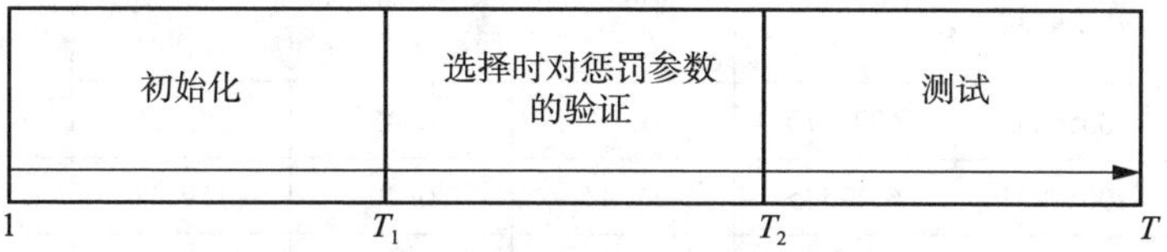

图 6-4　用于惩罚参数验证的数据集分区

第一步使用从初始化时间段 1 到时间 $t=T_1$ 的数据进行模型估计并预测 $\widehat{y}^{\lambda_i}_{T_1+1}$，其中 $i=1, \cdots, N$，表示所有惩罚参数。在第二步中，我们在时间 $t=T_1+1$ 处添加一个额外的观测值，以估计模型并预测 $\widehat{y}^{\lambda_i}_{T_1+2}$。随后，我们重复此过程，直到时间 $t=T_2-1$ 为止。可以通过最小化 MSFE 来选择惩罚值 λ：

$$\mathrm{MSFE}(\lambda_i) = \frac{1}{T_2 - T_1}\sum_{t=T_1}^{T_2-1} \| \widehat{y}^{\lambda_i}_{t+1} - y_{t+1} \|_F^2 \tag{6-21}$$

其中 $\|\cdot\|_F$ 是 Frobenius 范数，定义为 $\|A\|_F=\sqrt{tr(A^TA)}$。我们从网格中搜寻惩罚参数 λ 和 λ_a，从最小的值开始，在该值处每个系数被要求等于零，随后以对数线性步长增加值，使用 $25\lambda_{\min}$ 的网格深度和 10 个网格点来选择合适的性能。

6.4 实验和评价

6.4.1 上证实验数据说明

为了识别一些交易行为背后的意图是否正当，使用三级订单的买入和卖出双方的价格和深度进行测度。我们从国泰安数据库获得 5 秒钟频率订单数据，选择在上海证券交易所上市的 CSI 300 指数成份股，其中不包括金融业和上市时间少于三年的公司，最终选择了 2005 年 8 月至 2016 年 8 月 148 只股票作为数据集。表 6-5 汇总了这些统计数据。

表 6-5　随机选择的股票样本的统计

编号	开始时间	观测样本数量（个）	市场价值 MV（元）	按市值计价的股票比率(%)	周转率（次）	产业
600009	20050802	6096670	3.58	0.45	283.26	G
600018	20050823	6217505	11.44	0.40	159.38	G
600019	20050819	6814311	12.63	1.01	189.52	C
600021	20050802	5789266	1.30	1.01	189.52	D
600028	20050802	7003746	79.53	0.68	192.68	B
600031	20050802	6572498	6.08	0.27	334.38	C
600037	20050802	6144264	1.57	0.42	398.61	I
600048	20060801	6254424	7.22	0.43	358.59	K
600050	20050802	7095527	12.19	0.63	317.67	I
600060	20050802	6202587	1.17	0.58	502.96	C
600104	20050802	6648.977	15.45	0.61	175.37	C
600150	20050802	5811173	4.87	0.37	355.97	C
600153	20050802	5528810	1.86	0.47	356.93	F
600221	20050802	6335269	2.86	0.60	422.25	G
600332	20050802	5457670	1.70	0.30	480.44	C
600372	20050802	4187902	2.01	0.21	467.09	C
600373	20050802	4466210	0.92	0.38	769.24	R
600376	20050802	5449450	1.54	0.60	561.86	K
600383	20050802	6216054	3.16	0.56	408.03	K
600406	20050802	4900218	2.38	0.13	298.76	I
600415	20050802	5069522	2.57	0.26	285.57	L
600446	20050802	4271413	0.68	0.21	614.79	I
600489	20050802	6445691	3.23	0.23	633.41	B
600519	20050802	5808568	17.78	0.15	111.26	C
600570	20050810	3458298	1.32	0.11	434.42	I

续表

编号	开始时间	观测样本数量（个）	市场价值 MV（元）	按市值计价的股票比率(%)	周转率（次）	产业
600585	20050802	5763471	8. 82	0. 45	241. 54	C
600606	20050802	4784083	2. 30	0. 52	686. 33	K
600688	20050802	5462120	5. 44	0. 34	554. 19	C
600690	20050802	6018562	3. 54	0. 34	282. 22	C
600704	20050802	5146162	1. 00	0. 52	587. 21	F
600737	20050802	5496981	1. 33	0. 28	604. 65	C
600739	20050802	5888146	2. 52	0. 38	487. 77	F
600795	20050802	6464099	4. 68	0. 58	333. 29	D
600827	20050802	4986806	1. 40	0. 50	419. 97	F
600871	20050802	3990858	3. 73	0. 29	717. 59	B
600886	20050810	4961217	2. 62	0. 51	309. 34	D
600895	20050802	6052374	1. 77	0. 35	362. 96	S
600900	20050816	5727339	13. 93	0. 47	162. 79	D
601006	20060802	6118540	13. 99	0. 49	225. 04	G
601018	20100929	3039754	4. 97	0. 60	237. 15	G
601111	20060821	5858692	9. 97	0. 50	320. 24	G
601117	20100108	3956957	3. 62	0. 55	463. 91	E
601118	20110110	3342477	2. 85	0. 31	914. 63	A
601186	20080311	4981514	10. 61	0. 74	319. 67	E
601333	20061225	5745430	3. 13	0. 83	341. 86	G
601390	20071204	5265225	12. 88	0. 73	281. 27	E
601600	20070508	5552114	12. 04	0. 51	283. 03	C
601607	20100310	3771642	2. 58	0. 50	427. 32	F
601608	20120709	1890581	1. 70	0. 50	732. 06	C
601600	20070508	5552114	12. 04	0. 51	283. 03	C
601607	20100310	3771642	2. 58	0. 50	427. 32	F
601608	20120709	1890581	1. 70	0. 50	732. 06	C
601618	20090922	3955802	6. 88	0. 71	282. 5	E

续表

编号	开始时间	观测样本数量（个）	市场价值 MV（元）	按市值计价的股票比率(%)	周转率（次）	产业
601668	20090730	4415087	13.59	0.79	267.55	E
601669	20111019	2588456	5.94	0.71	738.88	E
601727	20081208	3981268	7.82	0.36	325.29	C
601766	20080819	4582147	10.22	0.35	107.81	B
601857	20071106	5315030	217.61	0.54	399.32	L
601888	20091016	3471201	3.26	0.22	476.93	B
601899	20080430	5039212	7.87	0.31	333.03	G
601919	20070627	4911125	10.25	0.47	1283.0	D
601989	20091217	3707862	10.05	0.42	376.28	C

6.4.2 上证实验数据结果

三级订单的买入和卖出方的市场价格 p_t 和深度 v_t 被组合为一个多变量时间序列。因此，把 $d=4\times3=12$ 维的订单向量定义为：

$$OBV_t=[p_t^{a,1},\ p_t^{b,1},\ v_t^{a,1},\ v_t^{b,1},\ p_t^{a,2},\ p_t^{b,2},\ v_t^{a,2},\ v_t^{b,2},\ p_t^{a,3},\ p_t^{b,3},\ v_t^{a,3},\ v_t^{b,3}] \tag{6-22}$$

其中，t 表示时间，$p_t^{a/b,k}$ 表示第 k 级订单的市场卖价(a)或买价(b)，$v_t^{a/b,k}$ 表示第 k 级订单的市场卖价或卖价深度。

然后，把 Lasso-VHsMM 中的观测变量 y_t 定义为 OBV_t 每一维度的对数收益率：

$$y_t=\left[\log\frac{p_t^{a,1}}{p_{t-1}^{a,1}},\ \log\frac{p_t^{b,1}}{p_{t-1}^{b,1}},\ \log\frac{v_t^{a,1}}{v_{t-1}^{a,1}},\ \log\frac{v_t^{b,1}}{v_{t-1}^{b,1}},\ \cdots,\ \log\frac{v_t^{a,3}}{v_{t-1}^{a,3}},\ \log\frac{v_t^{b,3}}{v_{t-1}^{b,3}}\right] \tag{6-23}$$

图 6-5 中的热图显示了上述等式中的对数收益率之间的相关性的四个示例。在第一行中，一半维度具有中等强度以上的正相关，而其余一半则

弱相关。相比之下，第二行热图在大多数上的相关性较弱。稀疏的相关证实了 Lasso-VHsMM 模型的正则化自回归矩阵的稀疏性原因。

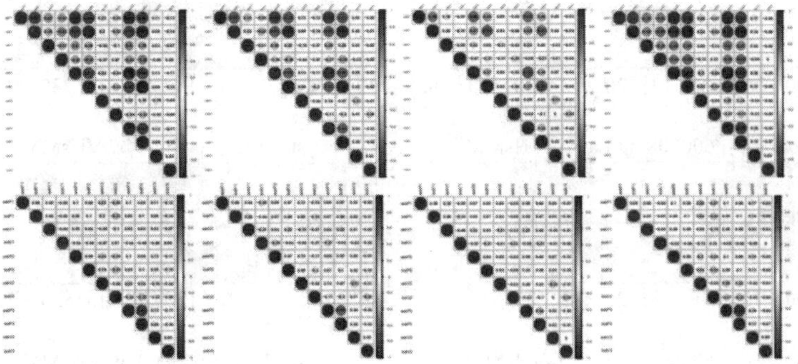

图 6-5　等式中 12 个维度的 OBS 的对数返回(滞后 0 和 1)相关热图的四个示例

使用真实数据评估 Lasso-VHsMM 并不容易，因为潜在状态通常观测不到。如 Fiecas 等所述，该模型“不能检测到特定公司受到影响的准确时间”。因此，我们使用针对特定日期的订单数据测试了我们提出的模型。2016 年 1 月 4 日至 7 日，上海证券交易所股票市场因动荡发生熔断。鉴于该事件已被公开披露，确定大约在 2016 年 1 月 4 日 13：33 以及 2016 年 1 月 7 日 9：40 和 9：58 交易行为异常。所以在此期间的订单数据被当作测试数据用来评估提出的模型。2015 年 6 月至 2015 年 12 月的订单数据用于模型估计。

首先估计自相关阶数 $p=1$ 的 Lasso-VHsMM 和 VHsMM 模型，随后使用测试数据进行测试。通过最小化均方预测误差选择正则化罚数(MSFE)。在[0.1，100]范围内的 20 个网格点上选择罚数 λ_a，从[0.0001，1]范围内的 100 个网格点上选择罚数 λ。

式(6-22)中展现了 12 个订单变量；图 6-5 中显示了四个示例股票分析后的潜在状态。图 6-6 的 A 组提供了 2016 年 1 月 4 日 13：00 到 13：40 的数据，在此期间，发生了第一次熔断。图 6-6 的 B 组显示了 2016 年 1 月 7 日 9：20 到 10：00 的数据，在此期间发生第二次熔断。左列表示使用 Lasso-VHsMM 模型检测的潜在状态，右列反映 VHsMM 模型检测的潜在状态。

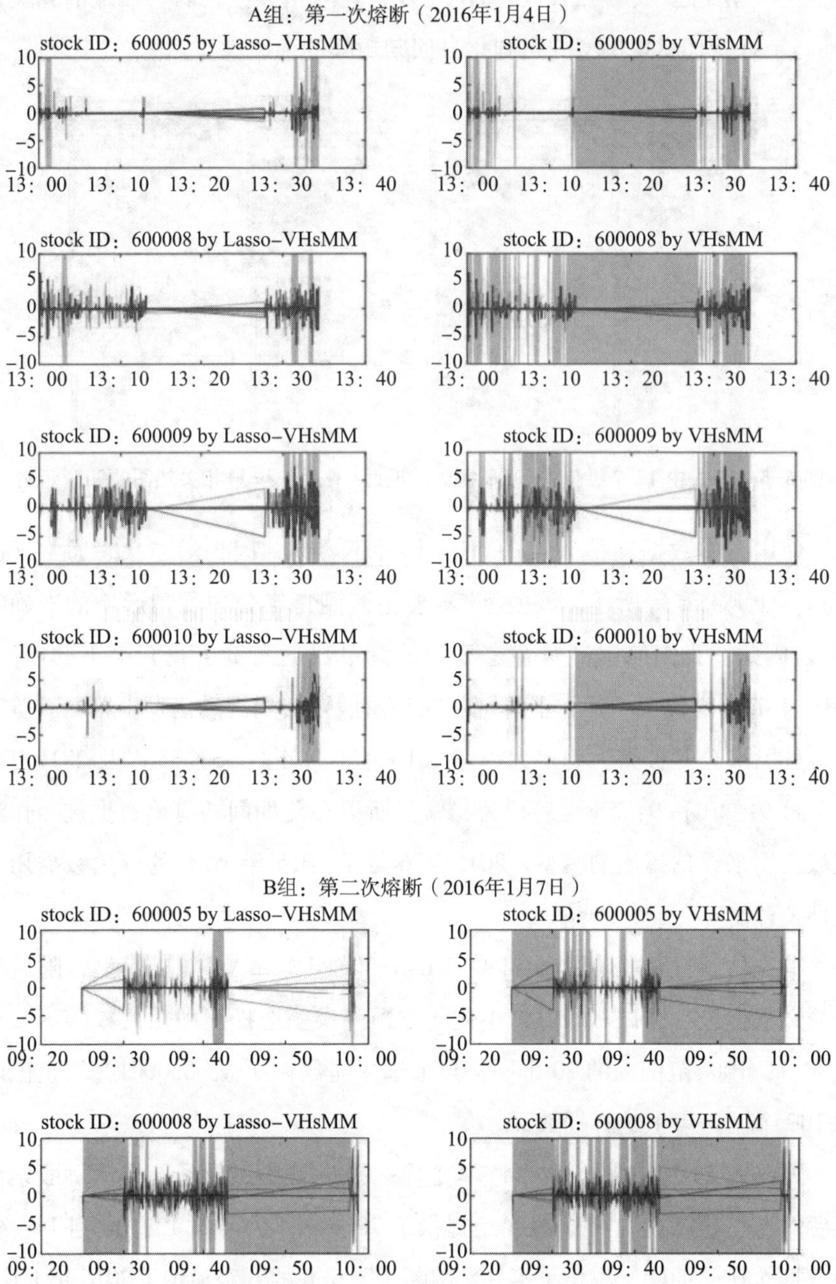

图 6-6　由 Lasso-VHsMM 和 VHsMM 模型解码的订单数据和潜在状态的示例

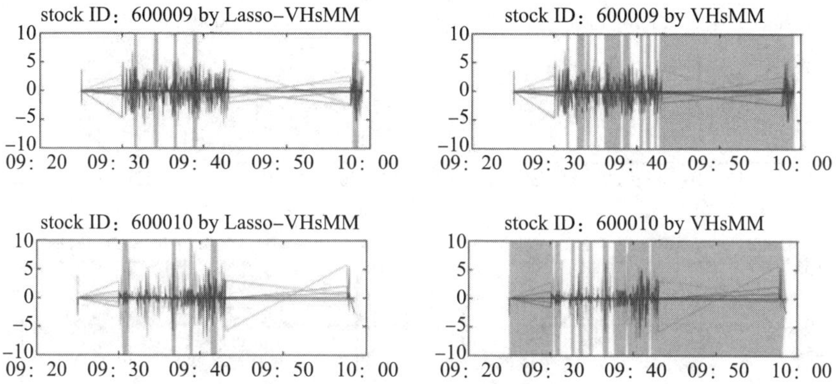

图 6-6　由 Lasso-VHsMM 和 VHsMM 模型解码的订单数据和潜在状态的示例(续)

由于在此之前几分钟的交易行为异常，于 2016 年 1 月 4 日 13：33 发生了第一次熔断。显然，在图 6-6A 组的左列中，Lasso-VHsMM 准确识别 13：30 到 13：33 持续的异常潜在状态(灰色区域)，这直接导致了熔断。但是，图 6-6 A 组的右列显示 VHsMM 识别出更多的异常潜在状态。与 Lasso-VHsMM 相比，2016 年 1 月 4 日的市场动荡导致 VHsMM 识别出更多异常潜伏状态，从而导致错误识别。

图 6-6 B 组展示了 2016 年 1 月 7 日 9：20 到 10：00 之间的数据，在这段时间内可以观察到更加动荡的市场，如 Wikipedia(2019)所记录的那样。右列中 VHsMM 几乎将所有市场行为识别为异常状态，而左列中 Lasso-VHsMM 则是大约在 9：40 和 9：58 与其他几个时间点检测到异常状态。显然，尽管两列中的结果表示出某些相似的潜在状态，例如股票 600008，但是 Lasso-VHsMM 比 VHsMM 更稳定地识别异常潜伏状态。图 6-7中的例子显示了相似的结果。

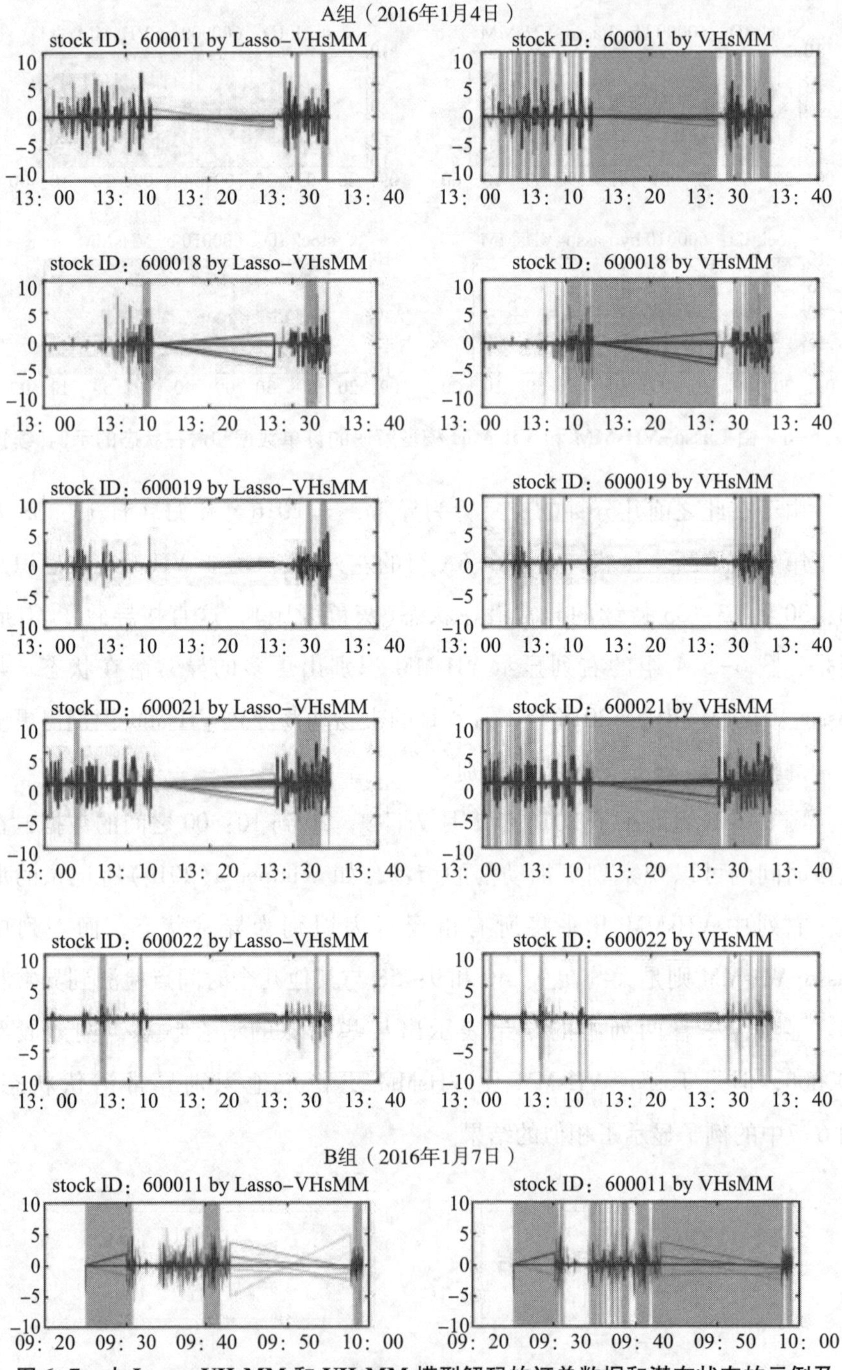

图 6-7　由 Lasso-VHsMM 和 VHsMM 模型解码的订单数据和潜在状态的示例及 2016 年 1 月 7 日 9：20 到 10：00 的数据

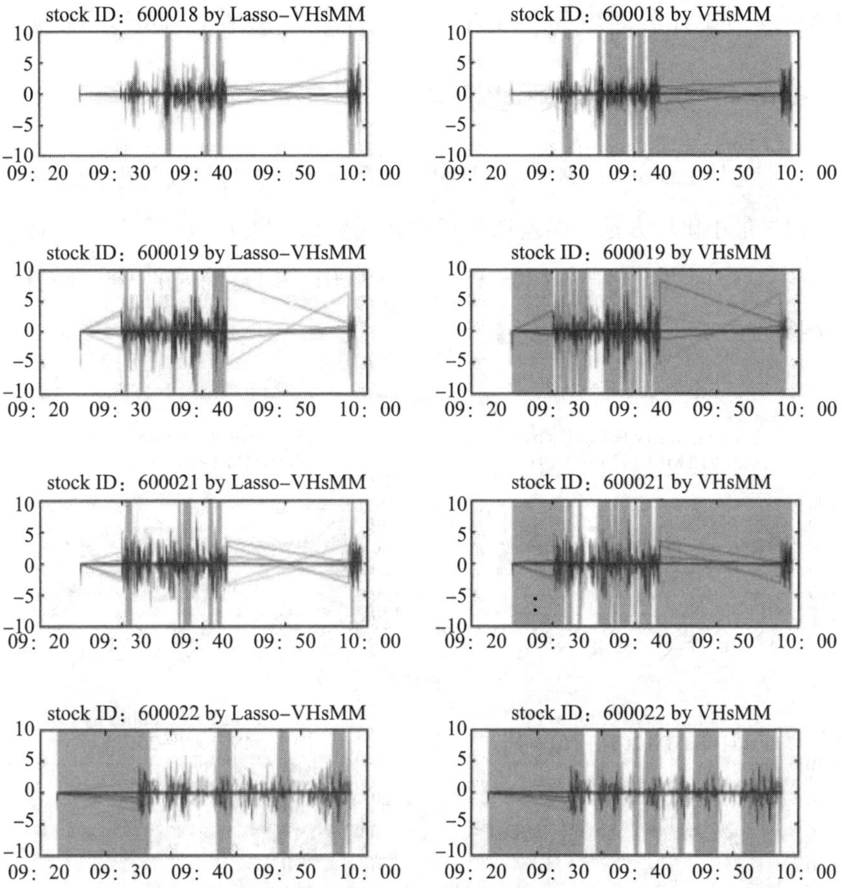

图 6-7　由 Lasso-VHsMM 和 VHsMM 模型解码的订单数据和潜在状态的示例及 2016 年 1 月 7 日 9：20 到 10：00 的数据(续)

我们强调将基于观察到的变量的潜在状态的重建作为一个大致的分类，反映了 Fiecas 等(2017)的观点。这样的分类无法确定发生特定事件并影响市场的确切日期和时间。但是，Lasso-VHsMM 模型使我们能够在更大程度上捕获到金融市场中的异常状态。

6.4.3　美国股票实验数据说明

本节将 Lasso-VHsMM 和 VHsMM 模型应用于美国行业投资组合数据，这些数据可从 French(2019)获得。数据包括来自纽约证券交易所、纳斯达克和美国证券交易所的 49 个不同行业的每日收益。该数据集的时间跨度为

1926 年 7 月 1 日至 2019 年 6 月 28 日，包含了 d=49 维的 49030 条记录。

6.4.4 美国股票实验数据结果

我们运用 Lasso-VHsMM 和 VHsMM 模型重新检测每日收益背后的潜在状态。通过最小化均方预测误差选择正则化罚数(MSFE)，在[0.1，100]的范围内的 20 个网格点上选择罚数 λ_a，从[0.0001，1]范围内的 100 个网格点上选择罚数 λ。

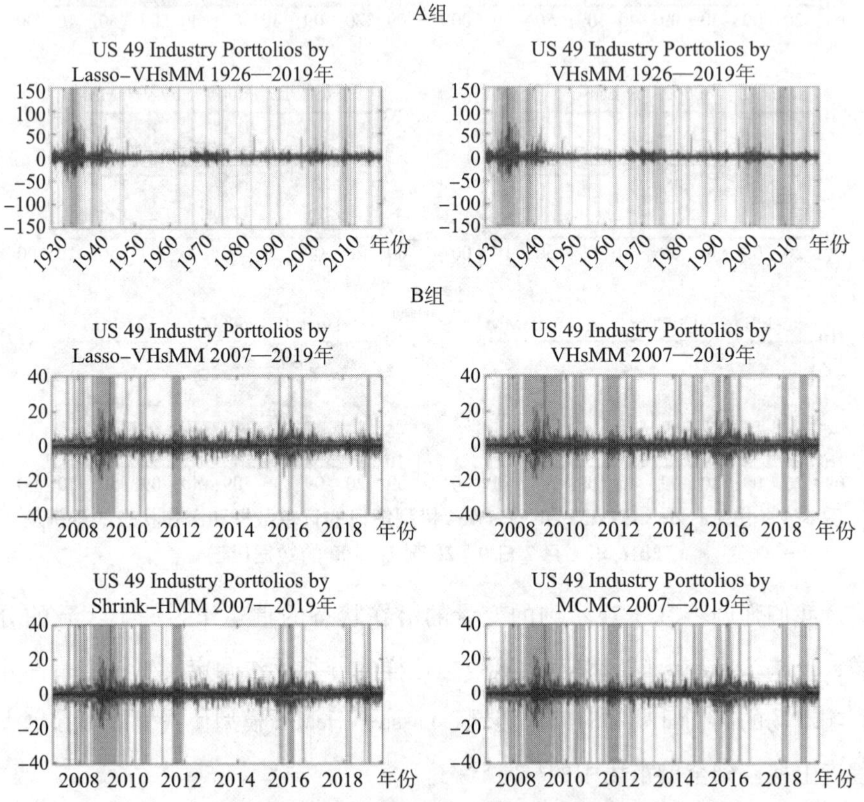

图 6-8　Lasso-VHsMM 和 VHsMM 模型从

1926 年 7 月 1 日到 2019 年 6 月 28 日的数据及

Lasso-VHsMM、VHsMM、

Shrink-HMM 和 MCMC 模型从 2007 年 1 月 3 日到 2019 年 6 月 28 日的数据

图 6-8 中显示了检测到的异常潜在状态。在 A 组中，显示了 Lasso-VHsMM(左列)检测出的 1926 年至 2019 年 93 年数据的异常状态。很明显，异常状态包括一些重大事件，包括 20 世纪 30 年代发生(Wikipedia，2019)的大衰退、70 年代发生的大通货膨胀、2000 年发生的互联网泡沫以及 2008 年发生的全球金融危机。为了更加详细的分析，我们使用 2007 年 1 月 3 日至 2019 年 6 月 28 日的数据，重新运行 Lasso-VHsMM、Shrink-HMM 和 MCMC 模型，并将结果显示在 B 组中。左列中的 Lasso-VHsMM 结果提供了对许多重大事件(包括 2008—2009 年金融危机)的检测、2011 年的两次触底衰退、2016 年的震荡(即中国股市崩盘、欧佩克减产和英国脱欧)和 2019 年的不确定性。比较 A 组和 B 组左右两栏中识别出的潜在状态，我们发现尽管潜在状态具有某些相似性，但 Lasso-VHsMM 模型实现了更多可解释和稳定的识别。虽然 Lasso-VHsMM 模型并不能提供一种准确的分类，但这是一种无监督的学习方法，虽然不能通过潜在状态准确预测事件，但提供了一种强有力的方法来确定美国行业在稳定状态和异常状态之间的过渡，这种过渡对市场具有威胁。在 B 组中，还展示了 VHsMM、Shrink-HMM 和 MCMC 模型的结果。可以清楚地观察到，除了 2009 年底和 2010 年初发生的一些更微小的事件外，Shrink-HMM 模型实现了与 Losso-VHsMM 模型非常相似的潜在状态检测。然而，MCMC 模型确定了大多数微小的而不是主要的潜在状态。

表 6-6 基于美国行业投资组合指数的多空伪交易策略的结果

	收益	风险	夏普比率	周转率(%)
Lasso-VHsMM	0.1775	0.0985	1.8025	1.2499
VHsMM	0.1235	01448	0.8530	5.5133
Shrink-HMM	0.1519	0.1096	1.3864	6.2483
MCMC	0.0972	0.2055	0.4732	6.4059

除了状态识别外，表 6-6 还显示了使用不同策略的伪多空交易策略的结果，目的是比较不同的潜在状态识别，而不是研究盈利能力。结果表明，Lasso-VHsMM 模型在识别稳定和波动的金融状态方面取得了最佳的夏

普比率，高于其他所有模型。

6.4.5 汇率实验数据说明

除了多元数据的实证研究外，本节还研究了四种主要外汇储备的汇率：欧元/美元、英镑/美元、英镑/欧元和英镑/日元。选择外汇汇率主要是因为外汇汇率具有高度的流动性、波动性和对大多数经济事件的敏感性，而且还补充了一维金融数据的实证研究。

6.4.6 汇率实验数据结果

为了进一步比较，再次对外汇汇率实行伪交易策略，结果如表 6-7 所示。Lasso-VHsMM 模型通过检测出主要潜在状态获得了最佳夏普比率，而 Shrink-HMM 在检测更多潜在状态时获得次优性能，MCMC 模型最差。图 6-9 显示了使用 Lasso VHsMM、shrink-HMM 和 MCMC 模型检测出的欧元/美元和英镑/美元汇率潜在状态。结果表明，Lasso-VHsMM 模型能有效地检测出潜在状态，且对微小变化不太敏感。Shrink-HMM 模型检测出了最主要的状态和一些微小的变化。然而，MCMC 模型对一维 FX 数据非常敏感，能够检测最不稳定的事件。

表 6-7 基于 Lasso-VHsMM、shrink-HMM 和 MCMC 模型的 EUR/USD 和 GBP/USD 汇率的多空伪交易策略结果

EUR/USD	收益	风险	夏普比率	周转率(%)
Lasso-VHsMM	0.1585	0.1318	1.2025	1.2499
shrink-HMM	0.1525	0.1369	1.1139	4.2483
MCMC	0.0991	0.1752	05653	6.4059
GBP/USD	收益	风险	夏普比率	周转率(%)
Lasso-VHsMM	0.1869	0.1054	1.7729	1.2499
shrink-HMM	0.1451	0.1087	1.3348	4.2483
MCMC	0.1009	0.2178	0.46732	6.4059

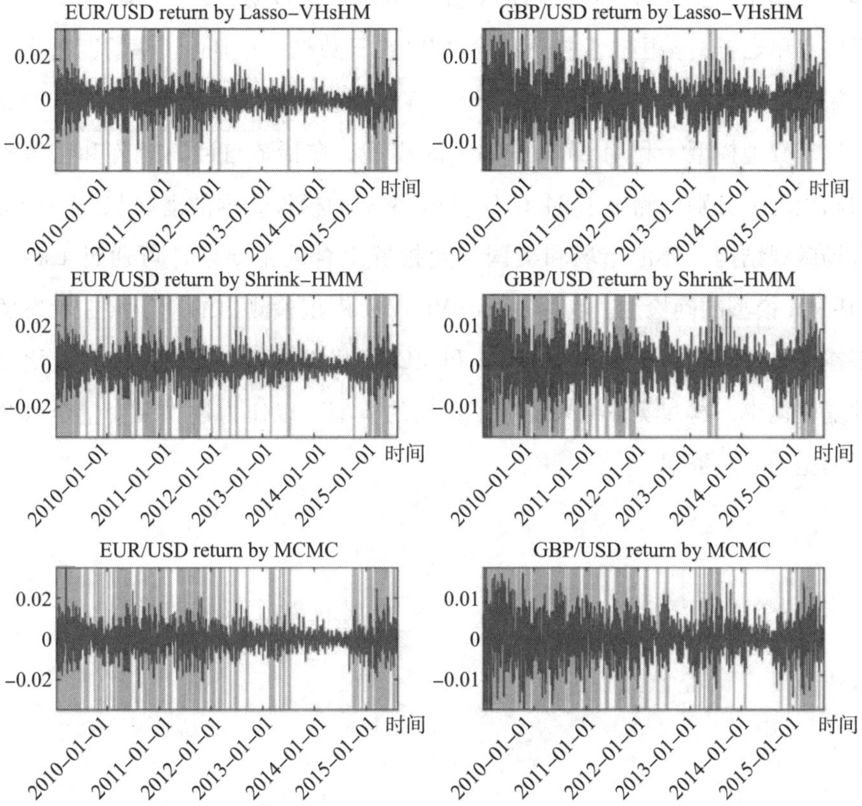

图 6-9 Lasso-VHsMM、Shrink-HMM 和 MCMC 模型解码的 FX 数据和潜在状态

6.5 结论

通过放宽其假设之一，HMM 模型已进行了大幅扩展。然而，之前并未建立寻求释放所有这些假设的通用框架。因此，本次研究采用新式的方法通过开发 Lasso-VHsMM 模型解决此问题。我们认为观察到的变量遵循 p 阶向量自回归过程，使潜在状态能够通过半马尔可夫链演化，并通过惩罚最大似然法来收缩自回归矩阵和协方差矩阵。这种设计特别适合实际的金融数据，这些数据通常是多维的、自相关的，往往是由某一个或两个潜在状态产生的，更重要的是包含稀疏(或接近稀疏)的自回归矩阵和协方差矩阵。该模型的实证研究包括四个部分：50 维模拟数据；5 秒钟频率 12 维的股票订单数据；美国行业投资组合的 49 维日数据；1 小时频率的四种主要汇率 1 维数据。实证分析表明，Losso-VHsMM 模型在检测潜在状态方面始终优于其他模型。利用 Lasso-VHsMM 模型，在稀疏自回归矩阵和密集自回归矩阵上分别检测出了 94.65%和 91.44%的模拟数据的潜在状态。金融市场微观结构、外汇市场和美国行业投资组合的主要事件可通过 Lasso-VHsMM 模型准确检测。利用 Lasso-VHsMM 模型检测出的基于潜在状态的多空交易策略比基于 Shrink-HMM 和 MCMC 模型的多空交易策略具有更好的夏普比率。这些实证结果证实了提出的模型可以作为建立多变量金融数据模型的一般框架。

7 基于概率神经网络的交易型操纵行为监测模型

2007 年，我国制定的《证券市场操纵行为认定办法》对具体的操纵手段如连续交易、约定交易、洗售等进行了认定，还对《证券法》中操纵证券市场的其他手段如蛊惑交易操纵、“抢帽子”交易操纵、虚假申报操纵、特定时间的价格或价值操纵、尾市交易操纵等予以认定。该认定办法同时明确了操纵行为的证明标准，即操纵行为的认定应当适用明显优势证明的标准。

从我国股票市场上的现有操纵事件来看，操纵者大多数都通过交易行为来影响被操纵股票的价格，从而达到获取超额利润的目的。总结我国操纵事件的特点，可以把操纵的主要方式归为以下几种：

(1)洗售，又称为自买自卖或者虚买虚卖。操纵者为了达到操纵市场的目的，人为地在证券市场上制造出一种虚假繁荣的假象，在这个过程中不涉及证券所有权的转移。洗售的常见手法主要有三种：第一种是参与交易的双方在同一经纪商那里进行互相申报买卖股票，在此期间并没有发生相关股票或者资金的交割行为；第二种是操纵者选择两位不同的经纪商，将预先的委托指令分别下达给两位经纪商，由一位经纪商进行买入交易，另一位经纪商进行卖出交易，因此所有权并没有发生转移；第三种是操纵者首先卖出手中的一部分股票，然后安排其同伙买入相同数量的股票，从而退还股票给操纵者，收回资金。

(2)连续交易，也称为连续买卖。操纵者出于影响证券交易价格目的，利用其资金集中、持股或者信息等优势，单独或者联合多人在一定时间里连续频繁地买卖目标证券，使该证券的价格大幅上涨或者下降，制造出交易活跃的表象，从而吸引不知情的投资者做出错误的交易判断，操纵者由此获取利润。

(3)相对委托，又称为合谋。操纵者为了能够操纵证券市场交易行情，事先与其他同谋者商定在特定时间以约定的价格和数量买入或者卖出股票，同时由同谋者在相同时间内按照同样的价格和数量进行相反方向的交易。在这个过程中，由于操纵者和同谋者共同参与市场交易，从而造成被操纵股票的价格迅速上涨或者下跌，操纵者从中渔利。相对委托交易的过程中发生了所有权的实质性转移，因此看起来属于正常行为，这种隐蔽性的操纵手法也给监管部门带来挑战。

(4)开盘操纵、尾市操纵。操纵者往往在集合竞价交易阶段利用资金和持股优势，以大宗交易的方式提交大量的订单，然后在开盘前或者开盘后迅速撤销交易指令来影响开盘价格。同样，操纵者也会选择在收盘前的一段时间里提交大额订单，从而拉抬或者打压股票价格，获取操纵利润。

(5)联合操纵。操纵者往往由两个或者两个以上的参与者组成临时的利益组织，运用各种手段来联合操纵证券市场。联合操纵通常由操纵者与证券发行公司的相关高级管理人员等联手才能完成操纵行为。

(6)其他操纵方式。操纵者除了使用以上操纵方式达到影响股价目的之外，还可能采取如传播虚假信息、公司管理人员等利用有特殊职权影响股价等其他方式牟取不当利益。

7.1 交易型操纵行为过程分析

我国股票市场价格操纵行为的存在往往是造成股票价格异常波动的原因，从而使得股票市场的供需平衡状态被打破，操纵者趁机从股票价格震荡中获得超额利润。虽然股票市场上的价格操纵行为表现出不同的操纵手段和方法，但是操纵者都是操纵价格，利用价格波动来达到目的，对我国股票市场股价操纵案例中涉案过程的分析，整个操纵过程一般可以划分为建仓过程、洗盘过程、拉升过程和出货过程。

7.1.1 建仓过程

建仓过程是操纵者利用被操纵股票处于价格低位时买入股票的过程。由于股票价格相对较低，操纵者尽可能降低自己的持仓成本，以便在未来通过拉台股价等方式获取最大利润。建仓过程一直持续到操纵者有足够的控盘能力时才算结束。此外，操纵者在建仓的过程中为了达到持仓成本最小，往往会采用各种掩人耳目的欺骗手段来诱导不知情的投资者做出错误决策，将处于低价位的股票卖出，以得到足够的建仓筹码。

操纵者一般会根据自身建仓过程的需要而采取不同的建仓手段，主要包括三种：第一种方法称为下跌式建仓，顾名思义，这种方式就是操纵者通过不断地打压被操纵股票的价格来完成低价位建仓。在此过程中，操纵者为了防止股价过分下跌，通常有意地把股票价格下跌幅度保持在可控范围。第二种方法与下跌式建仓正好相反，称为上涨式建仓。其主要过程就是操纵者利用虚假消息等控制股票价格的上涨范围，以达到建仓的目的。第三种方法称为横盘震荡式建仓，即操纵者利用其资金、信息等有利优势引诱投资者卖出股票，并将股票价格保持在合适范围之内，以达到建仓目的。

操纵者完成建仓的过程需要一定的时间，往往需数月甚至数年之久。从我国股票市场上的实际案例可以看出，早期的操纵者往往是资金实力雄厚的机构投资者，一般会长时间地买入股票完成建仓过程。而近些年的操纵者以个人投资者为主，这类操纵者建仓时间极短，通常以虚假申报、连续交易等方式诱惑其他投资者跟风。

7.1.2 洗盘过程

操纵者通过洗盘的方式来清除投资者中的不坚定者，同时将市场的持仓成本人为拉高。操纵者在实施操纵行为之前，往往会采取洗盘的方式。

洗盘方式可以出现在股价操纵的各个阶段，有时出现在开盘时或者收盘时，有时出现在盘间股价上升时。操纵者选择在开盘时或者收盘时进行大笔交易，将股票价格打压到极低的水平，迫使一般投资者无力承担而选择离开市场。在盘间股票价格上涨的过程中，操纵者不断交易股票使股价持续震荡，误导投资者认为主力开始离场，从而卖出持仓的股票。

操纵者通过洗盘方式让投资者中的不坚定者离场，而看好被操纵股票未来机会的跟随者由于持仓成本高不会轻易卖出股票。与此同时，操纵者在洗盘的过程中拉低了成本，有利于其在以后的拉升和出货过程中顺利进行操纵并获利。

7.1.3 拉升过程

操纵者通过低成本的方式建仓以及经过洗盘过程诱导了大量一般投资者跟随，为了能够获取尽可能多的超额利润，操纵者接下来会使用各种拉升股价的手段。

从我国股价操纵案例中可以看到，在股价拉升过程中，操纵者凭其持有大量被操纵股票和资金优势，利用大量交易账户进行交易，从而造成短时间内股票价格迅速上升。操纵者常见的拉升手段主要有两种：一种是迅速拉升；另一种是盘整拉升。迅速拉升的方式多见于投资者追逐热情较高的中小盘股票，这种股票通常具有较好的投资价值和市场基础。而盘整拉升的方式则是操纵者采取反复拉升股价的行动，即操纵者首先以高价位买入被操纵股票，然后卖出一部分持仓股票获取资金，利用这部分获利资金再次买入被操纵股票，从而吸引一般投资者的跟随。反复进行以上操纵过程，股票价格就实现了拉升的目标。

总之，拉升过程的明显特点就是股票价格出现大幅度的上涨，成交量和成交价的配合较好，整个市场出现交易活跃的现象。

7.1.4 出货过程

出货过程是操纵者进行股价操纵的最后获利阶段。操纵者选择获利离场的方式主要有三种，分别是横盘方式、拉高方式以及震荡方式。横盘方式是操纵者在将股票价格拉升到一定程度之后，迷惑一般投资者使其认为股价仍可继续上涨，同时卖出手中被操纵的股票。这种出货方式多见于有优良业绩支持的公司股票。拉高方式一般出现在股票市场走势高涨的时候，操纵者采用散布虚假利好消息等手段吸引一般投资者，操纵者在此时间内获利了结。震荡方式是操纵者在股票价格上涨到高价位时，使用隐蔽的手段让股价来回震荡，从而一般投资者无法识别出操纵者的真实目的，认为股票价格处于上升过程中的回调时期，操纵者在此出货过程中卖出持有的被操纵股票。

总的来说，与拉升过程相比，操纵者的出货过程必然伴随着股票价格明显下跌及市场的成交量大幅下降。

7.2 操纵行为案例分析

7.2.1 操纵行为案例数据说明

证券交易过程可以按照是否发生在证券交易所内，将证券交易市场分为两大类：场内交易市场和场外交易市场。场内交易指的是通过证券交易所进行的股票买卖活动，证券交易所提供固定场所、各种服务设施以及管理人员，在固定的时间内集中股票交易。场外交易指的是没有固定的交易场所，在证券交易所之外进行的交易行为。我国市场上曾经存在的两个交易系统 STAQ 和 NET，扮演过场外市场的角色，后来随着市场的发展而逐渐被取消。从目前我国股票市场来看，几乎所有的股票交易都是在证券交易所内进行的。所以，我们的全部股价操纵案例来自证券交易所内的交易，而不包括场外市场交易。

结合证监会的行政处罚决定书可以发现，我国证券市场上的操纵类型主要是基于交易型的操纵。从操纵者对股票的操纵时间来看，又可以把我国市场上基于交易的操纵进一步划分为两种类型：短线操纵和长线操纵。短线操纵主要是通过频繁的申报买入和撤销申报来人为制造虚假的高价格假象，然后操纵者利用时机卖出相关股票获利，操纵时间通常在一天或者几天之内，操纵的主体多为个人投资者；长线操纵即操纵者利用多个账户，集中资金优势连续买卖、自买自卖，以达到操纵股价的目的。长线操纵的主体主要是机构投资者或者联合操纵者，操纵时间较长，大多在 1 年以上，操纵过程中需要利用到大量的股票账户。从近些年的股价操纵案例来看，我国基于交易型的操纵大多以短线操纵为主，也就是说操纵时间大多在一个月以内。

本章收集的全部案例来自证监会 2017 年到 2019 年公布的行政处罚公告，关于股价操纵的案例一共 40 起，涉及的操纵年份从 2013 年到 2018 年。经过整理，从中找出所有在沪深上市的被操纵股票一共 126 只，而且部分股票存在着多次被操纵的情况。其中，发生在 2017 年的操纵事件涉及 6 只股票，发生在 2016 年的操纵事件涉及 32 只股票，发生在 2015 年的操纵事件涉及 69 只股票，发生在 2014 年的操纵事件涉及 16 只股票，而发生在 2013 年的操纵事件仅涉及 3 只股票。相关操纵案例的具体事件信息来源于证监会官方网站的行政处罚公告，样本中相关股票的交易数据等信息主要来自 CSMAR 数据库和 RESSET 金融数据库。在使用被操纵股票的相关数据时，我们对样本进行了必要的手工处理，例如剔除停牌日的数据。

7.2.2 操作行为主体分析

股票市场的参与主体按照投资者的类型可以划分为两种：一种是个人投资者，另一种是机构投资者。股票市场的操纵者作为市场操纵行为的主体，是一类比较特殊的投资者。按照股票市场投资者的类型，我们同样可以将股价操纵者分为两种：一种是个人操纵者，另一种是机构操纵者。对股票市场操纵者主体的分析，可以清楚地了解操纵者的构成类型，以及什么样的投资者容易成为操纵者，从而有利于监管部门明确监管范围，及时采取有效措施制止操纵市场等严重破坏市场正常运行的行为发生。

通过整理中国证监会2017年到2019年公开处罚的40起股票市场价格操纵案例可以看到有31起案例的主体属于个人操纵者，有7起案例的主体为机构操纵者，还有另外2起案例为个人与机构的联合操纵。

对所涉及的126只股票的操纵主体进行分析，个人操纵者的31起案例当中涉案的股票达到110只，说明股票市场价格操纵行为中个人投资者操纵股价的现象越发严重。与以往早期操纵案例(2000年之前)以机构操纵者为主相比，最近几年来的操纵主体逐渐转变为个人操纵者。

从个人操纵者的具体情况和构成来看，个人操纵者既有单个操纵者，又有多人联合进行操纵。从涉及的被操纵股票来看，单个操纵者所操纵的股票数量较多，最多的操纵股票数量达到数十只，造成的恶劣影响更大。单个操纵者倾向于持续时间较短的短线操纵，往往都是在几日内进行操纵。多人联合进行操纵虽然倾向于持续时间较长的长线操纵，但是大多数的操纵持续期间仍然在半年以内，仅有极个别的操纵案例持续时间在一年以上。在个人操纵者中，还有一些具有证券从业背景、投资管理或者咨询公司的相关人员，他们利用自身的专业知识和资金优势，加上非常熟悉和了解股票市场的运行机制，更容易通过连续买卖、虚假申报等方式操纵股价。

从查处的9起涉及机构操纵者的案例来看，机构操纵者主要包括投资咨询公司、资产管理公司、上市金融控股公司以及企业等类型。早期的操纵案例主体往往以证券公司为主。目前，由于证券市场不断加强监管，涉及证券公司参与的股票市场操纵案件很少见，而许多资产管理公司等取而代之成为机构操纵者的主体。机构操纵者具有绝对的信息和资金优势，能够在短时间内集中大量资金进行股票买卖，通过制造散布虚假的信息来迷惑个人投资者跟风，推动股价在短时间内迅速上升，最终给大量的中小投资者带来巨大的损失，不利于股票市场的健康发展。

7.3 操纵行为的特征分析

7.3.1 操纵行为涉及的行业特征

按照证监会的行业分类标准，对 2013 年到 2018 年我国股票价格操纵所涉及的 126 只股票的相关上市公司进行整理，并统计其所属行业类别，分析这些被操纵股票的上市公司行业分布情况，具体如表 7-1 所示。

表 7-1 被操纵股票的上市公司行业分布情况

行业名称	行业分类	样本	比例
0001 金融	J66 货币金融服务	2	1.6%
	J67 资本市场服务	2	1.6%
	J69 其他金融业	1	0.8%
金融汇总		5	4.0%
0002 公用事业	G55 水上运输业	1	0.8%
	G56 航空运输业	1	0.8%
	I64 互联网和相关服务	5	4.0%
	I65 软件和信息技术服务业	7	5.4%
	L72 商务服务业	2	1.6%
	M74 专业技术服务业	1	0.8%
	N77 生态保护和环境治理业	1	0.8%
	N78 公共设施管理业	2	1.6%
	P82 教育	1	0.8%
公用事业汇总		21	16.6%
0003 房地产	E48 土木工程建筑业	2	1.6%
	K70 房地产业	4	3.2%
房地产汇总		6	4.8%
0004 综合	A02 林业	1	0.8%
	A03 畜牧业	1	0.8%
	E50 建筑装饰和其他建筑业	1	0.8%
	S90 综合	2	1.6%

续表

行业名称	行业分类	样本	比例
综合汇总		5	4. 0%
0005 工业	B06 煤炭开采和洗选业	1	0. 8%
	C13 农副食品加工业	3	2. 4%
	C15 酒、饮料和精制茶制造业	1	0. 8%
	C17 纺织业	2	1. 6%
	C18 纺织服装、服饰业	1	0. 8%
	C19 皮革、毛皮、羽毛及其制品和制鞋业	1	0. 8%
	C21 家具制造业	2	1. 6%
	C25 石油加工、炼焦及核燃料加工业	1	0. 8%
	C26 化学原料及化学制品制造业	6	4. 7%
	C27 医药制造业	6	4. 7%
	C28 化学纤维制造业	1	0. 8%
	C29 橡胶和塑料制品业	3	2. 4%
	C30 非金属矿物制品业	2	1. 6%
	C31 黑色金属冶炼及压延加工业	4	3. 2%
	C32 有色金属冶炼及压延加工业	4	3. 2%
	C33 金属制品业	3	2. 4%
	C34 通用设备制造业	4	3. 2%
	C35 专用设备制造业	4	3. 2%
	C36 汽车制造业	6	4. 7%
	C37 铁路、船舶、航空航天和其他运输设备制造业	1	0. 8%
	C38 电气机械及器材制造业	13	10. 3%
	C39 计算机、通信和其他电子设备制造业	10	7. 8%
	C40 仪器仪表制造业	3	2. 4%
	C41 其他制造业	2	1. 6%
	D44 电力、热力生产和供应业	2	1. 6%
工业汇总		86	68. 2%
0006 商业	F51 批发业	1	0. 8%
	F52 零售业	2	1. 6%
商业汇总		3	2. 4%
汇总		126	100%

从表 7-1 中可以看出，被操纵股票的上市公司遍布金融、公用事业、房地产、综合、工业和商业中的各个相关行业。具体分析来看，工业类的股价操纵案例最多，达到了 86 家企业，占比为 68.2%；其次是公用事业类，共有 21 家企业，占比 16.6%；金融类共有 5 家企业，占比 4%；房地产类共有 6 家，占比 4.8%；综合类共有 5 家企业，占比 4%；商业类共有 3 家企业，占比 2.4%。

7.3.2 操纵行为涉及的股本规模

1. 被操纵股票的股本规模情况

为了研究被操纵股票的股本规模特征，我们将被操纵股票的股本分布情况与同期 A 股市场上全部股票的平均值进行比较。我们收集的证监会 2017 年到 2019 年的股价操纵案例一共 40 起，这些案例涉及 126 只股票，操纵事件跨度为 2013 年到 2018 年。因此我们选择被操纵股票在操纵开始时所对应年份的 12 月 31 日作为参考时点，以此来比较该时点被操纵股票的股本分布情况与同期 A 股市场全部股票的平均股本。

由于我国股票市场上存在着流通股和非流通股两种类型的股票，所以本章在研究被操纵股票的股本规模时，分别从流通股和总股本两个方面对这些被操纵股票的股本规模进行分析。对样本涉及的 126 只被操纵股票的股本规模进行统计分析，结果如表 7-2 所示。

表 7-2 被操纵股票股本规模

	总股本（万股）	流通 A 股（万股）
最大值	1218218.17	1181206.41
最小值	4080	1020
平均值	91490.71	72414.99
中位数	44143.54	29753.52

从表 7-2 中可以看出，操纵期间在 2013 年到 2018 年的 126 只股票在其操纵开始时所对应年份的 12 月 31 日的平均总股本数为 91490.71 万股，

中位数为 44143. 54 万股；平均流通股本为 72414. 99 万股，中位数为 29753. 52 万股。被操纵的股票中，总股本和流通股本最小的均为南华仪器(300417)，分别为 4048 万股和 1020 万股；总股本和流通股本最大的均为海航控股(600221)，分别为 1218218. 17 万股和 1181206. 41 万股。

2. 上市公司的总体股本规模情况

本章研究的被操纵股票案例均发生在 2013 年初到 2018 年末之间，为了与被操纵股票的操纵时间段保持前后一致，我们将 2013 年到 2018 年上市公司的年度股本规模数据作为被操纵股票股本规模的对照。

表 7-3　2013 年至 2018 年上市公司股本规模

年份	上市公司数	股票总发行股本（亿股）	流通 A 股（亿股）	平均总股本（万股）	平均流通 A 股（万股）
2013	2489	33822. 04	29997. 12	135886. 06	120518. 76
2014	2613	36795. 10	32289. 25	140815. 54	123571. 57
2015	2827	43024. 14	37043. 37	154758. 72	131034. 21
2016	3052	48750. 29	41136. 05	159732. 28	134783. 91
2017	3485	53746. 67	45044. 87	154222. 87	129253. 57
2018	3584	57581. 03	49047. 57	160661. 36	136851. 48

从表 7-3 中可以看出，2013—2018 年，我国的上市公司数量持续稳定增长，2018 年相比 2013 年的数量增长了 43. 99%。同时，上市公司的总股本规模也有所扩大，总股本规模从 33822. 04 亿股增加到 57581. 03 亿股，流通股本规模也从 29997. 12 亿股增加到 49047. 57 亿股。而在这 6 年时间里，上市公司的平均总股本从 135886. 06 万股增加到 160661. 36 万股，平均流通股本则从 120518. 76 万股增加到 136851. 48 万股。

3. 被操纵股票与上市公司总体股本规模对比

从上面的统计分析来看，被操纵股票的平均总股本和平均流通股本分别为 91490. 71 万股和 72414. 99 万股，对比同一时间段内各个年份上市公司的情况，无论是平均总股本规模还是平均流通股本规模均远大于被操纵股票。同时，被操纵股票的总股本中位数为 44143. 54 万股，流通股本中位数为 29753.52 万股。所以，我们似乎可以直观地看到被操纵股票的股本规模明显偏小，即被操纵股票表现出来的一个可能特征就是股本规模较小。为了更加直观地说明被操纵股票的规模较小这一特点，我们选择操纵期间发生在 2016 年的 33 只被操纵股票作为代表样本，将这 33 只被操纵股票的总股本和流通股本分别画图来表示。

由图 7-1 和图 7-2 可以看出，被操纵股票的总股本中除了迪马股份(600565)、小商品城(600415)、协鑫集成(002506)、平潭发展(000592)以及和邦生物(603077)的总股本规模超过 15 亿股，其余被操纵股票的总股本均低于 2016 年上市公司总体的平均总股本。对于流通股本的规模，除冠城大通(600067)、迪马股份(600565)、小商品城(600415)、协鑫集成(002506)、平潭发展(000592)与和邦生物(603077)的流通股本大于 13 亿股，其他的样本均低于 2016 年上市公司总体的平均流通股本。

综上所述，我们可以得出一个结论：股本规模较小的上市公司股票更容易成为市场操纵者的目标。分析其中的原因可以总结为两点：一方面，上市公司股本规模较小，有利于操纵者利用资金等优势，降低操纵难度和操纵成本；另一方面，股本规模较小的上市公司股票往往波动更加频繁，而且这一类的股票相比其他股票存在着“高送转”等大量的市场传递信息，从而使得操纵者容易利用这些信息来诱导中小投资者，以达到操纵股价的目的。

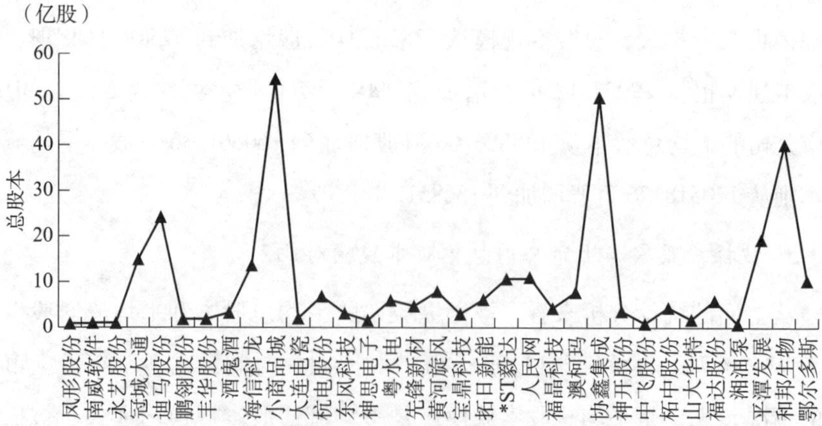

图 7-1　被操纵股票的总股本分布情况

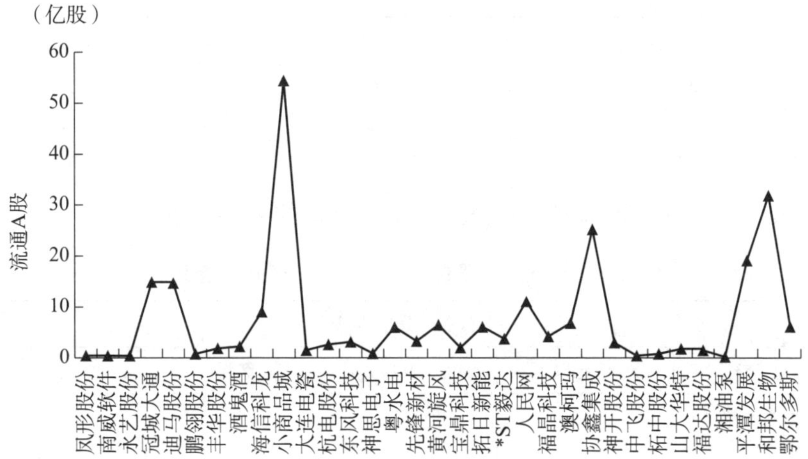

图 7-2　被操纵股票的流通股本情况

7.3.3　操纵行为涉及的资产特征

经过以上的股本规模分析，我们知道股本规模较小的上市公司股票容易成为操纵目标。那么，被操纵股票的上市公司的内部资产又会呈现出什么样的特征呢？在这一小节中，我们主要从 5 个方面来对被操纵股票的公司资产进行描述性统计分析，这 5 个指标分别是资产总额、负债总额、所有者权益总额、主营业务收入以及净利润。

由表 7-4 可以看出，126 家被操纵股票的上市公司的资产总额平均值为 10772.32 百万元，中位数为 2797.18 百万元；负债总额的平均值为 7056.87 百万元，中位数为 975.19 百万元；所有者权益总额的平均值为 3715.46 百万元，中位数为 1568.55 百万元；主营业务收入的平均值为 4693.22 百万元，中位数为 1447.24 百万元；净利润的平均值为 235.16 百万元，中位数为 72.05 百万元。

表 7-4　被操纵股票的资产规模统计　　单位：百万元

	资产总额	负债总额	所有者权益总额	主营业务收入	净利润
最大值	419097.01	339276.19	79820.83	67175.34	13612.35
最小值	388.84	32.82	356.02	21.03	-2508.63

续表

	资产总额	负债总额	所有者权益总额	主营业务收入	净利润
平均值	10772.32	7056.87	3715.46	4693.22	235.16
中位数	2797.18	975.19	1568.55	1447.24	72.05

表 7-5 显示 126 家被操纵股票的上市公司的资产分布情况。

表 7-5　被操纵股票的上市公司资产分布情况

总资产分布情况				
总资产	50 亿元以下	50 亿~100 亿元	100 亿元以上	合计
样本股票	85	14	27	126
占比	67.46%	11.11%	21.43%	100%
负债分布情况				
负债	20 亿元以下	20 亿~50 亿元	50 亿元以上	合计
样本股票	80	17	29	126
占比	63.49%	13.49%	23.02%	100%
所有者权益分布情况				
所有者权益	20 亿元以下	20 亿~50 亿元	50 亿元以上	合计
样本股票	75	31	20	126
占比	59.53%	24.60%	15.87%	100%
主营业务收入分布情况				
主营业务收入	50 亿元以下	50 亿~100 亿元	100 亿元以上	合计
样本股票	98	17	11	126
占比	77.78%	13.49%	8.73%	100%
净利润分布情况				
净利润	2 亿元以下	2 亿~5 亿元	5 亿元以上	合计
样本股票	89	26	11	126
占比	70.64%	20.63%	8.73%	100%

由表 7-5 中总资产分布情况来看，在 126 家被操纵股票的公司样本中，总资产规模在 50 亿元以下的上市公司有 85 家，占总样本的比例为 67.46%；总资产规模处于 50 亿~100 亿元的上市公司只有 14 家，占样本总量的 11.11%；有 27 家上市公司的资产规模超过 100 亿元，占样本总量

的比例为21.43%。总的来看，被操纵股票的上市公司资产规模大多数处于较低水平。

由表7-5中负债分布情况来看，在126家被操纵股票的公司样本中，负债规模在20亿元以下的上市公司有80家，占样本的比例为63.49%；负债规模在20亿~50亿元的公司有17家，占样本总量的13.49%；有29家公司的负债规模超过50亿元，占样本的比例为23.02%。总的来说，被操纵股票的上市公司普遍呈现出资产规模越大，其负债规模就越小的特点。

由表7-5中所有者权益分布情况来看，在126家被操纵股票的公司样本中，所有者权益在20亿元以下的上市公司有75家，占样本的比例为59.53%；所有者权益在20亿~50亿元的公司有31家，占样本总量的24.60%；有20家企业的所有者权益超过50亿元，占样本总量的15.87%。总体来看，发生股票操纵的上市公司的所有者权益也普遍较低。

由表7-5中主营业务收入分布情况来看，在126家被操纵股票的公司样本中，主营业务收入水平在50亿元以下的上市公司有98家，占样本的比例为77.78%；主营业务收入水平处于50亿~100亿元的公司有17家，占样本总量的13.49%；仅有11家公司的主营业务收入水平超过100亿元，这部分只占样本总量的8.73%。分析来看，这些被操纵股票的公司基本上规模不大，主营业务收入比较低。

由表7-5中净利润分布情况来看，在126家被操纵股票的公司样本中，净利润规模在2亿元以下的上市公司有89家，占样本比例为70.64%；净利润规模处于2亿~5亿元的公司有26家，占样本容量的20.63%；净利润规模超过5亿元的公司只有11家，仅占样本总量的8.73%。很明显，被操纵股票的上市公司普遍都是净利润偏低下，盈利能力较差。

综上所述，我们通过分析被操纵股票的公司资产规模情况，分别从总资产、负债、所有者权益等5个方面来衡量资产规模，结果与以往大多数研究一致，即被操纵股票的上市公司往往是那些中小规模的公司。因此，政府机关部门应当加大对中小型上市公司的监管力度。

7.3.4 操纵行为的交易特征

股票价格被操纵时一些交易指标会发生波动，且这些指标的波动存在着一定的规律。因此，为了研究股票被操纵前后相关指标的变化情况，我们需要考察不同期间股票交易指标状况。为了发现这些指标的变化规律，首先我们选择成交量、成交额、收益率、换手率和波动性作为研究变量。成交量和成交额反映股票在一段时间里的活跃度和资金规模，收益率反映股票在市场上的获益情况，换手率是股票在一定时间内的交易频繁程度，反映股票的流通性强弱，波动性则反映股票价格的变化情况。其次，分别计算不同时期成交量、成交额、收益率、换手率和波动性的样本均值、标准差、偏度和峰度。

由于我们的操纵事件大多数是短线操纵，所以为了更好地研究指标在不同时期的变化规律，我们选择操纵时间在20天以上的样本股票，挑选样本的条件如下：①操纵日期及交易数据清晰完整；②仍然在上交所或者深交所上市的A股股票；③操纵的时间大于20天；④操纵开始时已经上市至少超过一个月。我们在收集的样本股票中最终确定22只被操纵股票符合上述条件。

我们把被操纵股票分为三个阶段：操纵前、操纵中和操纵后。操纵前定义为操纵开始日往前60天；操纵中定义为操纵开始日到结束日这一段时间；操纵后定义为操纵结束日往后60天。然而，一些被操纵的股票并没有完整的三个阶段，有的股票的上市之日就是操纵开始日，有的股票在操纵结束日之后存在着较长时间的停牌日，所以从我们的样本中剔除了这些相关股票。

被操纵的股票的各个指标在三个阶段中的具体对比分析结果如表7-6所示。

表 7-6 被操纵股票的交易特征统计

	均值	标准差	峰度	偏度
操纵前				
成交量(股)	9223970	12141997	18.0809	3.6143
成交额(元)	141348124	179625709	9.8875	2.9602
收益率(%)	0.1600	0.0448	11.5138	1.1247
换手率(%)	4.9627	6.9200	23.6670	3.9518
波动性	0.0400	0.0215	6.0796	2.1119
操纵中				
成交量(股)	10352213	13970385	20.3115	3.7512
成交额(元)	171057282	227984945	17.0949	3.5527
收益率(%)	0.2453	0.0328	2.4234	0.0390
换手率(%)	5.2131	6.8698	9.1110	2.7520
波动性	0.0353	0.0125	0.9487	1.1647
操纵后				
成交量(股)	11624934	12440786	4.9564	2.0464
成交额(元)	250474224	447048938	17.6649	3.8521
收益率(%)	0.1057	0.0374	1.8130	-0.0596
换手率(%)	5.1813	6.1314	17.7453	3.3045
波动性	0.0330	0.0177	1.4578	1.2557

由表 7-6 我们可以得出以下结论：

(1)从股票成交量来看，操纵行为发生前的股票成交量明显低于操纵中和操纵后。由于操纵者的行为导致股票价格被人为推高，不知情的投资者被吸引进来，股票成交量随之上涨。操纵后的成交量比操纵中的成交量进一步增加，表明操纵者离场获益后的市场恢复过程比较缓慢，这不仅给大量中小投资者带来巨大损失，还使得股票市场正常作用的发挥遭到严重破坏。

(2)从股票成交额来看，操纵前的股票成交额明显低于操纵中和操纵后，操纵后的股票成交额相比操纵中进一步增加。由于操纵行为造成的股票价格和成交量增大，操纵中的成交额也增大。操纵后的成交额进一步增加也是由于市场和一般投资者意识到操纵行为需要一定的时间。

(3)从股票收益率来看，操纵中的收益率平均值明显要高于操纵前和操纵后，而且操纵时的平均收益率增长超过50%。操纵后的收益率迅速下跌，表明股票价格经过人为操纵发生了剧烈变化。

(4)从换手率来看，操纵中的换手率要高于操纵前和操纵后，说明操纵者在进行操纵行为时频繁地交易股票，操纵结束后的换手率趋于下降。

(5)从波动性指标来看，操纵中的波动性小于操纵前，操纵后的波动性与操纵中趋于一致，表明操纵者为了不引起监管部门的注意而有意防止股票价格波动程度过大。

7.4 基于概率神经网络的交易型操纵行为监测模型的构建

7.4.1 概率神经网络的判别原理

1989年，D. F. Specht提出了概率神经网络(PNN)。PNN是神经网络模型的一种，主要用于模式分类。其概率特色正是贝叶斯概率，其得名基于统计学中的先验概率原理。作为神经网络模型的一种，PNN基于径向基函数神经网络，成为样本分类的有力手段。

另一常用分类手段是最优贝叶斯分类器，但PNN的功能与之类似，而PNN由贝叶斯决策理论发展而来，更能体现最小风险准则。作为以统计学为基础的神经网络模型，PNN的优势更为明显，一是不需要计算权值；二是设计过程简单、训练的速度快；三是对样本数据是否具有概率分布没有严格要求。

PNN对于二分类问题的判别原理如下：

$$若\ h_A f_A(X) > h_B f_B(X)，则\ X \in \omega_A \tag{7-1}$$

$$若\ h_A f_A(X) < h_B f_B(X)，则\ X \in \omega_B \tag{7-2}$$

在式(7-1)、式(7-2)中：h_A为X属于ω_A的先验概率；h_B为X属于

ω_B 的先验概率；$f_A(X)$ 和 $f_B(X)$ 分别为 X 属于类别 ω_A 和 ω_B 的概率密度函数(PDF)。

其中，h_A、h_B 可以用以下方法求得：假设 N_A 为训练样本中属于 ω_A 类别的个数，N_B 为训练样本中属于 ω_B 类别的个数，N_T 为训练样本的总数，那么可以表示为下式：

$$h_A=\frac{N_A}{N_T},\ h_B=\frac{N_B}{N_T} \tag{7-3}$$

所以，利用上述方法进行分类的关键问题就是 PDF 的计算。

Parzen 提出了一种可以计算概率密度函数的方法，称之为 Parzen 窗法：

$$f_A(X)=\frac{1}{(2\pi)^{n/2}\sigma^n}\times\frac{1}{N_A}\sum_{i=1}^{N_A}\exp\left[-\frac{(X-Y_{Ai})^T(X-Y_{Ai})}{2\sigma^2}\right] \tag{7-4}$$

$$f_B(X)=\frac{1}{(2\pi)^{n/2}\sigma^n}\times\frac{1}{N_B}\sum_{i=1}^{N_B}\exp\left[-\frac{(X-Y_{Bi})^T(X-Y_{Bi})}{2\sigma^2}\right] \tag{7-5}$$

在式(7-4)、式(7-5)中：σ 为平滑因子，n 为样本的输入向量的维度，Y_{Ai}为 ω_A 类别训练样本中的第 i 个样本，Y_{Bi}为 ω_B 类别训练样本中的第 i 个样本。

将式(7-3)、式(7-4)、式(7-5)代入式(7-1)、式(7-2)，那么可得下式：

$$\sum_{i=1}^{N_A}\exp\left[-\frac{(X-Y_{Ai})^T(X-Y_{Ai})}{2\sigma^2}\right]>\sum_{i=1}^{N_B}\exp\left[-\frac{(X-Y_{Bi})^T(X-Y_{Bi})}{2\sigma^2}\right]，则 X\in\omega_A \tag{7-6}$$

$$\sum_{i=1}^{N_B}\exp\left[-\frac{(X-Y_{Bi})^T(X-Y_{Bi})}{2\sigma^2}\right]>\sum_{i=1}^{N_A}\exp\left[-\frac{(X-Y_{Ai})^T(X-Y_{Ai})}{2\sigma^2}\right]，则 X\in\omega_B \tag{7-7}$$

如果把训练组样本和检验组样本数据都归一化到单位长度，则有：

$$(X-Y_{Ai})^T(X-Y_{Ai})=-2(XY_{Ai}-1) \tag{7-8}$$

$$(X-Y_{Bi})^T(X-Y_{Bi})=-2(XY_{Bi}-1) \tag{7-9}$$

所以式(7-6)、式(7-7)可以进一步改写为：

$$\sum_{i=1}^{N_A} \exp\left[\frac{XY_{Ai}^T - 1}{\sigma^2}\right] > \sum_{i=1}^{N_B} \exp\left[\frac{XY_{Bi}^T - 1}{\sigma^2}\right]，则 X \in \omega_A \qquad (7-10)$$

$$\sum_{i=1}^{N_B} \exp\left[\frac{XY_{Bi}^T - 1}{\sigma^2}\right] > \sum_{i=1}^{N_A} \exp\left[\frac{XY_{Ai}^T - 1}{\sigma^2}\right]，则 X \in \omega_B \qquad (7-11)$$

由此我们得到了 PNN 的判别原理。从式(7-10)、式(7-11)中可以看出，PNN 的激活函数为 $\exp\left[\frac{XY^T-1}{\sigma^2}\right]$。

7.4.2 概率神经网络的结构

PNN 的模型通常是由输入层、模式层、求和层和输出层 4 层组成，其基本结构如图 7-3 所示。输入层个数为训练样本中输入向量的维数，其传递函数为线性函数；模式层的神经元个数为所有训练样本的个数，计算输入特征向量与训练集中各模式的匹配程度，也就是相似度，将其距离送入高斯函数得到模式层的输出；求和层将各类的模式层单元链接起来，其神经元个数等于训练样本的类别个数；输出层是具有判别功能的简单判别器，负责输出求和层中得分最高的那一类。输出层神经元的输出值为离散数值(如 0 或者 1)，分别代表着输入模式的不同类别。

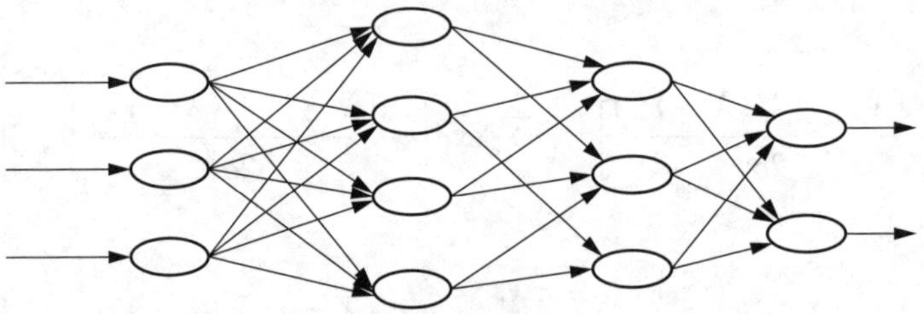

图 7-3 概率神经网络结构图

模式层的神经元采用径向基神经元，每一个训练样本都生成一个径向神经元。对于每一个输入变量，首先计算其权值向量 W 与输入向量 P 的距离向量 $D=(d_1, d_2, \cdots, d_i)$，其中 $d_j = | w_j-p |$，i 为径向基神经元的个数。这里的神经元权值 w_j 为各类训练样本的值 x_j。然后与阈值向量 b 相乘，相乘的结果用向量 $n=(n_1, n_2, \cdots, n_j)$表示，即 n 为径向量传递函数

的输入向量，即 $n_j=b\times d_j=b\mid w_j-p\mid$。最后经过神经元传递函数计算，径向基神经元的传递函数采用高斯函数，即 $\text{radbas}(n)=\exp(-n^2)$，因此径向基神经元的输出为：

$$\alpha_j=\text{radbas}(b\mid w_j-p\mid)$$

从上式可以看出，当权值向量 w 和输入向量 P 的距离减小时，输出就会增加。也就是说，径向神经元对于输入信号在局部产生响应，当输入信号靠近函数的中央范围时，神经元将产生较大的输出。阈值 b 用于调节径向基神经元的敏感度。因此，径向基神经元计算输入向量与训练样本之间的接近程度，输入向量与哪个样本最接近，则对应元素输出为 1，如果输入向量与几个类别的输入样本均接近，则对应的几个元素输出均为 1。

求和层权值为期望值向量矩阵 H，每个行向量只有一个元素为 1，代表相对应的类别，其余元素为 0，然后计算乘积 H，得到概率向量 $m=(m_1, m_2, \cdots, m_j)$。每一个分量代表一个模式类别，分量数值的大小表示待检测向量 P 可以归类为该对应模式类别的概率。最后通过竞争运算，竞争的规则为：

$$\beta_j=\begin{cases}2 & m_j=\max(m_1, m_2, \cdots, m_k)\\ 1 & m_j\neq\max(m_1, m_2, \cdots, m_k)\end{cases}$$

概率神经网络具有 Bayes 后验概率输出的特点，对于传统的概率神经网络，它的权值是不需要训练的，输入层与模式层的权值被设置为各类训练样本。

PNN 的最大优势是满足总体概率分布的多峰态性，并且不要求概率分布呈现正态性。对于传统的判别分析法而言，该种方法在样本不满足正态性分布时，所构建的模型性能将极大降低，显然与现实数据所呈现的非正态分布状态不符。所以 PNN 的性能通常比判别分析法更好，此外，PNN 的适用性也十分优越，一般的分类问题都可以通过 PNN 得以解决。

神经网络作为新型统计分析技术，比传统方法的优势在于：一是放松了样本数据满足正态分布等协方差的要求，弥补了预测模型的缺陷；二是对样本数据有较好的分析能力，有优越的识别分类效果；三是学习能力极强，通过学习得到神经元的连接权值和连接的结构，并能随着环境的变化而改变自身的性能；四是有容错能力，既可以面对残缺的信息或噪声干扰，也可以恢复完整的原始信息。但神经网络也有一些不足，一是网络结构确定需要人为调试，工作量大，训练效率不高；二是具有黑箱性，目前还未有针对神经网络的解释性研究。

7.4.3 基于概率神经网络的操纵行为监测模型的构建

概率神经网络模型的构建需要有大量的代表性样本，而且这些样本能够容易进行分类管理，用来设置训练样本和测试样本。

建立模型的思路如下：

(1)输入层的设计。该层神经元的个数等于自变量的数量，也就是我们的特征指标个数，个数为 10。

(2)模式层的设计。该层神经元个数等于训练样本个数，其本质为径向基神经元，激活函数采用的是高斯函数。输入层与模式层的权值被设置为各类训练样本，不需要自行设置权值。

(3)求和层的设计。该层神经元节点数等于分类模式的个数，由于我们的因变量是二值变量，所以求和层有 2 个神经元。

(4)输出层的设计。输出层定义一个神经元，用来输出不同的类别，即输出标识为“出层时”表示股票价格被操纵，输出标识为“表示时”表示股票价格没有被操纵。

7.4.4 操纵行为监测模型的算法实现

我们使用 Matlab 提供的工具箱来实现股价操纵监测模型算法。

1. 训练数据和测试数据的选取

我们将模型的 60 组样本数据按照 4∶1 的比例分为训练数据和测试数据。其中，训练数据 48 组用来建立概率神经网络，测试数据 12 组用来检验模型。代码如下所示：

```
load data
Train=test1(1: 48,:);
Test=test1(49: end,:);
p_ train=Train(:, 1: 10)′;
t_ train=Train(:, 11)′;
p_ test=Test(:, 1: 10)′;
t_ test=Test(:, 11)′;
```

2. 概率神经网络的构建

使用函数 newpnn()来创建概率神经网络，需要我们输入三个参数。第一个参数表示输入层的 10 个指标变量所构成的矩阵，第二个参数是我们需要分类的数量所构成的向量，第三个参数表示模式层径向基函数的扩展系数，即高斯函数中的平滑因子，该值应该足够大，保证径向神经元能够对输入向量所覆盖的区间都产生响应即可。具体的代码如下所示：

```
t_ train=ind2vec(t_ train);
t_ train_ temp=Train(:, 11)′;
Spread=8;
net=newpnn(p_ train, t_ train, Spread);
```

其中，net 为函数 newpnn 产生的概率神经网络。Spread 表示高斯函数的平滑因子，由于我们的数据经过处理之后的范围差距不是很大，所以平滑因子的确定也很容易。经过多次不断尝试调整平滑因子的数值，我们最终确定 Spread 的值在取 8 时的模型预测效果最好。

3. 网络的训练

在建立好概率神经网络模型后，我们进行模型的训练。通过函数 sim 进行模拟，接收网络对象 net 和输入变量 p_ train，返回网络输出 Y。代码如下所示：

```
Y=sim(net, p_ train);
```

```
Yc=vec2ind(Y);
```

4. 网络模型的效果检验

我们通过以上步骤训练出来的网络模型来检验12组测试数据，代码如下所示：

```
Y2=sim(net, p_ test);
Y2c=vec2ind(Y2);
```

7.5 实验和评价

不同于以往研究中使用被操纵股票的整个操纵期的数据为样本，本章考虑建立一个能够使用每天更新的股票交易数据判别股票是否存在被操纵情况的监测模型。模型的输入数据是相邻的6个交易日的成交额、换手率、超额收益率等5个指标，用来判别股票在6个交易日当中是否存在被操纵的嫌疑。

7.5.1 样本数据

样本来自中国证监会网站行政处罚公开信息中2017年到2019年关于股价操纵的案例。

样本的选取条件：①未退市的上市股票；②操纵时间大于等于两天；③相关被操纵股票在操纵之前的上市时间大于等于两天。

从收集的案例中选取出20只股票作为样本，并在每只股票中选择3个样本，分别为操纵开始日前9天到操纵开始日前3天(未被操纵样本M=2)、操纵开始日前6天到操纵开始日前1天(未被操纵样本M=2)、操纵开始日前3天到操纵开始日后第3天(操纵样本M=1)。具体的样本分期如图7-4所示。

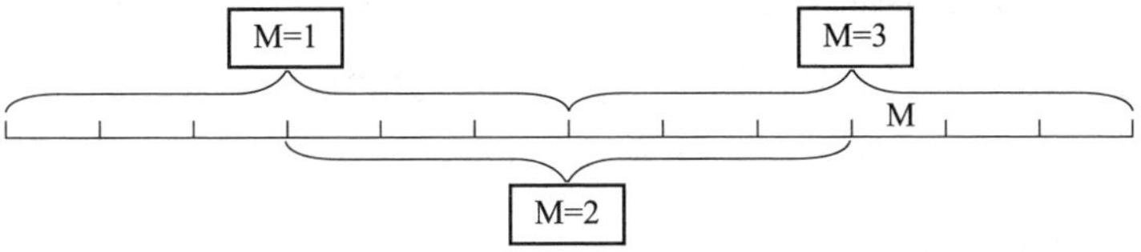

图 7-4　样本分期

注：若样本股票的操纵时间只有 2 天，或者被操纵前的上市时间只有 2 天，则采用 2 日的样本均值来代替 3 日的样本均值。

经过上述处理之后，我们最终得到共 60 组样本数据，其中样本 M＝1 的共有 20 组，样本 M＝2 的共有 40 组。

7.5.2　变量的选择

1. 因变量的选择

我们以是否发生股票被操纵为因变量来测度股价操纵行为，而且采用的概率神经网络模型的输出值属于离散变量，是一个二值变量。为了模型计算方便，我们将上市公司股票被操纵设为数值标识“散变（M＝1）”，上市公司股票未被操纵设为数值标识“上（M＝2）”。

2. 自变量的选择

模型选择以下 5 个交易指标：

（1）成交额（Amount）。

从前面对被操纵股票成交额的分析来看，操纵期间的成交额明显增大，这是由于操纵发生时的股票价格和成交量出现大幅度的波动引起。

成交额＝价格×成交量

（2）换手率（Turnover）。

换手率也被称为“周转率”，是股票在一定时间内被交易的频繁程度，通常用来衡量股票的流通性强弱。股票的换手率越大，说明该股票的交易行为越活跃，人们对该股票的关注度越高。换手率大表明股票的流动性较好，股票的买卖进出较为容易，具有很强的变现能力。但是，换手率大也往往可能是操纵者进行高抛低吸等行为的结果，所以可以把换手率作为识别股票是否被操纵的重要指标。本章采用流通股换手率。

换手率=日成交股数/流通总股数×100%

(3)超额收益率(AR)。

由前面的分析可知，股票在被操纵期间存在价格的波动，期间的超额收益率呈现明显增大的现象。超额收益率是指超过股票投资的正常(或预期)收益率那一部分的额外收益率。在事件研究中，超额收益是一个很好的反映指标，可以用来衡量股价对于事件发生或者信息披露异常的反应程度。当股价操纵等行为引起股价的非正常变化时，我们可以使用超额收益率来判断股票价格是否存在被操纵的可能。超额收益率计算公式如下：

$$AR=R_i-R_j$$

其中，R_i 表示单只股票的日收益率，R_j 表示市场组合的日收益率，若样本股票在上海证券交易所上市，则 R_j 代表上证综合 A 股指数的收益率，若样本股票在深圳证券交易所上市，则 R_j 代表深证成份指数的收益率。

(4)乖离率(BIAS)。

乖离率是指市场指数或者收盘价与某一时期的移动平均线之间的偏离程度。通过计算股票的乖离率，可以得出价格在剧烈波动的情况下因偏离平均趋势而造成的反弹可能性，以及股票价格是否能够继续沿着正常波动范围移动。股价操纵行为导致股票价格的波动，从而使得在一定时间内的股价偏离平均趋势，所以我们可以采用乖离率作为判别股价操纵行为的指标。乖离率计算公式如下：

乖离率(BIAS)=(当日收盘价-N 日平均收盘价)/N 日平均收盘价×平均收盘价

其中，N 日平均收盘价采用移动平均法计算，N 取值为 6。

(5)收益率标准差(VSD)。

股票的波动性反映了股票的风险大小。本章我们采用股票的每日收盘价来计算收益率标准差，表示股票波动性。

输入变量见表 7-7。

表 7-7 输入变量

变量	含义	变量	含义
Amount_ 1	前三日成交额平均值	Amount_ 2	后三日成交额平均值
Turnover_ 1	前三日换手率平均值	Turnover_ 2	后三日换手率平均值
AR_ 1	前三日超额收益率平均值	AR_ 2	后三日超额收益率平均值
BIAS_ 1	前三日乖离率平均值	BIAS_ 2	后三日乖离率平均值
VSD_ 1	前三日收益率标准差	VSD_ 2	后三日收益率标准差

由于所使用的股票交易数据较多，且为了减小误差，我们首先需要把每一组数据分别进行归一化处理，数据归一化形式如下：

$$M(i)=\frac{M(i)-\min(M)}{\max(M)-\min(M)}$$

7.5.3 实证结果分析

为了检测模型的效果，我们把操纵样本和非操纵样本按照 4∶1 的比例随机分为训练样本和测试样本。训练样本用来训练概率神经网络模型，从而得到股价操纵行为判别模型，测试样本用来检验模型的可靠性。根据调试好的模型可以得到如表 7-8 所示实验结果。

表 7-8 模型的实验结果

样本类型		概率神经网络(PNN)		
训练样本	实际类型	预测类型		总计
		被操纵样本	正常样本	
	操纵样本	16	0	16
	正常样本	0	32	32
	操纵判别准确率	100%		
	正常判别准确率	100%		
	总体判别准确率	100%		

续表

样本类型		概率神经网络(PNN)		
预测类型	实际类型	预测类型		总计
		被操纵样本	正常样本	
	操纵样本	2	2	4
	正常样本	1	7	8
	操纵判别准确率	50%		
	正常判别准确率	87.5%		
	总体判别准确率	75%		

由表7-8可以看出，我们使用概率神经网络模型进行股价操纵行为预测时，训练样本的预测准确率达到100%，而测试样本的预测准确率为75%。总体来看，我们所建立的概率神经网络模型能够利用每日相邻的股票交易数据有效地识别股票价格是否存在被操纵的情况。

我们使用多数研究中常用的Logistic模型作为比较，来评价PNN模型的效果。Logistic模型的一般形式如下所示：

$$y=\ln(\frac{P}{1-P})=\alpha+\beta_1x_1+\beta_2x_2+\cdots+\beta_nx_n$$

其中，y为因变量，x为自变量，α和β为待估计的参数。

我们使用相同的指标数据作为输入变量来建立Logistic模型，并且使用不同的阈值进行预测结果比较。表7-9显示了Logistic模型和PNN模型的预测结果。我们可以清楚地看到，PNN模型的总体判别率要好于Logistic模型。其中，Logistic模型的阈值在0.5时对非操纵样本的判别率达到97.5%，但操纵样本的判别率只有65%。随着Logistic模型的阈值分别取0.6和0.7，非操纵样本的判别率从97.5%增加到100%，而操纵样本的判别率却从60%减小到55%，总体判别率也随之下降。

表7-9　Logistic模型和PNN模型的预测结果比较

	总判别率(%)	操纵样本判别率(%)	非操纵样本判别率(%)
PNN模型	95	90	97.5
Logistic(阈值0.5)	86.67	65	97.5
Logistic(阈值0.6)	85	60	97.5
Logistic(阈值0.7)	85	55	100

7.6 结论

本章对我国股票市场上的交易型股价操纵行为进行实证分析，重点研究了操纵行为发生时被操纵股票的交易特征，并利用股票连续交易日的数据构建判别指标，使用概率神经网络模型对被操纵股票进行了识别。

研究结果表明：操纵行为发生时的被操纵股票在成交量、成交额、换手率、收益率等指标上具有显著的变化。同时，本章基于概率神经网络的股价操纵判别模型具有一定的实时监测效果，能够容易地利用连续交易日的股票交易数据及时判别股价操纵行为。基于研究的结果，可以得出以下几点启示：

(1)建立反操纵行为的实时预警机制。目前我国的反操纵监管制度建设相对滞后，需要根据实际的市场状况做出改进和提高。面对市场操纵行为的频繁发生及操纵方式趋于隐蔽和复杂的特点，建立市场操纵的事前预警机制是反操纵监管的重中之重，同时还应该提高监管部门人员的专业能力，加大技术保障支持力度。

(2)加大股票交易过程中违法违规行为的监管力度。从操纵者采用的操纵手段来看，基本上都是利用自身资金集中以及持股等优势地位，使用大量交易账户集中进行操纵。因此，监管部门在关注股票市场异常波动的同时，应该加大对交易资金和交易账户的使用等违法违规问题的监管力度。

(3)建立健全相关监管法律法规。我国相关的法律法规不健全给实际监管工作带来一定的难度，多数市场操纵行为的监管和处罚具有时滞性。建立健全市场操纵方面的法律法规，不仅要体现保护投资者合法利益的主要目标，还要建立起完善的市场操纵违法行为监管程序，对市场操纵行为起到真正的监管作用。

8 基于操纵行为监测模型的可操作性量化监测标准

8.1 反馈性指导和量化标准

本章基于监测模型得到的量化结果，为针对市场行为的现行监管规制提供反馈性指导和充分的量化解释。

监测模型量化描述了交易行为、市场波动以及市场之间的因果逻辑和统计推理关系；同时，量化各类市场影响因素和市场波动度量间的拓扑结构及其条件依赖概率，计算得到市场交易状态和其发生概率。换句话说，通过对大规模历史交易数据的建模可以回答两个重要问题：

(1)当观察到市场中一系列变量 $\vec{x}_t$ 的异常波动和相关的市场度量指标的变化 $\vec{F}_i$ 时，它们的发生概率 $P(\vec{F}_i, \vec{x}_t; A, B, \theta)$是多少？

(2)最可能导致上述波动和市场影响因素的交易状态序列 $\overrightarrow{z}$ 是什么？是正常交易行为，还是市场操纵行为？

这两个问题的答案给出了基于实时大数据统计推断的量化结果，此结果为针对市场行为的现行监管规制提供了反馈性指导和充分的量化解释。

如我国现行监管法规把“异常交易”定义为“通过虚假申报、大额申报、密集申报”并“可能对交易价格产生严重误导”的交易，但缺乏对“虚假申报”和“严重误导”等因素给出相应数量化度量指标。在我们的动态贝叶斯网络模型中，“申报”行为由三维向量$[\delta_i^p, \delta_i^v, \delta_i^t]^T$描述，三个因素分别对应申报价格、额度和生命周期的异常性；失衡指标 Im 和价格短期震荡率 $\widehat{p}$

$(t)'$度量了交易行为在指令簿中的“误导”效应。

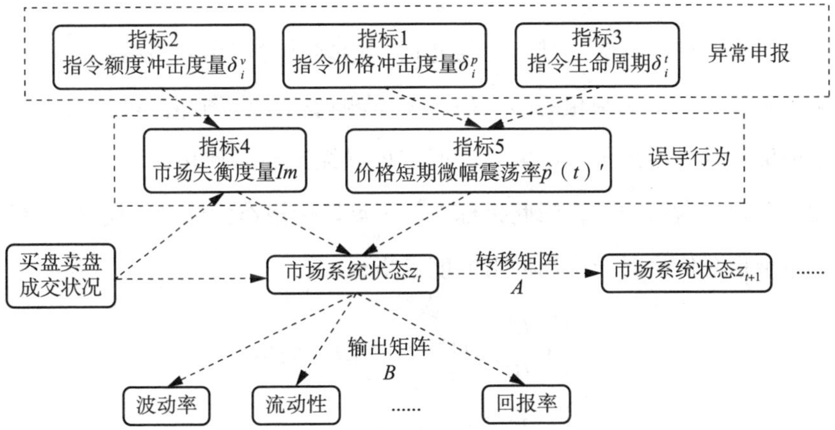

图 8-1　含“异常申报”、“误导行为”、市场异常波动的动态贝叶斯网络拓扑结构示意图

图 8-1 为包含“异常申报”和“误导行为”度量指标和市场异常波动的动态贝叶斯网络模型简化实例图。当观察到异常的“申报”和“误导”行为时，可以通过模型计算得到：

第一，最可能导致当前“异常申报”和“误导行为”的交易状态$\vec{z}$是什么？

第二，当前的市场异常波动在多大程度上影响了交易的状态$\vec{z}$？

第三，这样的影响发生的概率是多少？

这些结果给现行监管条例提供了充分的量化解释，当监测到当前的交易状态$\vec{z}$是“市场操纵”状态，并且发生概率很高时，就把当前的量化结果反馈为文字化的监管解释条例，补充当前监管规制，如：

当“申报”的价格、额度和生命周期分别呈现$\delta_i^p \pm \Delta_p$、$\delta_i^v \pm \Delta_v$和$\delta_i^t \pm \Delta_t$的异常程度时，市场的失衡度高于$Im \pm \Delta_{Im}$，并且市场波动处在$Vol \pm \Delta_{vol}$程度，当前“申报”行为被怀疑为“虚假申报”、对市场产生“严重误导”的概率为$P(\delta_i^p, \delta_i^v, \delta_i^t, Im; A, B, \vec{F}_i, \theta)$。其中各变量的$\Delta$值是所选定的边界宽度。

8.1.1 操纵行为基本特征介绍

本书针对操纵行为的基本交易特征，量化其对市场微观结构的冲击和影响，并设计与之紧密相关的5种新型监测指标。市场冲击虽然可由限价指令报价和盘口中的价差值度量，但市场操纵策略所使用的限价指令报价一般不会超过盘口中价，因此指标1使用盘口价格作为标尺替代盘口中价，得到限价指令价格对于市场冲击的度量指标 δ_i^p：

$$\delta_i^p = \begin{cases} \ln \dfrac{L_i^p}{B_i}, \text{如果 } L_i \text{ 为限价买指令} \\ \ln \dfrac{L_i^p}{A_i}, \text{如果 } L_i \text{ 为限价卖指令} \end{cases}$$

其中，A_i 和 B_i 分别表示第 i 个限价指令进入指令簿当前盘口最佳卖一和买一报价，L_i^p 表示第 i 个指令的限价。市场操纵策略基于市场瞬时的信息和变化，因此指标2使用瞬时移动窗的指数加权平均来度量当前限价指令额度对于市场冲击的度量指标 $\delta_i^v = \ln \dfrac{L_i^v}{\overline{v_\tau}}$，$L_i^v$ 表示第 i 个限价指令的额度，$\overline{v_\tau}$表示限价指令额度的指数加权移动平均(exponential moving average)。因为限价指令在指令簿停留的时间显著影响交易成本，所以指标3根据“指令簿相对停留时间”的概念，将限价指令量化定义为在指令簿中的相对生命周期 $\delta_i^t = \ln \dfrac{L_i^{life}}{\overline{L_\tau^{VWAL}}}$，$L_i^{life}$ 表示第 i 个限价指令的生命周期，即指令 i 从进入指令簿到交易或者撤销的时间，$\overline{L_\tau^{VWAL}} = \dfrac{\sum_{i=1}^N L_i^{life} \times L_i^v}{\sum_{i=1}^N L_i^v}$，表示指令额度加权平均生命周期。“委买委卖比值”可以衡量一段时间内场内买、卖盘强弱，而市场操纵一方面显著影响“委买委卖比值”，另一方面也显著改变一段时间内场内成交额度和撤单额度的比值，因此指标4将市场失衡度量指标 Im 定义为：

$$Im = \left| \frac{\sum_i L_i^{v,\ S,\ F}}{\sum_i L_i^{v,\ S}} - \frac{\sum_i L_i^{v,\ B,\ F}}{\sum_i L_i^{v,\ B}} \right|$$

其中，$L_i^{v,S}$ 表示在一定时间段内某特定交易员的所有限价指令中限价卖指令的额度；$L_i^{v,S,F}$ 表示一定时间段内限价卖指令交易执行的额度；$L_i^{v,B}$ 表示同时某特定交易员的所有期限价指令中买指令的额度；$L_i^{v,B,F}$ 表示同时期限价买指令交易执行的额度。指标 5 量化定义在限价指令冲击下的盘口价格短期微幅震荡率 $\widehat{p}(t)'=\frac{\partial \widehat{p}(t)}{\partial t}$，其中，$p(t)$表示 t 时刻指令簿盘口最佳卖一或买一价格，利用离散小波分解和系数临界法，去掉价格曲线的长期均衡走势，得到市场盘口价格微观结构的波动 $\widehat{p}(t)$，由此可得到其变化率 $\widehat{p}(t)'=\frac{\partial \widehat{p}(t)}{\partial t}$。

其中指标 1 用来度量当前限价指令报价的异常性，即指令 i 的报价对于当前盘口价格波动的影响。指标 2 用来度量当前限价指令额度大小的异常以及对当前盘口的潜在冲击影响。指标 3 用来度量当前限价指令在指令簿的驻留时间以及对当前盘口的潜在冲击影响。指标 4 度量了一定时间段内该交易员对指令簿买卖两端平衡和市场导向的潜在影响。指标 5 用来度量交易行为造成的盘口价格短期微幅震荡率。

8.1.2 交易行为异常判定标准

当指标 1 至指标 3 分别呈现 $\delta_i^p \pm \Delta_p$、$\delta_i^v \pm \Delta_v$ 和 $\delta_i^t \pm \Delta_t$ 的异常程度时，指标 4 高于 $Im \pm \Delta_{Im}$，并且指标 5 处在 $Vol \pm \Delta_{vol}$程度，当前“申报”行为被怀疑为“虚假申报”，其中指标 1、指标 2、指标 3、指标 5 可由已被确定被操纵的股票平均值计算得出，指标 4 可由已被确认未被操纵的股票平均值计算得出，各变量的 Δ 值是所选定的边界宽度，可以选择确认被操纵和未被操纵的所有股票的各个监测指标的标准差作为边界宽度。仅依靠建立的新型指标数值并不能准确监测出市场操纵行为，需构建新型量化监测指标之间的逻辑关系。市场操纵发生的机理可归纳为：操纵者利用高价格、高额度进行频繁虚假挂单→盘口价格短期波动→误导市场→成交具有操纵意图的指令。从其发生机理可以看出，对应的监测指标关系：盘口价格短期微幅震荡率 $\widehat{p}(t)'$基于指令价格度量 δ_i^p 和指令生命周期 δ_i^t；市场失衡度量指标 Im 基于指令额度度量 δ_i^v 和操纵者的真实意图挂单的成交状况信息。

为更加准确地识别出操纵行为，新型监测指标需结合股票的交易特征综合判断是否存在操纵行为。股票价格被操纵时的一些交易指标会发生波动，这些指标的波动存在着一定的规律。经研究筛选，选择成交量、成交额、换手率、收益率和波动性指标作为观测指标。成交量和成交额反映了股票在一段时间里的活跃度和资金规模，收益率反映了股票在市场上的获益情况，换手率是股票在一定时间内的交易频繁程度，反映了股票的流通性强弱，波动性则反映了股票价格的变化情况。

8.1.3 操纵行为监控的量化标准

根据以上构建的新型监测指标、指标间的逻辑关系和选择的股票交易特征，以下给出相应的识别操纵行为量化标准：

(1)若指标 1、指标 2、指标 3 中存在超出正常范围的指标，其他指标以及市场系统状态未发生异常，则列入重点监测对象。

(2)若指标 4、指标 5 中存在超出正常范围的指标，市场系统状态正常，则应给予相关交易者警告。

(3)若市场系统状态 z_t 正常，股票的成交量、成交额、收益率、换手率、波动性等交易特征异常，给予相关交易者警告，并审核相关交易者的交易明细，判断是否存在市场操纵行为。

(4)若市场系统状态 z_t 异常，股票的成交量、成交额、收益率、换手率、波动性等交易特征正常，给予相关交易者警告，并审核相关交易者的交易明细，判断是否存在市场操纵行为。

(5)若市场系统状态 z_t 异常，且经调查股票的成交量、成交额、收益率、换手率、波动性等交易特征异常，则应启动对相关交易者的调查程序。

(6)若市场系统状态 z_t 异常，且经调查股票的成交量、成交额、收益率、换手率、波动性等交易特征异常，经调查真实存在市场操纵行为，则应根据操纵者损害市场秩序、对市场的影响程度、个人获利等情况，根据相关法律对操纵者量刑处罚。

(7)若所有指标、股票交易特征、市场状态均异常，则应立即冻结相关账户，进行立案调查。

8.2 基于大数据驱动的监测模型的监管条例决策模型框架

构建监管条例和市场交易模式之间的信息交互机制，设计大数据驱动的监管条例和规制的闭环管理与决策模型框架。建立大数据驱动的市场监管规制交互式闭环管理与决策模型又分为三大模块(见图 8-2)：

模块一，特征模块，交易行为的基本特征与统计学特征研究。

模块二，监测模块，基于大数据的挖掘算法与模式分析的监测模型。

模块三，量化交互模块，监管规制和条例的量化解释和信息交互反馈。

以量化的解释条例作为现行监管规制的细节化的补充反馈，构建监管条例和市场交易模式之间的信息交互机制，即当前监管规制框架下，该机制为市场交易行为提供演化状况的实时信息；通过模型监测结果对监管条例给出基于大数据挖掘结果的量化解释，从而达到大数据价值发现和监管决策的透明关联交互的目的。

8.2.1 特征模块重统计， 监管条例是依据

在对操纵行为进行量化监管时，特征模块是整体操纵行为的监控起点，为后续工作的可行性、有效性奠定了基石。正向来看，特征监控模块决定了监测模块的模型构建、变量选取、训练结果、参数优化等因素，对量化交互模块的概率推理结果、数据仿真结果、监管条例的及时调整等均有决定性影响。因此，在特征模块中结合操纵行为的基本特征与统计学特

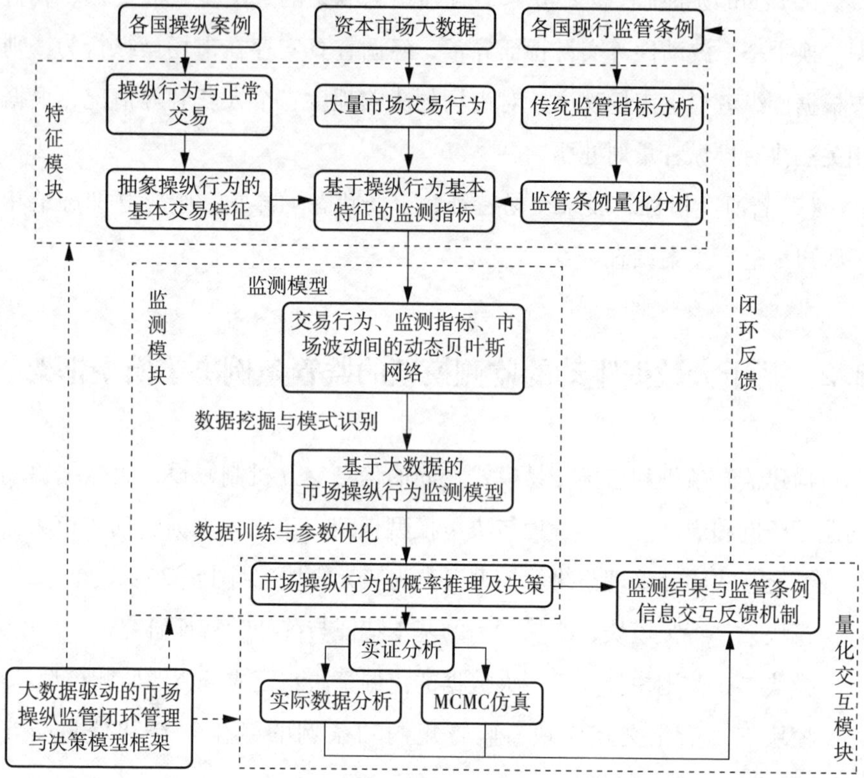

图 8-2 大数据驱动的市场监管规制交互式闭环管理与决策模型

征，设计可行的监管条例，既有助于从源头对市场操纵行为进行扼杀，又有助于为整体操纵行为的定量监控提供法律依据。

1. 基于交易特征建立法律判罚依据

交易特征异常是操纵行为的判别依据，根据前文的 5 大判别指标构建交易行为异常判定标准、量化标准。在交易特征异常时，依据交易特征异常数量制定监测、警告、立案判罚等措施。

2. 基于交易特征的量化统计建立判罚程度依据

虽然交易特征可以判定交易行为是否涉嫌操纵，但对于判定刑法的轻重程度仍缺乏依据。量化统计特征既能反映操纵行为的影响程度，也能侧面反映操纵行为的危害性。故应把交易的量化统计与正常范围的偏离度作为量刑依据，从而为操纵行为判罚提供依据。

8.2.2 监测模块重分析，监管条例是桥梁

监测模块是动态量化监管决策模型的桥梁，通过将特征模块的监测指标纳入市场波动间的动态模型，基于数据挖掘与模式判别等技术，构建基于大数据的市场操纵行为监测模型。经过数据训练和参数优化，为市场操纵行为的概率推理和决策提供更为精确的数理依据，进而为监管结果与监管条例的信息交互反馈机制提供可靠的数理支撑。

1. 基于监测模型构建操纵法律预警机制

在获得操纵行为基本特征的监测指标后，依据特征构建操纵法律预警机制十分必要。故应当依据监测指标设立指标动态监管体系，将涉及单个监测指标异常的股票设为关注对象，将涉及多个监测指标异常的股票设为重点关注对象。同时及时发布涉事股票被操纵潜在预警，及时提醒投资者谨慎投资，也对潜在操纵者进行警告，有效将操纵行为扼杀在萌芽中。

2. 基于监测结果规范监测模型的法律优化流程

由于股票市场实时变化，新股本的发行、经济周期、极端事件等因素也将对股票交易特征产生外生影响，此时原有模型的适用性将大打折扣，故基于监测结果对监测模型进行优化极为重要。但监测模型的结果将影响法律判别结果，因此监测模型的优化和调整应有专门的法律规定，既要避免更改监测模型的随意性，也要避免更改监测模型的滞后性。故应对监测模型的更改条件、更改步骤、更改后的适用性判别进行规定，从而为监测模型的优化提供法律依据，使其更具严肃性。

3. 基于监测模型建立操纵行为法律熔断机制

在现实股票市场运行中，熔断机制又称自动停盘机制，是指当股指波幅达到规定的熔断点时，交易所为控制风险采取的暂停交易措施。熔断机制的主要功能是避免金融交易产品价格波动过度，给市场一定时间的冷静期，向投资者警示风险，并为有关方面采取相关的风险控制手段和措施赢

得时间和机会。可以看出，熔断机制为潜在风险发生设立冷静期，可以及时提醒交易者，防止投资者由于非理性交易产生的损失。故应依据监测模型设立法律熔断机制，当监测模型潜在结果大概率发生市场操纵时，及时停盘。该机制配合监测模型的优势在于，前期的交易特征预警机制已经为监测模型有效性和扼杀操纵行为提供了保证，熔断机制配合监测模型又在操纵发生时及时将操纵行为中断，从而再次降低了操纵成功率。

8.2.3 量化交互模块重反馈，监管条例是准绳

在量化交互模块中，市场操纵行为的监测结果和监管条例形成有效反馈机制，监测结果为监管条例提供了依据，监管条例的可实施性又为监测流程提供了优化依据。量化交互模块除了提供内部的交互反馈机制外，还为特征模块提供了量化条例，进一步对特征模块进行优化，从而形成特征模块、监测模块、量化交互模块之间的正向循环，三大模块中任一模块每修正一次，都将使其他模块正向调整，使整体的闭环管理与决策模型正向修正，提高了监测的效率与精度。

1. 基于操纵行为的动态量化结果建立监管条例修正机制

建立可实施的量化监管条例是整个管理与决策模型的重点。依据历史数据判定的交易特征、建立的监测模型以及相应的监管条例具有解释力，但随着股票数据的不断更新，必将产生潜在的新指标、新模型，原有监管条例难免丧失解释力，故基于操纵行为的动态量化结果建立监管条例修正机制相当关键。应当确定修正监测条例的量化结果变动范围，即设定量化结果与原有标准的差距标准，当两者的差距跳脱出正常范围，应当依据规定及时更新技术标准，以提供判断准则。

2. 基于监管条例可实施性建立操纵监测模型优化机制

由于市场实时变动，监测技术的提升会增加监测的手段，原有难以监测的指标具有监测可能性，此时基于监管条例的可实施性建立操纵模型的优化机制具有重要意义。新技术在带来新型操纵可能性的同时，新监管技

术也在不断完善，监测模型的优化将提高监测条例的可实施性。故应依据新型监测技术，判定新型监测指标的可监测性、精准性，并设定新模型指标更换标准，从而提供监测模型优化准则。

3. 基于新操纵技术建立操纵监测与监管条例反馈的优化机制

依据监管条例可实施性建立监测模型的优化机制，其对立面就是基于新操纵技术建立操纵监测与监管条例反馈的优化机制。新操纵技术与新监管技术两者之间势必存在滞后性，并且新监管技术往往滞后于新操纵技术。即使依据监管条例可实施性（即新监管技术）可以对监测模型进行优化，但依据新监管技术建立新监管模型，进而监测操纵行为，始终存在从监管技术到操纵识别的滞后性。依据新操纵技术建立操纵监测与监管条例，使监管技术直接对接新操纵技术，从而避免识别的滞后性。

8.2.4 监管与决策重调节，监管条例是补充

监管与决策环节从特征模块、监测模块、量化交互模块运行和谐度出发，对模块之间的调整进行规范。由于市场操纵技术不断更新，新型操纵方式也会随之产生，原有的操纵监测模型面临失效风险。面对这种情况，监管与决策环节应留出法律解释余地，作为管理与决策模型的补充，以防新型操纵行为跳脱法律适用性。

1. 基于操纵监测模型有效性建立模块调整规范条例

在管理与决策环节，三大模块之间虽然环环相扣，但依据各个环节法律监管的严肃性，不同环节的变动难免缺乏同步性。故应基于操纵监测模型有效性，设立模块间的调整机制为不同环节变动同步性提供保障。应当建立特征模块中监测指标更改、监测模块中监测模型修改、量化交互模块中信息交互反馈机制之间的联动机制，从而使三大模块有效结合，提升管理与决策模型运行效率。

2. 基于国内外新型操纵案例建立操纵指标、技术、模型的调整规范条例

国内监测模型在选取交易特征指标时，不仅依据国内的操纵案例，还

依据国外的操纵案例。在国内外新型操纵案例发生时，应当建立对应的法律规范，对新型操纵案例是否涉及新指标、新技术，以及是否可以建立新模型及时判别，并结合模块调整机制，在融入新指标、技术、模型的同时保障监管体系的有效性。

3. 基于滞后监控的特例建立特定监管调整条例

法律具有严肃性，法律的修改更是如此。一是市场操纵的形式和技术不断更新，面对由新技术发起的操纵行为认定，原有监管法律必然存在解释空白期；二是新技术发起的操纵行为更为隐蔽，监管技术难以满足监控需求，进而导致出现法律调整空白期。所以对于不能依靠特征模块、监测模块、量化交互模块自身调整、联合调整进行解释的特例，需要设定特定的监管调整条例，以保证法律的适用性。

8.3 政策建议

操纵行为严重扰乱资本市场的公平竞争，阻碍资本市场的健康发展，破坏金融市场价格发现功能，降低金融资本的配置效率，严重损害投资者利益。本书基于前文的研究，为监管部门提出以下几点建议：

1. 多渠道进行信息披露，建立动态、及时、公开的信息披露制度

目前，我国采取的信息披露监管机制一般是对上市公司信息披露的静态监管。随着交易行为的产生，监管部门这种静态监管无法对欺诈性消息进行有效甄别，操纵者常利用这种监管漏洞进行股价操纵。与普通投资者相比，上市公司或者机构投资者有信息不对称的优势，除了证券监管部门要求的强制性信息披露外，还需要立法鼓励上市公司主动披露信息。随着资本市场不断的发展变化，投资者对信息披露的要求越来越高，因此建立动态、及时、公开的信息披露制度是监管部门目前的首要任务。本书提供的基于大数据和机器学习的一些操纵行为监测模型可对资本市场的交易数据进行实时的动态监测，通过量化特征及时发现上市公司信息披露前后不一致

以及虚假的地方，发现和判断市场操纵行为，保护广大投资者的切身利益。

目前投资者获取信息不仅可以通过官方渠道，还可以通过博客、微信、抖音、微博和社区平台等多种自媒体渠道，这也为传播虚假信息提供了途径。因此，监管部门应加强对自媒体信息披露制度的建设，从而利用互联网建立信息化披露制度，对各类信息传播平台进行监控，及时发现虚假消息的发布。

2. 加强关联账户监测

操作者一般通过控制多个账户，在控制的账户组中进行反复对倒交易来达到获利的目的。所以监管者应对在交易过程中频繁对倒买卖的账户加强监控，真实分析出相关账户的关联关系及交易明细，发现交易中的异常现象。

3. 解决股权分割

股权分割会导致股本规模越来越小，降低操纵股票市场的成本，从而更容易影响股价，提高了股票被操纵的可能性。因此，应尽快解决股权分割问题，在一定程度上降低被操纵的概率。

4. 发展机构投资者

机构投资者在发达国家的资本市场中占有很重要的地位，而我国股票市场上，中小投资者比重较高，机构投资者不到10%，无法在资本市场发挥良好的引导作用。当机构投资者在资本市场上发展到一定规模后，机构投资者之间的竞争就会占据市场竞争的主导地位，机构投资者之间信息优势和资金优势基本不会出现不对称的情况，这会加大操纵行为的成本，使操纵利润下降，在一定程度上减少了操纵行为的发生。因此，我国政府应该尊重市场发展规律，为各类机构投资者提供合法的投资环境。

5. 完善针对市场操纵的法律法规，健全监管体系

《中华人民共和国证券法》对操纵做了明确界定，并对禁止的操纵行为进行了列举，但实施过程中针对操纵行为的法律法规依然存在很多不足，不能全面细致地对违法行为一一认定。因此，需要不断完善《证券法》，增

强各项针对市场操纵法规的可操作性，不仅要界定相关操纵行为，还要从动态和量化的角度不断去完善和补充，并将我国的法律法规与国际证券市场法律体系接轨，覆盖资本市场交易的各个环节。虽然我国的资本市场已经发展了20多年，我国的监管体制也在不断健全和完善，但是监管体系在行政、法律、行业自律和媒体监督等方面还存在很多缺陷。因此，应该从行政、法律、行业自律和媒体监督等方面完善我国证券市场的监管体制。

6. 减少政府不当干预

我国股市中存在的“隐性担保”源自政府的不当干预，其降低操纵者承担实施操纵行为的风险，加剧了操纵的普遍性。因此，政府有必要采取措施规范自身行为，减少对股市的不当干预，促进市场资源有效配置，确保股市健康稳定发展。

参考文献

[1] GE. Berman. U. S. Securities and Exchange Commission[Online]. 2010, October. http://www.sec.gov/news/speech/2010/spch101310geb.htm.

[2]朱宝琛．证监会超常速度出击，冒险操纵股市者现出原形[EB/OL]．新华网，[2015-09-21]. http://news.xinhuanet.com/finance/2015-09/21/c_128250762.htm.

[3] Allen F. K., Gale D. Stock-price manipulation [J]. Review of Financial Studies, 1992(5): 503-529.

[4] NANEX[EB/OL]. 2012, http://www.nanex.net/aqck2/3598.htm.

[5] Öğüt H., Doğanay M. M., Aktaş R. Detecting stock-price manipulation in an emerging market: The case of Turkey [J]. Expert Systems with Applications, 2009, 36(9): 11944-11949.

[6] Diaz D., Theodoulidis B., Sampaio P. Analysis of stock market manipulations using knowledge discovery techniques applied to intraday trade prices [J]. Expert Systems with Applications, 2011, 38(9): 12757-12771.

[7] Mongkolnavin J., Tirapat S. Marking the close analysis in thai bond market surveillance using association rules [J]. Expert Systems with Applications, 2009, 36(4): 8523-8527.

[8] Wang J., Zhou S., Guan J. Detecting potential collusive cliques in futures markets based on trading behaviors from real data [J]. Neurocomputing, 2012, 92(9): 44-53.

[9] Yang S., et al. Behavior based learning in identifying high frequency trading strategies[M]. Conference on Computational Intelligence for Financial

Engineering & Economics (CIFEr), 2012, New York.

[10] Yang S., Qiao Q. F., Beling P. A., Scherer W. T. Algorithmic trading behavior identification using reward learning method[R]. 2014 International Joint Conference on Neural Networks (IJCNN), 2014: 3807 -3414.

[11] Cao Y., Li Y., Coleman S., Belatreche A., McGinnity M. Adaptive hidden markov model with anomalys States for price manipulation detection [J]. IEEE Transactions on Neural Network and Learning System, 2015, 26 (2): 318-330.

[12] Lee E. J., Eom K. S., Park K. S. Microstructure-based manipulation: Strategic behavior and performance of spoofing traders [J]. Journal of Financial Markets, 2013, 16(2): 227-252.

[13] Market Abuse Directive (MADII) [Z]. Brussel, 2014.

[14] 上海证券交易所证券异常交易实时监控细则[Z]. 2015.

[15] 国务院. 国务院关于进一步促进资本市场健康发展的若干意见[Z]. 2014.

[16] Glosten Lawrence R., Milgrom Paul R. Bid, ask and transaction prices in a specialist market with heterogeneously informed traders[M]. North-Holland, 1985.

[17] Allen F., Gale D. Stock-price manipulation[J]. Review of Financial Studies, 1992(5): 503-529.

[18] L. E. Johns, R. Narayanan. Frictional heating in plane couette flow [J]. Proceedings of the Royal, 1997, 453(1963): 1563-1670.

[19] Allen F., Morris S., Shin H. S. Beauty contests and iterated expectations in asset markets [J]. Review of Financial Studies, 2006, 19 (3): 719-752.

[20] Aggarwal R. K., Wu G. J. Stock market manipulations [J]. Journal of Business, 2001, 79(4): 1915-1953.

[21] Aitken M. J., Harris F. H., Ji S. Trade-based manipulation and

market efficiency：A cross-market comparison[Z]. 22nd Australasian Finance and Banking Conference, Sydney, 2009：18.

[22]Karl Felixson, Anders Pelli. Day end returns—Stock price manipulation [J]. Journal of Multinational Financial Management, 1999, 9(2).

[23]Qi H. W., Wang J. A model for mining outliers from complex data sets [C]. New York：SAC'04 Proceedings of the 2004 ACM symposium on Applied computing, 2004：595-599.

[24]Luo C., Zhao Y., Cao L., Ou Y., Zhang C. Exception mining on multiple time series in stock market[J]. IEEE/WIC/ACM International Conference on Web Intelligence and Intelligent Agent Technology, Sydney, 2008：690-693.

[25] Hautsch N., Huang R. The market impact of a limit order [J]. Journal of Economic Dynamics and Control, 2012, 36(4)：501-522.

[26]Chunsheng Zhou, Jiangping Mei. Behavior Based Manupulationg[R]. The 2003 NYU Stem Department of Finance Working Paper Series, 2003.

[27]Chiou J. S., Wu P. S., Wang A. W., Huang B. Y., The Asymmetric Information and Price Manipulation in Stock Markets[J]. Applied Economics, 2007, 39 (7)：883-891.

[28]Chun-HinChan, Alfred Ka Chun Ma. Order-based manipulation：Evidence from Hong Kong stock market[J]. Journal of Financial Crime, 2014, 21(1).

[29]Maxim Gusev, Dimitri Kroujiline, Boris Govorkov, Sergey V. Sharov, Dmitry Ushanov, Maxim Zhilyaev. Predictable markets? A news-driven model of the stock market[J]. Algorithmic Finance, 2015, 4(1-2).

[30] Qili Wang, Wei Xu, Han Zheng. Combining the wisdom of crowds and technical analysis for financial market prediction using deep random subspace ensembles[J]. Neurocomputing, 2018(299).

[31]M. Punniyamoorthy, Jose Joy Thoppan. Detection of stock price manipulation using quadratic discriminant analysis [J]. Int. J. of Financial Services

Management, 2012, 5(4).

[32] Yoonseong Kim, So Young Sohn. Stock fraud detection using peer group analysis[J]. Expert Systems with Applications, 2012, 39(10).

[33] Ong M., Condon N. Financial Industry Regulatory Authority[EB/OL]. 2012. http://www.finra.org/Newsroom/NewsReleases/2012/P178687.

[34] Zhai J., Cao Y., Yao Y., et al. Coarse and fine identification of collusive clique in financial market[J]. Expert Systems with Applications, 2016 (69): 225-238.

[35] Cao Y., Li Y., Coleman S., Belatreche A., McGinnity M. A hidden markov model with abnormal states for detecting stock price manipulation [Z]. 2013 IEEE International Conference on Systems, Man, and Cybernetics (SMC), Manchester, 2013: 3014-3019.

[36] Cao Y., Li Y., Coleman S., Belatreche A., McGinnity M. Detecting wash trade in the financial market[Z]. International Conference on Computational Intelligence for Financial Engineering & Economics (CIFEr), London, 2014: 85-91.

[37] Cao Y., Li Y., Coleman S., Belatreche A., McGinnity M. Detecting price manipulation in the financial market[Z]. International Conference on Computational Intelligence for Financial Engineering & Economics (CIFEr), London, 2014: 77-84.

[38] Cao Y., Li Y., Coleman S., Belatreche A., McGinnity M. Detecting wash trade in financial market using digraphs and dynamic Programming [J]. IEEE Transactions on Neural Network and Learning System, Accepted, Available online, 2016.

[39] Yao Y., Zhai J., Cao Y. A Kalman filter and support vector machine based hybrid model for detecting cross - market manipulation [R]. Ulster Business School, Working Paper, Feb., 2015.

[40] Yao Y., Zhai J., Cao Y. Two-steps dynamic programming algorithm

for detecting potential wash trade in stock market [R]. Ulster Business School, Working Paper, Sep., 2015.

[41] Yao Y., Zhai J., Cao Y. A Study of price manipulation behaviors surveillance based on quantized features[R]. Ulster Business School, Working Paper, Jan., 2016.

[42] K. Golmohammadi, O. R. Zaiane, D. Diaz. Detecting stock market manipulation using supervised learning algorithms[J]. International Conference on Data Science & Advanced Analytics, 2015: 435-441.

[43] Fa-BinShi, Xiao-Qian Sun, Hua-Wei Shen, Xue-Qi Cheng. Detect colluded stock manipulation via clique in trading network[J]. Physica A: Statistical Mechanics and its Applications, 2018(513).

[44]刘宪权，林雨佳．操纵证券、期货市场犯罪的本质与认定[J]. 国家检察官学院学报，2018，26(4)：110-122+175.

[45]李志辉，杜阳，邹谧．内幕交易、股价波动与信息不对称：基于中国股票市场的经验研究[J]. 南开学报(哲学社会科学版)，2021(6)：32-41.

[46]苏冬蔚，彭松林．卖空者与内幕交易——来自中国证券市场的证据[J]. 金融研究，2019(9)：188-206.

[47]李梦雨．中国股票市场操纵行为及预警机制研究[J]. 中央财经大学学报，2015(10)：32-42.

[48]沈冰，周杰．中国证券市场内幕信息操纵监管的博弈分析[J]. 财经问题研究，2017(9)：54-60.

[49]杨巧曼，刘亚相．市场需求与投资成本不确定条件下的双寡头期权博弈模型[J]. 系统工程，2018，36(4)：154-158.

[50]扈文秀，刘小龙．操纵者与内幕交易者合谋条件下有打压过程的市场操纵行为研究[J]. 系统管理学报，2013，22(2)：232-238.

[51]张强，刘善存，邱菀华，林千惠．流动性特征对知情、非知情交易的影响研究[J]. 管理科学学报，2013，16(7)：55-65.

[52]张强，刘善存，林千惠，邱菀华．指令驱动市场中耐心交易者策略对价格形成的影响[J]．系统工程理论与实践，2013，33(9)：2195-2203.

[53]金赫．中国股票市场价格反操纵研究[J]．时代金融，2014，550(4)：125.

[54]殷晓峰，牛广济．中美资本市场反操纵监管比较及启示[J]．证券法律与监管，2014(4)：65-70.

[55]马丽．基于复杂网络的股票交易型操纵行为判别及预警研究[D]．西安理工大学，2019.

[56]贾晓月．中国A股市场尾盘价格的预警指标研究[D]．北京工商大学，2020.

[57]亓玉霞．“抢帽子”交易操纵的监管逻辑分析——以“叶志刚案”“朱炜明案”为例[J]．甘肃金融，2018(3)：34-40.

[58]焦增军，李铭．幌骗交易：类型化解释与期货市场操纵规制[J]．中国社会科学院研究生院学报，2019(2)：98-103.

[59]沈友耀，薛恒．论高频交易操纵的规制路径[J]．现代经济探讨，2019(7)：127-132.

[60]刘溪，刘善存，曾庆铎，陈彬彬，邴涛．认知偏差下的市场操纵和股价波动分析[J]．数学的实践与认识，2019，49(11)：13-20.

[61]张超，甘培忠．市场操纵的规范解构和分析框架维度构建[J]．暨南学报(哲学社会科学版)，2019，41(9)：59-70.

[62]李珍，夏中宝．新《证券法》中操纵市场条款修订的得失评析[J]．金融理论与实践，2020(7)：82-89.

[63]周奇，尤左伟，刘善存，韩景倜．异质信念下内幕交易者市场操纵行为研究[J]．中国管理科学，2020，28(10)：77-87.

[64]汤欣，高海涛．证券市场操纵行为认定研究——行政处罚案例的视角[J]．当代法学，2016，30(4)：103-117.

[65]刘振清，王旭，姚远．基于新型指标的股票价格操纵识别模型研究[J]．江淮论坛，2020(4)：119-125.

[66]杜阳．融券交易对交易型市场操纵的影响[J]．投资研究，2020，39(10)：20-31.

[67]吴崇林，刘杰，李志冰，吴偎立．开盘价操纵与定价效率——基于高频数据的开盘价操纵识别模型[J]．经济学报，2021，8(4)：27-56.

[68]刘成立，王朝晖．股指期货在预警股票市场系统性风险中的作用研究[J]．宏观经济研究，2017(6)：32-43.

[69]陆蓉，陈小琳．股票操纵行为市场表现及其判别研究[J]．证券市场导报，2009(4)：65-72.

[70]李志辉，王近．中国股票市场操纵对市场效率的影响研究[J]．南开经济研究，2018(2)：56-71.

[71]张传海．噪声方差、跳跃波动、连续波动的分离及其相互关系——来自中国股市的实证研究[J]．管理工程学报，2021，35(4)：117-131.

[72]贺立龙，李敬，陈中伟．政府的买入式干预对平抑股市异常波动的有效性——基于 ARCH 模型的实证检验[J]．经济问题，2017(4)：35-40.

[73]曲永刚，张金水．中国股票市场价格波动特征分析[J]．清华大学学报(哲学社会科学版)，2003(3)：30-34.

[74]田树喜，刘东洋，闫鹏飞．股指期货是否抑制了股票市场的正反馈交易？——基于沪深 300 股票指数的实证检验[J]．东北大学学报(社会科学版)，2018，20(5)：459-465.

[75]王志强，吴敬桐．涨跌限制对股市波动率、流动性及价格发现的影响——基于双重差分法的分析[J]．财经问题研究，2020(9)：51-59.

[76]王卓琼，孟卫东．上证 50ETF 期权对标的证券市场波动性影响实证研究[J]．宁夏社会科学，2021(2)：90-95.

[77]沈晨，胡代平．中国证券市场股价操纵预警指标研究[J]．科学技术与工程，2011，11(4)：912-915.

[78]周春生，杨云红，王亚平．中国股票市场交易型的价格操纵研究

[J]. 经济研究，2005(10)：70-78.

[79]王安兴. 被操纵价格特征——基于沪深股市的分析[A]//中国数量经济学会. 21世纪数量经济学(第6卷)[C]. 2005：12.

[80]常健，王清粤. 动态博弈与我国系统重要性金融机构动态监管机制的构建——兼评《关于完善系统重要性金融机构监管的指导意见》相关规定[J]. 安徽大学学报(哲学社会科学版)，2021，45(5)：114-124.

[81]张维，韦立坚，熊熊，李根，马正欣. 从波动性和流动性判别股指期货跨市场价格操纵行为[J]. 管理评论，2011，23(7)：163-170+176.

[82]周杰，沈冰. 我国证券市场内幕信息操纵的预警模型研究[J]. 南方金融，2017(9)：49-56.

[83]胡金霞. 基于神经网络的股票价格操纵行为研究[D]. 上海交通大学，2010.

[84]葛钰杰，吴大勤，孙红梅. 股票交易中高低频数据分析识别内幕交易行为的预警研究——以哈药股份为例[J]. 金融管理研究，2018(1)：155-173.

[85]张建锋，付强，杜金柱. 基于Logistic模型的上市公司股票价格操纵预判研究[J]. 西安理工大学学报，2018，34(2)：240-245.

[86]夏文学. 基于RBF神经网络的股价操纵判别研究[D]. 武汉轻工大学，2016.

[87]李梦雨. 中国股票市场操纵行为及预警机制研究[J]. 中央财经大学学报，2015(10)：32-42.

[88]孙煦初. 订单簿特征指标与市场波动率[D]. 南京大学，2018.

[89]Market Abuse. FCA. 2014，May.

[90]U. S. Securities and Exchange Commission. SEC. 2012，August.

索　引